한국어 교육을 위한

한국어 발음교육론

한국어 교육을 위한
한국어 발음교육론

초판 1쇄 발행 2017년 9월 15일
초판 2쇄 발행 2018년 12월 5일

지은이 김종덕
펴낸이 박찬익 ┃ **편집장** 권이준 ┃ **책임편집** 조은혜
펴낸곳 ㈜ **박이정** ┃ **주소** 서울시 동대문구 천호대로 16가길 4
전화 02) 922-1192~3 ┃ **팩스** 02) 928-4683 ┃ **홈페이지** www.pjbook.com
이메일 pijbook@naver.com ┃ **등록** 2014년 8월 22일 제305-2014-000028호

ISBN 979-11-5848-339-5 (93710)

* 책값은 뒤표지에 있습니다.

한국어 교육을 위한

한국어 발음교육론

김 종 덕

(주)박이정

한국어 발음 교육은 외국어로서의 한국어 혹은 제2 언어로서의 한국어를 공부하는 학습자들을 대상으로, 한국어의 발음을 올바로 발화하고, 제대로 듣고 이해할 수 있도록 가르치고 연습시키는 것이다. 모어가 무엇이든 목표 언어를 한국어로 하는 학습자들을 한국어 학습자라 하는데, 더 세부적으로는 학습자의 모어에 따라 일본어권 학습자, 영어권 학습자 등으로 세분한다. 일본어권 학습자는 '일본어가 모어인 한국어 학습자'를 의미하며, 영어권 학습자는 국적에 상관없이 모어가 영어인 한국어 학습자이다. 불어권 학습자, 중국어권 학습자, 아랍어권 학습자 등도 모두 마찬가지이다. 학습자의 국적보다는 모어가 무엇이냐 하는 것이 발음 교육을 포함한 한국어 교육 전반에 영향을 미치기 때문이다.

1. 한국어 글자와 발음

음성 언어 습득에서 문자 언어 학습으로 이어지는 모어 습득 과정과는 달리 주로 성인을 대상으로 하는 한국어 교육에서 발음 교육은 글자에서부터 시작된다. 한글이라고 하는 글자를 사용하는 한국어이므로, 가장 먼저 19개의 자음 글자와 21개의 모음 글자를 대상으로 한글 글자 하나하나의 발음을 교육해야 한다.

2. 음절 구조와 발음

한국어는 자음 글자와 모음 글자를 음절별로 모아서 쓴다. 이 과정에서 자음 글자는 초성 자리 및 종성 자리에 놓이게 되는데, 똑같은 자음 글자로 표기된다고 해도 초성 자리에서의 발음과 종성 자리에서의 발음은 다르다. 어떤 자음은 음소 차원을 넘어서 다르게 나타나며, 어떤 자음은 변이음 차원에서 다른 소리로 발음된다. 또한 모음 글자도 초성 자리에 얹히는 자음의 종류에 따라 음소 차원의 다른 소리로 발음되기도 한다. 한국어 교사들이 학습자들에게 가장 먼저 신경써서 교육해야 할 내용이 바로 이 부분이며 그렇기 때문에 교사들도 이 내용을 반드시 숙지하고 있어야 한다. 한국어 교사와 일반 한국어 모어 화자를 구분하는 첫 번째 내용이기도 하다.

3. 표기로부터 발음까지의 발음 규칙

한 형태소로 이루어진 단순어의 내부, 한 단어 내의 형태소 경계, 두 단어 사이의 경계에서 자음과 모음, 자음과 자음, 모음과 자음, 모음과 모음이 만나게 되면 표기대로 발음되지 않는 경우가 흔히 생긴다. 이렇듯, 표기에서부터 발음까지의 과정을 설명하는 것이 발음 규칙이다. 특히 자음과 모음, 자음과 자음이 만나서 표기와 발음이 달라지는 경우가 많기 때문에 발음 규칙은 그 두 결합에 집중되어 있다. '굳이[구지], 좋아요[조아요], 옷 안[오단], 색연필[생년필]' 등은 자음과 모음이 만나서 표기대로 발음되지 않는 예들이며, '학생[학쌩], 입학[이팍], 작년[장년], 달나라[달라라], 곤란[골란], 생산량[생산냥], 정리[정니], 합리적[함니적]' 등은 자음과 자음이 만나서 표기대로 발음되지 않는 예들이다. '굳이'를 예를 들면, [구디]가 아니라 [구지]인가를 학습자들에게 설명해야 하는데, '왜 그렇게 발음하는가?'보다는 언제 즉 어떤 환경에서 그렇게 발음하는가를 규칙을 세워서 교육해야 하는 것이다.

발음 규칙은 서로 부딪히는 자음과 모음의 종류뿐만 아니라, 형태소 경계에서는 후행 형태소의 종류에 따라서도 규칙이 달리 적용되기 때문에 이에 대한 세심한 교육이 필요하다. 예를 들어, '꽃이 예뻐요'의 '꽃이'의 발음은 [꼬치]이지만 '꽃잎'의 발음은 [꼰닙]인 것은 '꽃이'의 '이'는 조사이고 '꽃잎'의 '이'는 '잎'이라는 실질형태소의 일부이기 때문이라는 사실을 교육해야 한다는 것이다.

한국어의 변동 규칙에서는 두 번에 걸쳐서 이루어지는 규칙이지만 학습자를 위한 발음 규칙에서는 한 번에 설명할 수도 있어야 한다. 예를 들어, '꽃노래'라는 단어는 종성규칙을 거쳐서 비음화가 적용된 [꼰노래]가 최종적인 발음인데, 종성 규칙이 적용된 중간 단계의 [꼳노래]는 실제로는 발음이 되지 않음에도 불구하고 그 단계를 설정하는 것이다. 그 이유는 그렇게 해야 규칙이 논리적이고 체계가 간단해지기 때문이다. 그러나, 그러한 이론적인 과정은 보통의 학습자들에게는 복잡하고 어려울 수 있기 때문에 'ㅊ'은 'ㄴ' 앞에서 무조건 [ㄴ]으로 발음된다고 설명할 수도 있어야 한다. 그럼에도 불구하고, 부득이하게 두 단계로 설명을 해야 하는 경우가 있다. ㄴ첨가와 그 이후에 벌어지는 발음 규칙이 그 대표적인 경우이다. 예를 들어, '서울역, 헛일'의 발음 규칙이 적용되는 과정에서 볼 수 있는데, 두 단어 모두 일단 ㄴ첨가가 일어난 후 각각, 유음화, 비음화가 적용되어 [서울력], [헌닐]로 발음된다고 설명해야 한다. 그 이유는 두 가지가 있는데 첫 번째는 ㄴ첨가 규칙에 관련해서, '신촌역[신촌녁]'처럼 [ㄴ]의 첨가에서 그치는 예가 있는 것이고 두 번째는 '서울역[서울력]'은 'ㄴ첨가 후 유음화'라는 두 단계가 아닌 ㄹ첨가라는 규칙을 새로 세워 한 번에 설명할 수 있으나, 그렇게 한다고 하더라도 '헛일[헌닐], 한국 여행[한궁녀행]' 등과 같이 ㄴ첨가와 함께 이미 교육이 된 비음화를 이용해서 설명해야 하는 것들이 있기 때문에 일단은 같은 환경에서 [ㄴ]이 첨가되었다고 한 다음에 다음 단계로 넘어가는 것이 오히려 학습자들에게 이해시키기가 쉽기 때문이다. 그러나, 어떤 발음 규칙을 한 번의 과정으로 혹은 두 번의 과정으로 나눠서 설명하는가 하는 것은 확실히 정해진 규정이 있는 것은 아니다. 학습자들의 한국어 수준 및 인지적, 정의적 요인 혹은 한국어를 배우는 목적에 따라 가장 효과적이고 효율적인 방법을 택하면 된다. 단, 한국어 교사는 발음 교육을 위해서 이론적인 내용과 실용적인 내용을 모두 잘 알고 있어야 한다.

4. 표준 발음과 현실 발음

한국어의 표준 발음은 실제 발음을 토대로 정해진다. 그러나, 어떤 단어들은 실제 발음이 여럿 있어서 이를 위해서 원칙적인 표준 발음과 허용적인 표준 발음을 지정해 두었다. 예를 들어, 표준국어대사전에서 '맛있다'를 찾아보면 표제어의 옆에 있는 발음란이 [마딛따/마싣따]로 되어 있는데, 빗금(/) 왼쪽에 있는 것이 원칙적인 표준 발음이고 오른쪽에 있는 것이 허용 발음이다. '김밥'의 표준 발음은 [김밥/김빱]이고, '금융'은 [금늉/그뮹]이다. 발화의 측면 즉 발음을 하는 측면에서만 본다면 원칙적인 표준 발음인 [김밥], [금늉]만을 교육해도 큰 문제가 없다. 왜냐하면 한국어 모어 화자라면 [김밥], [금늉]을 듣고 이해하는 것에는 아무런 문제가 없기 때문이다. 그러나 발음 교육의 다른 한 측면인 듣고 이해하기의 관점에서 본다면 한국어 모어 화자의 [김빱], [그뮹]을 듣고 학습자가 이해할 수 있어야 하므로 발음 교육의 현장에서는 반드시 허용 발음도 가르쳐야 한다.

표준 발음은 실제 발음을 토대로 정해진다고 되어 있으나 어떤 실제 발음은 표준 발음으로 채택되지 않는 경우가 있다. 이를 한국어 발음 교육에서는 현실 발음이라 한다. '교과서'의 표준 발음은 [교과서]인데 젊은 세대들의 발음은 [교꽈서]로 많이 나타난다. 물론 [교꽈서]는 표준 발음이 아니기 때문에 틀린 발음이다. 발화의 측면에서는 [교과서]로만 교육을 해도 문제가 없다.

왜냐하면 한국어 모어 화자가 10대이든 70대이든 그것을 듣고 이해할 수 있기 때문이다. 그러나 학습자가 듣고 이해하는 측면에서 본다면 사용 빈도가 높은 [교꽈서]라는 발음의 교육을 무시할 수만은 없다. 교육 현장에서 표준 발음이 아닌 것을 어느 한도까지 가르쳐야 하는가 하는 것은 쉽게 결론지을 수 없다. 그러나, 한 가지 분명한 것은 의사소통을 위해서는 표준 발음이 아닌 현실 발음 가운데, 교육 내용에 포함되어야 하는 것이 있다는 것이고 그것은 반드시 교육이 되어야 한다는 것이다.

5. 단어의 사용 빈도에 따른 발음 교육

발음 규칙이 적용되는 예 혹은 적용되지 않는 예를 들면서 실제 언어 생활에서 사용 빈도가 극히 낮은 것은 가능하면 사용하지 않는 편이 좋다. 비음화의 예로는 '적멸(寂滅)'보다는 '작문(作文)'이 더 낫다.

6. 외래어의 표기와 발음

어떤 외국어를 익히든 그 언어권 내에서 사용하는 외래어는 매우 익히기가 어렵다. 표기도 낯설고 발음도 어렵기 때문이다. 특히 한국어 발음 교육 측면에 있어서, 표준국어대사전에 외래어 혹은 외래어가 포함된 표제어는 발음 표시가 전혀 되어 있지 않기 때문에 더더욱 학습자 혼자 익히기는 매우 힘들다. 예를 들어, '골대'라는 단어는 외래어인 '골(goal)'에 고유어 '대'가 붙어서 이루어진 단어이다. 그 단어를 표기 그대로 [골대]라고 발음을 했을 때 한국어 모어 화자들과 의사소통을 성공하지 못할 것이다. 빈도가 높은 외래어라면 그 발음을 교사가 하나하나 강조해서 가르칠 필요가 있다. '골대'는 [골대], [골때], [꼴대]보다 압도적인 [꼴때]라는 현실 발음이 있으나, '원룸'은

[원늄]과 [월룸]이라는 대등한 현실 발음이 경쟁 중이다. '파이팅'은 원어가 'fighting'인데 한국어로는 '힘내자'라는 뜻이라는 것과 [파이팅]의 첫음절 초성의 자음을 [f] 소리가 아닌 [ㅍ]로 해야 한다는 것을 영어권 화자에게도 교육해야 한다.

7. 운소를 중심으로 한 운율적인 내용에 대한 교육

한국어의 단어 가운데에는 모음의 길이에 의해서 의미가 변별되는 단어쌍이 있다. 예를 들어, '눈(眼)'과 '눈:(雪)'이다. 그런데, 첫째, 이러한 모음 길이의 의미 변별적 기능이 점차 사라져 가는 추세이고, 둘째, 길이를 얼마나 길게 해야 의미가 변별되는지에 대한 교육이 어렵고, 셋째, 현실적으로 표기에도 전혀 반영이 되지 않는다는 점을 들어서 한국어 발음 교육에서는 제외하였다. 성조 언어인 중국어, 태국어, 베트남어의 교육에서는 단어의 각 음절에 얹혀 있는 소리의 높낮이 모양이 중요한 교육 내용이나, 한국어 발음 교육에서는 모음의 길이를 굳이 교육할 필요는 없다.

월끝가락(문말억양, sentential terminal contour)은 문장의 마지막 음절에 얹히는 소리의 높낮이와 길이를 이용하여 발화자의 의향 및 감정 등을 나타내는 운율적 요소이다. '밥 먹어'의 문말에 월끝가락을 얹어서 '평서, 의문, 명령, 청유'를 표현할 수 있는데, 어말을 상당히 높이면 의문이 되고, 내리되 급격히 내리면 명령이 되며, 서서히 내리되 조금 짧게 하면 평서가 되고, 조금 길게 하면 청유가 된다. 이러한 내용은 한국어 발음 교육에 반드시 포함되어야 한다. 그러나, 이 책에서는 이 부분에 대한 기술은 없다. 아직 얼마나 높이고 얼마나 길게 해야 하는지 그리고 그 내용을 어떻게 교육해야 하는지 모르기 때문이다.

억양(intonation)은 문장 전체를 대상으로 하여 발화가 이루어지는 동안의 소리의 높낮이, 길이, 세기와 휴지(休止, pause)의 출현 등으로 구성된 발화의 모습이다. 억양에 의해서 문장의 전체적인 의미가 달라질 수도 있다. '뭐 먹었어?'는 문장에 얹히는 억양의 모습에 따라 대답이 '냉면 먹었어'가 될 수도 있고 '아니, 아무 것도 안 먹어'가 될 수 있다. 이 억양을 제대로 실현하지 못하면 의사소통에 실패할 수도 있다는 점에서 한국어 교육에서 꼭 필요한 부분이나, 아직 실현된 억양의 모습을 제대로 밝힐 수 없을 뿐만 아니라, 억양은 발음 교육만이 아닌, 다른 한국어 교육 부문과도 연관이 있다는 점에서 이 책에서는 전혀 다루지 않았다. 문장의 의미 변별 기능과 함께 한국어 모어 화자의 자연스러운 한국어 억양 역시 교육 내용이어야 하지만 억양의 자연스러움이 어떤 모습인지조차 제대로 파악되지 않은 현실이기에 다룰 수가 없었다. 운율적인 내용에 대해서는 더 많은 연구 결과가 쌓인 훗날에 희망을 걸고 있다.

이 책은 한국어 교사 및 한국어 교육을 전공하는 대학원생을 대상으로 쓰여졌다. 한국어 발음 교육에 관심이 있거나 어려움이 있는 이들에게 조금이나마 도움이 되길 바랄 뿐이다. 2012년부터 쓰기 시작한 원고가 이제서야 마무리 되어 책으로 엮어지나 내용의 조잡함과 부족함 때문에 여전히 두려움과 부끄러움이 있다. 훗날에 있을 수정 보완 작업을 약속하고 희망하며 글을 맺는다.

마지막으로 박이정 출판사 여러분들께 깊은 감사를 드린다.

2017년 9월
저자 김종덕

II. 발음 규칙: 표기에서 발음까지

Ⅲ. 겹받침의 발음 규칙

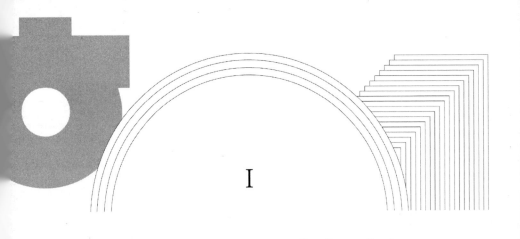

I

자음과 모음 - 글자와 발음

1. 글자

한국어에서 사용하는 글자로는 한글, 한자, 영문자, 아라비아 숫자 등을 들 수 있다. 문장 부호도 사용하고 있으나 문장 부호를 발화하거나 읽는 것은 아니다. 한글은 음소 문자로서 한국어에서는 한글을 음절별로 모아서 쓰고 있다. 한자를 사용하는 경우도 있으나 매우 드물며 젊은 세대들 가운데에는 한자를 전혀 모르는 사람들도 많다. 외래어를 쓸 경우에는 영문자를 그대로 사용하는 경우가 있다. 아라비아 숫자를 사용하는 것은 물론이다. 표준 한국어에는 공식적으로 장음으로 의미를 변별하는 기능이 있으나 장음을 나타내기 위한 부호는 사전을 제외하고는 전혀 사용하지 않는다.

아래 예문들에서 한국어에서 사용되는 글자들을 확인할 수 있다.

예문 1 한-미-일 정상회담/韓-美-日 정상회담
예문 2 요즘은 카세트 테이프나 시디/CD보다는 엠피3/엠피 스리/mp3[1]를
　　　　더 많이 들어요.
예문 3 컴퓨터를 사면 유에스비/USB를 선물로 준대요.
예문 4 이번 월드컵 본선에 한국은 비/B조래요.

예문 1, 2, 3, 4에서 밑줄 친 부분은 어느 쪽이 더 일반적인 표기인지는 결정하기 힘들고 또 어떤 표기는 아주 낯설다는 느낌을 가질 수도 있으나 한글과 함께 영문자, 한자, 아라비아 숫자 등을 사용하여 쓰기 생활을 하는 것은 확인할 수 있다.

예문2의 밑줄 친 세 가지 표기 '엠피3/엠피 스리/mp3' 가운데, '엠피 스리'는 표준국어대사전의 표제어임에도 불구하고 실제 표기에는 거의 사용되지

---

1) 세 개의 표기 가운데 표준국어대사전에 표제어로 실려 있는 것은 '엠피 스리'뿐이다.

않는다. 그리고, 'mp3'라는 표기가 일상 생활에서는 물론이고 전문 서적 등에서도 버젓이 쓰인다면 비록 표준 표기에는 어긋날지도 모르지만 영문자가 그대로 표기에 사용되는 것은 부정할 수 없다. 문제는 표기가 '엠피3'이든 'mp3'이든 읽는 방법은 '엠피삼'은 아니라는 것이다. 이는 '3번 버스, 버스를 3번 탔어요, 엠피3'에 쓰인 3의 읽는 방법2)과 관련이 있는 것으로서 결국, 아라비아 숫자의 읽는 방법도 한국어 교육의 한 부분이 되어야 한다는 것을 알 수 있다.

예문 3, 4의 경우도 마찬가지이다. '유에스비/USB'는 어느 쪽이 더 일반적인 표기인지 판단하기 힘들다. 그런데, '비조'보다는 'B조'가 더 익숙한 것은 부정할 수 없다. 물론, 표준 표기로 'USB, B조'가 허용될는지에 대해서는 의구심이 들지만 일상 생활에서 그 두 표기가 일상적으로 사용된다면 한국어 학습자들은 영문자 'B'의 한국어 발음을 알아야 할 것이다. 표준국어대사전의 표제어로는 영문자 'B'를 의미하는 '비'가 올라 있는데, 외래어의 발음은 표시를 하지 않는 것이 표준국어대사전의 원칙3)이므로 그 발음은 [비]가 옳을 것이다. 그러나, 'B조'라는 표기에 대한 현실 발음이 어두 경음화에 의한 [삐조]가 더 지배적이라면, 표준 발음만 교육하는 것은 현실을 무시하는 교육이 되어 버리고 만다. 게다가, 'USB'의 'B'는 경음화가 일어나지 않은 [유에스비]라는 발음이 지배적이라면 같은 표기인 'B'에 대해 단어마다 평음과 경음으로 구분해서 발음을 교육해야 한다는 결론에 이르게 된다.

예문 2, 3, 4를 통해, 숫자 및 영문자의 읽는 방법은 문장 안에서 어떤 자리에 쓰이느냐에 따라 달라진다는 것을 알 수 있었다. 한글 표기와 함께 숫자 및 영문자의 읽는 방법도 한국어 발음 교육에 포함해야 한다.

---

2) 3번 버스: [삼번 버스], 3번 탔어요: [세 번 타써요], mp3: [엠피스리] (혹은 [엠피쓰리])
3) 표준국어대사전에서는 표제어에 외래어가 포함되어 있으면 발음 정보를 표시하지 않는다.

1) 자음 글자

한국어의 자음 글자는 아래와 같이 모두 19개가 있다.

〈한글 자음 글자 19개와 각 글자의 이름〉

> ㄱ:기역, ㄴ:니은, ㄷ:디귿, ㄹ:리을, ㅁ:미음, ㅂ:비읍, ㅅ:시옷
> ㅇ:이응, ㅈ:지읒, ㅊ:치읓, ㅋ:키읔, ㅌ:티읕, ㅍ:피읖, ㅎ:히읗
>
> ㄲ:쌍기역, ㄸ:쌍디귿, ㅃ:쌍비읍, ㅆ:쌍시옷, ㅉ:쌍지읒

'ㄲ, ㄸ, ㅃ, ㅆ, ㅉ'은 'ㄱ, ㄷ, ㅂ, ㅅ, ㅈ'을 두 번 겹쳐서 만든 글자이므로 별개의 글자가 아니라고 주장할 수 있으나 여기서는 'ㄲ, ㄸ, ㅃ, ㅆ, ㅉ'이 고유의 음가를 지니고 있으므로 별개의 글자로 취급한다.

19개의 자음 글자를 초성으로는 모두 사용하고 있으나 종성 글자로는 'ㄸ, ㅃ, ㅉ'은 사용하지 않는다. 그러나, 그 세 개의 글자가 종성 글자로 사용되지 않을 논리적인 이유는 없다. 우연히 종성 자리에 그 세 개의 글자가 사용되는 단어 혹은 형태소가 없다고 해야 할 것이다. 각 글자의 발음을 설명하는 부분에서는 초성에서의 음가와 종성에서의 음가를 따로 설명하기로 한다. 그 이유는 어떤 글자는 초성 위치와 종성 위치에서 발음이 서로 다르기 때문이다. 학습자들에게 글자의 발음을 교육하는 순서는 먼저, 초성 위치에서의 발음을 설명한 후 종성 위치에서의 발음을 설명하는 것이 좋다. 한국어의 음소 체계에서 어두 초성 위치에서의 발음이 그 자음의 대표음이기 때문이다.

2) 모음 글자

모음 글자는 모두 21개가 있다. 나열하는 방법에는 여러 가지가 있지만 여기서는 한국어의 표준 발음에서 단모음을 담당하는 단모음 글자와 이중모음을 담당하는 이중모음 글자로 나누어서 제시하기로 한다.

〈한국어의 모음 글자 21개〉

---

(1) 단모음 글자(10개)

ㅏ, ㅓ, ㅗ, ㅜ, ㅡ, ㅣ, ㅔ, ㅐ, ㅚ, ㅟ

(2) 이중모음 글자(11개)

ㅑ, ㅕ, ㅛ, ㅠ, ㅖ, ㅒ, ㅘ, ㅝ, ㅙ, ㅞ, ㅢ

모음 글자는 모두 제 음가를 제 이름으로 한다. 'ㅏ'의 이름은 '아'이고 'ㅢ'의 이름은 '의'이다.

2. 음절

한국어를 비롯한 모든 언어의 형식에서 음절(音節, syllable)이라는 단위의 개념은 규정하기가 매우 어렵고 음절의 경계를 정하는 것은 더 어려운 영역이다. 여기서는 언어학적인 음절의 개념은 다루지 않겠다. 다만, 한국어 교육과 음절의 구조 사이의 관련성과 함께 한국어의 음절 유형에는 어떤 것들이 있는지는 반드시 알아두어야 한다.

1) 한국어 교육과 음절의 관련성

한국어 교육에 관련된 한국어 음절 구조의 가장 두드러진 특징으로는 초성과 종성을 들 수 있는데 그 이유는 한국어의 자음 글자가 초성 위치와 종성 위치에서 음가가 달라지기 때문이다. 먼저, 한국어의 가장 복잡한 음절 구조를 하나 보기로 하자. 초성, 중성, 종성 자리가 모두 차 있는 것이 가장 복잡한 음절 구조이다.

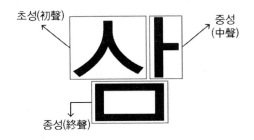

〈그림 1〉 초성, 중성, 종성이 모두 있는 음절 구조

한국어는 자음 글자와 모음 글자를 모아서 표기한다. 중성은 한 음절을 이루는데 반드시 필요한 요소로서 모음 글자가 담당한다. 모음이 2개인 음절은 없다. 중성의 앞에는 자음 글자가 하나 올 수 있다. 앞이라고 했지만 표기상으로는 모음 글자의 왼쪽이나 위에 쓰게 되는데 발음을 할 때, 중성인 모음보다 먼저 발음되므로 모음의 앞이라고 표현한다. 이렇게 중성의 앞에 자음 글자가 올 수 있는 위치를 초성 자리라고 한다. 초성 자리에는 자음이 한 개있을 수 있으며 만약, 초성 자리에 아무런 소리가 없을 경우에는 표기상으로 'ㅇ'을 써서 나타낸다. 예를 들면, 'ㅏ'라는 중성 앞에 아무런 소리가 없는 음절이라면 '아'라고 표기하는 것이다. 그러므로, 초성 자리의 'ㅇ'은 어떤 음가가 있는 것이 아니고 단지, 그 자리에 아무 것도 없음을 표시하는 '영(零,

zero)⁴⁾'으로 이해해야 한다. 종성 자리에도 자음 글자가 와서 음절을 구성할 수 있는데 표기상으로는 종성 자리의 자음 글자를 받침이라고 한다. 초성 자리의 'ㅇ'과 달리 종성 자리의 'ㅇ'은 음가가 있다. '가'와 '강'은 소리가 다르다. 종성 자리가 비어 있을 수도 있는데 그럴 경우에는 표기상으로는 아무런 표시를 하지 않는다. '가'는 초성 자리는 'ㄱ'이, 중성 자리는 'ㅏ'가 차지하고 있으며 종성 자리에는 아무 것도 없는 음절이다. 종성 자리에는 표기상으로는 두 개의 자음이 올 수 있다. 그것을 겹받침이라고 하는데 겹받침이라 하더라도, 종성 자리에서는 언제나 자음 하나만 소리가 난다. 예를 들어, 겹받침이 쓰인 '닭'이라는 단어의 단독형의 발음은 [닥]이며 조사 '이'가 이어진 '닭이'는 [달기]가 된다.

2) 한국어 음절의 유형

한국어 음절의 유형을 보이면 다음과 같다.

〈한국어의 음절 유형〉

> **중성:** 아, 어, 오, 야, 여, 유, 와, 워, 의……
> **초성+중성:** 가, 나, 다, 라, 마, 바, 귀, 죄……
> **중성+종성:** 암, 일, 윤, 왕, 원, 열……
> **초성+중성+종성:** 산, 발, 척, 김, 관……

가장 간단한 유형은 중성 하나만으로 이루어진 음절이며 가장 복잡한 것은 '초성+중성+종성'인데, 초성과 종성에는 단지 하나의 자음만이 소리가 날 뿐

---

4) 그러므로, 초성 자리의 'ㅇ'은 '이응'이 아니라, 영 혹은 동그라미라고 해야 한다.

이므로 음운론적으로 한국어의 음절 구조는 매우 간단하다고 할 수 있다.

이미 언급한 바와 같이 음절에 대해서 먼저 기술하는 이유는 자음 글자가 초성과 종성의 위치에서 발음이 달라지는 '종성 규칙'과 밀접한 관련이 있으므로 학습자들에게도 음절의 개념 및 유형을 반드시 알려 주어야만 하기 때문이다.

3. 음가와 음소

1) 음가(音價, 소릿값, phonetic value)의 개념

한국어의 '비빔밥'이라는 단어에는 아래의 그림 2에서 보이는 바와 같이 네 개의 'ㅂ'이 있다: ㅂ$_1$, ㅂ$_2$, ㅂ$_3$, ㅂ$_4$

〈그림 2〉 '비빔밥' 안의 네 개의 ㅂ: ㅂ$_1$, ㅂ$_2$, ㅂ$_3$, ㅂ$_4$

한국어 모어 화자에게는 ㅂ$_3$을 제외한 세 개의 'ㅂ'은 모두 같은 소리로 인식이 될 것이다. 그러나 물리적으로는 그 네 개의 소리는 모두 다 다르다. 국제음성기호인 IPA(International Phonetic Alphabet)로 적으면 ㅂ$_1$은 [p], ㅂ$_2$는 [b], ㅂ$_3$은 [p'], ㅂ$_4$는 [p']이 된다. 그리고, 그 네 개의 소리는 모두 두 입술을 붙이는 과정이 필요하다는 공통점이 있다. ㅂ$_1$, ㅂ$_2$, ㅂ$_3$은 입술을 붙였다가 때면서 내는 소리이고 ㅂ$_4$는 붙인 상태를 유지한 채 내는 소리이지만 어쨌든 두 입술을 붙이는 과정을 한 번이라도 거치지 않으면 절대로 'ㅂ' 소리는 낼 수 없다. 이처럼 소리가 지닌 그 소리만의 특징을 음성학적으로는 음가(音價, 소릿값, phonetic value)라고 하는데 한국어의 'ㅂ'은 서로 다른 네 개의 소리 즉 네 개의 음가를 지니고 있다고 할 수 있다. 그런데, 어떻게 하나의 글자가 네 개의 음가를 지닐 수 있는가? 그 이유는 'ㅂ'이 '비빔밥'이 라는 단어 속에 들어 있기 때문이다. 네 개의 'ㅂ'은 놓여 있는 음성적 환경 (phonetic context)이 서로 다른데, 한국어의 형태음운론적 특성상 그 환경 에 따라 네 개의 별개의 소리가 나는 것이다.

2) 음소(音素, phoneme)

그렇다면 어떤 단어 속에 들어 있지 않은, 즉, 어떤 음성적 환경이 고려되 지 않은 순수한 'ㅂ'은 어떤 음가를 지니고 있다고 할 수 있는가? 음성학을 기반으로 하는 음운론에서는 한 글자의 여러 음가들 가운데 대표적인 것을 그 글자의 대표 음가로 지정하는데 그것이 바로 그 글자가 지닌 순수한 소리 라고 할 수 있다. 그 과정을 음소 분석이라고 한다. 다소 복잡한 음소 분석 과정을 거쳐서 나온 어떤 글자의 대표 음가를 음소라고 하는데, 한국어의 경 우, 'ㅂ'은 양순-무성-파열-평음[5]이라는 음가를 지닌 [p]로 지정되어 있다. 음소는 이론적인 것이기 때문에 실제로 발음이 되는 것과 구분하기 위해 / / 에 넣어서 표기를 한다. 예를 들어 글자 'ㅂ'의 음소는 /p/로 표시가 된다. 특별히 한국어의 경우에는 대표 음가(즉, 음소의 음가)를 보일 때 국제음성기 호가 아닌 한글을 이용하여 /ㅂ/과 같이 표기를 해도 문제가 되지 않는다. 요약하자면, 한국어의 'ㅂ'이라는 글자의 음소는 /ㅂ/으로서 그 음가는 양순

---

5) 이 내용에 대해서는 '4. 발음 2) 자음 글자의 발음' 부분에 자세히 설명되어 있다.

-무성-파열-평음이다. 다른 자음과 모음들도 마찬가지로 대표 음가를 지니고 있는데 이제부터는(4. 발음 부분) 그 글자들의 대표 음가를 자세히 설명하려 한다.

그런데, 잠시 다시 '비빔밥'으로 돌아가 보자. 사전에 보면 그 단어의 발음은 [비빔빱]으로 되어 있다. 분명히 물리적으로는 ㅂ$_1$부터 ㅂ$_4$까지 다른 소리이지만 한국어 모어 화자의 머릿속에는 ㅂ$_1$, ㅂ$_2$, ㅂ$_4$는 같은 'ㅂ' 소리이고 ㅂ$_3$만 [ㅃ]라는 다른 소리로 인식을 한다. 그 이유는 한국어의 자음 음소 체계 안에 ㅂ$_2$인 [b]와 ㅂ$_4$인 [p']는 음소로서 자리매김을 못 하는 반면 ㅂ$_3$의 소리인 [ㅃ]는 /ㅃ/와 같이 하나의 음소로 자리 잡고 있기 때문이다. 이럴 경우, /ㅂ/와 /ㅃ/는 음소 차원에서 소리가 차이가 난다고 하고 그 둘의 대립은 '방-빵'과 같이 의미를 변별하는 기능을 가지고 있기 때문에 변별적 대립을 하고 있다고 한다. 다시 요약하자면, 한국어의 'ㅂ'과 'ㅃ'은 각각 /ㅂ/, /ㅃ/라는 음소로 표시되는데 그 둘은 음소 차원에서 서로 소리가 다르다고 할 수 있는 것이다. 그런데, 학습자의 모어가 목표어인 한국어의 발음에 간섭을 하는 부분은 한국어의 음소 체계와 다른 학습자 모어의 음소 체계이다. 그리고 학습자의 모어의 음소 체계에서는 별개의 음소로 구분되는 두 개의 소리가 한국어 모어 화자인 교사의 머릿속에서는 다른 소리로 인식하지 못하는 소리일 경우가 있는데 이를 극복하기 위해서는 한국어 교사는 한국어의 자음 글자와 모음 글자가 어떤 음가를 지니고 발화되는지를 음소 차원을 넘어서 알아둘 필요도 있다.

4. 발음

한국어의 자음과 모음의 발음에 대해서는 모음을 먼저 교육하고 자음을 교육하는 것이 효과적이다. 자음은 모음에 붙여서 소리를 내면서 교육하는 것이 수월하기 때문이다.

1) 모음 글자의 발음

모음이란 입안에서 아무런 장애 없이 나오는 소리를 의미한다. 입을 크게 벌리고 '아'를 소리 내면 폐에서부터 나오는 공기가 입안의 어디에도 막히거나 좁은 틈을 지나는 곳이 없음을 알 수 있다. 같은 모음인 '이'는 비록 '아'보다는 공기가 나오는 길이 좁아지긴 하지만 너무 좁아서 '스~' 같은 소음이 날 정도는 아니다. 즉, 공기가 입안에서 윗니와 아랫니 그리고 혀가 만드는 좁은 틈을 지나가면서 그 사이를 마찰하여 나는 쉿소리는 [ㅅ]이고 그보다는 틈이 넓어서 즉 마찰이 일어나지 않을 정도의 거리를 두고 나는 소리가 [ㅣ]이다. 말하자면 [ㅣ]는 [ㅏ]보다는 공깃길이 좁지만 [ㅅ]처럼 마찰이 일어날 정도는 아닌데, 음성학에서 장애라고 하는 좁은 틈은 마찰이 일어날 정도가 되어야 하는 것이므로 입안에 아무런 장애가 없이 소리가 나되 목청을 떨려서 소리를 만들고 그것이 입안의 공명 현상을 거쳐서 나오는 소리를 모음이라 할 수 있다.

한국어의 모음은 발음하는 과정에서 입안의 모양이나 입술의 모양이 전혀 변함이 없는 단모음과 한 번의 변화가 발생하는 이중모음으로 나눌 수 있다. 한국어의 이중모음은 모두 단모음과 긴밀할 관계를 맺고 있으므로 한국어를 배우는 학습자라면 일단 한국어의 단모음을 철저하게 익힐 필요가 있다.

(1) 단모음

한국어의 표준 발음에 따른 10개의 단모음은 아래와 같은 체계를 이루고 있다. 학자에 따라서는 한국어의 단모음의 숫자가 7개에서 9개라고 주장하기도 하고 또 그 모음의 분류 체계도 달리 하는 경우가 있지만 한국어 교육을 위해서라면 일단, 한국어의 표준 단모음 체계인 10 단모음 체계를 알아야 한다.

〈표 1〉 한국어의 표준 10 단모음 체계

혀의 높이 ＼ 혀의 위치 ＼ 입술 모양	전설 모음		후설 모음	
	평순	원순	평순	원순
고모음	ㅣ	ㅟ	ㅡ	ㅜ
중모음	ㅔ	ㅚ	ㅓ	ㅗ
저모음	ㅐ		ㅏ	

가) 모음의 음가를 규정하기 위한 기준

모음의 음가를 규정하기 위한 기준은 위의 표에서 보는 바와 같이 세 가지가 있다: 혀의 위치, 혀의 높이, 입술 모양. 혀의 위치로는 전설 모음과 후설 모음이, 혀의 높이로는 고모음, 중모음, 저모음이, 입술 모양으로는 평순모음과 원순모음이 서로 구분되며 각각의 모음은 하나도 빠짐없이 위의 세 가지 기준에 의해서 음가가 결정된다. 예를 들어, 위 표에서 보이는 'ㅜ'는 원순－후설－고모음이다.

〈모음의 음가를 규정하기 위한 기준〉

> **혀의 위치:** 전설－후설
> **혀의 높이:** 고－중－저
> **입술 모양:** 평순－원순

나) 전설 모음과 후설 모음: 혀의 위치에 의한 분류

전설과 후설은 혀의 위치가 앞이냐 뒤이냐를 통해 구분되는 것이다. 그런데 혀의 위치가 앞과 뒤라는 것의 기준은 무엇인가? 음성학에서는 앞과 뒤를 구분할 때 입술에 가까운 쪽을 앞이라 하고 거기서 멀어질수록 즉 목구멍에 가까운 쪽을 뒤라고 한다. 그렇다면 전설 모음은 어느 정도까지 앞으로 가야 할까? 그 기준은 모음을 발음할 때 혀가 아랫니 혹은 아랫니의 잇몸 부근에 닿느냐 아니냐 하는 것이다. 한국어의 후설 모음인 'ㅏ, ㅓ, ㅗ, ㅜ, ㅡ'를 자연스럽게 발음해 보면 모두 혀가 아랫니 부근에 닿지 않는 것을 알 수 있다. 물론 억지로 아랫니 부근에 대고 발음을 해도 '아' 소리가 나올 수는 있겠지만 그것은 자연스러운 한국어의 [ㅏ]가 아니다. 반면, 전설 모음은 모두 혀가 아랫니 부근에 닿음을 알 수 있다. 대표적인 전설 모음인 'ㅣ'를 발음해 보면 알 수 있다. 아랫니 부근에 혀가 닿지 않으면 자연스러운 '이'를 발음할 수 없다. 'ㅣ'를 발음한 상태에서 혀를 뒤로 조금 빼서 아랫니 부근에서 혀를 떼면 자연스럽게 'ㅡ'가 된다. '이'와 '으'를 반복해서 발음해 보면 입을 벌리는 정도나 입술의 모양은 변함이 없이 그저 혀만 아랫니 부근에 닿았다 떨어졌다 하는 것을 느낄 수 있다. 이처럼 전설 모음과 후설 모음은 혀가 아랫니 부근에 닿느냐 아니냐로 구분된다.

다) 고모음, 중모음, 저모음: 혀의 높이에 의한 분류

혀는 아래턱에 붙어 있다. 그러므로 입을 많이 벌리면 즉 아래턱을 아래로 많이 내리면 그만큼 당연히 혀는 내려가게 되어 있다. 이렇게 입을 얼마나 많이 벌리느냐에 따라 즉 아래턱을 얼마나 내리느냐에 따라 고모음, 중모음, 저모음이 결정된다. 'ㅏ'는 'ㅗ'나 'ㅜ'보다 입을 더 많이 벌리기 때문에 혀가 더 아래에 위치하게 되므로 저모음이라 하고 'ㅗ'는 상대적으로 'ㅜ'보다는 입을 더 크게 벌리기 때문에, 'ㅗ'를 중모음, 'ㅜ'를 고모음이라 하는 것이다. 이

처럼 혀의 높이라는 것은 입을 얼마나 많이 벌리느냐에 따라 결정되기 때문에 음성학에서는 혀의 높이라는 기준 대신 입을 벌리는 정도 즉 개구도(開口度)로 모음을 규정하기도 한다. 저모음이 중모음보다 개구도가 크고 중모음은 고모음보다 개구도가 크다고 할 수 있다. 그래서, 고모음을 폐모음(閉母音), 저모음을 개모음(開母音)이라 부르기도 한다.

고모음 즉, 폐모음은 'ㅣ, ㅟ, ㅡ, ㅜ' 네 개이고 중모음은 'ㅔ, ㅚ, ㅓ, ㅗ' 네 개이며 저모음 즉, 개모음은 'ㅐ, ㅏ' 두 개이다. 중모음은 반개모음(半開母音) 혹은 반폐모음(半閉母音)이라 하는데 어떻게 부르든 상대적인 개념이므로 괜찮다.

라) 평순모음과 원순모음: 입술 모양에 의한 분류

입술이 평평한 모양이면 평순(平脣), 둥글면 원순(圓脣)이라고 한다. 그런데, 입술이 둥글다는 것은 주관적이기 때문에 실제로 그 모습이 정말로 둥글다는 것을 의미하는 것은 아니다. 대표적으로 'ㅏ'를 발음할 때 보면 입술이 둥근 모양이 되지만 정작 'ㅏ'는 원순모음이 아니다. 평순과 원순은 입술이 앞으로 내밀어지는 정도에 따라 결정된다. '아, 어, 오, 우'의 순서로 발음을 해보면 '오'부터 입술이 앞으로 내밀어지는 것을 느낄 수 있을 것이다. 거기서 더 내밀어서 발음을 하는 것이 'ㅜ'이다. 이런 이유로 한국어의 모음 체계에서는 'ㅗ'와 'ㅜ'만 원순모음이라 한다.

앞의 표에서는 'ㅏ'와 'ㅐ'를 평순과 원순의 중간에 그려 넣었지만 음가로 보면 모두 평순모음이다. 그러므로, 한국어에는 원순모음이 모두 네 개가 있는데 후설 모음에 'ㅗ, ㅜ'가 있고 전설 모음에 'ㅚ, ㅟ'가 있다.

마) 한국어 단모음 체계의 특징

전설 모음 5개와 후설 모음 5개가 완전히 대칭적으로 배치되어 있다는 것이 한국어의 표준 10 단모음 체계의 가장 중요한 특징이다. 고모음 4개는 전설에 2개 후설에 2개가 있으며 또한 각각 2개씩의 전설고모음과 후설고모음은 그 안에서 다시 각각 평순 1개 원순 1개로 되어 있다. 그리하여 전설 모음 안의 평순고모음인 [ㅣ]는 후설 모음 안의 평순고모음인 [ㅡ]와 단지 전설이냐 후설이냐만의 차이로 대립되어 있는 것이다. 이처럼 단지 전설이냐 후설이냐의 차이만으로 구분이 되는 모음의 짝이 5개가 생기게 되는데 이를 한눈에 볼 수 있도록 보이면 다음과 같다.

〈표 2〉 전설 모음 5개와 후설 모음 5개의 대칭적 배치

	전설	후설
평순고모음	ㅣ	ㅡ
원순고모음	ㅟ	ㅜ
평순중모음	ㅔ	ㅓ
원순중모음	ㅚ	ㅗ
평순저모음	ㅐ	ㅏ

글자의 모양을 보면, 'ㅡ, ㅣ'를 제외하고, 후설 모음 'ㅏ, ㅗ, ㅓ, ㅜ'의 오른쪽에 전설 모음의 대표격인 'ㅣ'를 더하면 'ㅐ, ㅚ, ㅔ, ㅟ'가 됨을 알 수 있다. 글자의 모양을 통해서 단지 '전설-후설'의 차이만을 보이는 모음의 쌍은 혀를 아랫니에 닿게 하느냐(전설) 아니냐(후설)로 발음을 구분할 수 있음을 알 수 있다.

이러한 전설 모음과 후설 모음의 대칭적 배치는 발음 교육에 있어서도 중요한 기능을 하기 때문에 교수자는 반드시 익혀 두어야 한다.

바) 원순모음의 고모음—중모음의 대립

고모음은 중모음보다 입을 덜 벌리고 발음을 하게 되는데 그럴 경우 자연스럽게 입을 더 오므리고 발음을 하게 된다. 그리고, 원순 모음은 입술을 앞

으로 내밀어 발음한다는 것을 의미하므로, [ㅗ], [ㅚ]와 같은 중모음보다 [ㅜ], [ㅟ]와 같은 고모음은 같은 원순모음이라도 입술을 앞으로 더 내밀어야 한다는 뜻이다.

사) 'ㅓ'의 발음 교육 방안

한국어 모음 가운데 한국어 학습자들이 가장 익히기 어려운 모음은 단연 'ㅓ'라고 할 수 있다. 그 동안 많은 연구에서 'ㅓ'에 대한 효율적이고 적절한 발음 교육 방안을 제시하였는데 여기서는 전설 모음과 후설 모음의 대립으로 접근해 나가고자 한다. 한국어 모음 체계는 앞서 기술한 바와 같이 전설 모음과 후설 모음의 대립으로 되어 있는데 단모음 체계에서 'ㅓ'와 대립되어 있는 모음은 'ㅔ'이다. 그러므로 먼저 'ㅔ'를 발음한 다음 그 상태를 유지한 상태에서 즉 그만큼만 입을 벌린 상태에서 혀를 조금만 뒤로 당겨서 혀를 아랫니 부근에서 뗀 다음에 성대를 떨면 자연스럽게 'ㅓ' 발음이 나오게 된다. 그런데, 'ㅔ'가 아닌 'ㅐ'로부터 시작하면 'ㅓ'가 아닌 'ㅏ'가 발화되므로, 'ㅣ'에서 시작하여 가능하면 적게 입을 더 벌려서 'ㅣ'와 구분되는 'ㅔ' 소리를 낸 후에 혀를 아랫니에서 떼어 'ㅓ'가 제대로 소리날 수 있도록 유의해야 한다. 그리고 그 상태에서 초성을 더해서 '버, 퍼, 뻐, 머, 더, 터, 떠, 서, 써, 저, 처, 쩌, 허, 너, 러, 거, 커, 꺼'와 같이 발음을 연습해 보면 'ㅓ'의 입을 벌리는 정도가 어느 정도인지 학습자들은 익힐 수 있게 된다. 교수자의 입장에서는 반복해서 'ㅔ'부터 시작하는 'ㅓ' 발음의 연습을 할 수 있도록 하는 것이 요건이다.

특히 'ㅓ' 발음을 주의해야 하는 이유는 그 주위에 'ㅏ, ㅗ, ㅜ, ㅡ'와 같이 많은 모음들이 존재하기 때문이다. 특히 'ㅓ'와 'ㅗ'의 구분은 매우 힘든 것으로 알려져 있어서 '어머니'를 [오모니], [오머니], [어모니]처럼 정확히 구분하지 못하는 경우가 많다. 모음 체계에서 보면 'ㅓ'와 'ㅗ'는 입을 벌리는 정도가 같은 중모음으로 되어 있다. 다만 'ㅗ'는 원순모음이고 'ㅓ'는 평순모음인데 이는 'ㅗ'는 'ㅓ'보다 아무래도 입을 더 오므리고 발음을 한다는 결론에 이르게 된다. 그러므로 종종 학습자들에게 'ㅓ'보다 'ㅗ'는 입을 더 다물고 발음을 해야 한다는 요구를 하게 되는데 입을 좀 더 다물라고 하는 교육 방안으로는 교육을 시행하는 당시에는 그 발음을 제대로 도출시킬 수 있다. 그러나, 그것만 가지고는 지속적으로 'ㅓ' 발음을 학습자의 머릿속에 기억시킬 수가 없다. 그보다는 'ㅗ'는 'ㅓ'보다 입술을 훨씬 더 앞으로 내밀어야 함을 강조할 필요가 있다. 그렇게 되면 자연스럽게 입을 좀 더 다물게 되고 학습자는 스스로 입을 벌리는 정도가 차이가 나는 것을 느낄 수 있게 된다. 입술을 너무 내밀어서 'ㅜ'가 될 수도 있으나 'ㅗ'와 'ㅜ'를 구분하는 것을 힘들어 하는 학습자는 거의 없다.

아) 'ㅡ'와 'ㅜ'의 구분

'ㅡ'와 'ㅜ'는 같은 후설 모음이고 고모음이면서 평순과 원순의 대립이 있다. 그러나, 'ㅡ'와 'ㅜ' 발음을 구분하는 것은 그렇게 힘든 일이 아니다. 입술을 옆으로 최대한 벌려서 발음을 하는 것이 'ㅡ'이고 앞으로 최대한 내밀어서 발음을 하는 것이 'ㅜ'이기 때문이다. 다만, 학습자들이 'ㅡ'와 'ㅜ'를 제대로 구분하지 못하고 혼동하는 것은 아무래도 모어의 간섭 때문일 수 있다. 가장 대표적으로 일본어권 학습자의 경우, 그들 모어의 모음 체계에는 한국어의 'ㅡ'와 'ㅜ'에 해당하는 자리에 단 하나의 모음만이 있기 때문에 한국어의 'ㅡ'와 'ㅜ'에 대한 교육을 받고 연습을 해서 어느 정도 그 둘의 발음을 구분할 수 있게 되었다 하더라도 일상 대화에서 집중하지 못하고 발화를 하면 그 둘의 구분이 매끄럽지 못하다는 것이다. 그러므로, 이는 이론적인 접근보다는 연습을 통해서 극복해 나가야 할 문제이다. 특히, 'ㅡ' 발음에 있어서는 절대로 입술을 앞으로 내밀어서는 안 된다는 것을 유념시키면서 연습을 시킬 필요가 있다.

'ㅡ'의 'ㅜ'의 구분은 단모음에서 그치지 않는다. 뒤에서 기술할 이중모음 가운데, 'ㅢ'는 반드시 모음 'ㅡ'로부터 발음이 시작되어야 하는데 여기서 자칫 'ㅜ'처럼 입술을 내밀어 입을 동그랗게 오므린 상태에서 발음을 하게 되면 '의사, 의지, 의자' 등이 '위사, 위지, 위자' 등으로 들릴 수 있다.

그런데, 다른 문제가 도사리고 있다. 그것은 방금 예를 든 일본어권 학습자들이 발화 측면에서뿐만 아니라 'ㅡ'와 'ㅜ'를 듣고 구분하는 것도 매우 힘들어 한다는 것이다. 한국어 모어 화자의 '그림자'를 '구림자'라고 듣고 학습자 본인도 '구림자'라고 발음을 하거나 혹은 '누나'를 '느나'라고 듣고 '느나'라고 발음을 해 나간다는 것이다. 물론 이러한 것들은 나중에 사전이나 교사 혹은 주변 모어 화자의 교정을 통해서 '그림자, 누나'라는 정확한 발음을 해 나갈 수도 있겠지만 여전히 다른 많은 단어에 쓰인 'ㅜ'와 'ㅡ'를 듣고 구분하지 못하는 문제는 남는다. 이렇기 때문에 발음 교육에서는 소리 발화의 측면과 함께 소리를 듣고 구분하여 들은 단어 혹은 들은 문장의 뜻을 올바로 이해할 수 있는 듣기 교육도 함께 병행해야 하는 것이다.

자) 'ㅗ'와 'ㅜ'의 구분

실제 학습 현장에서 'ㅗ'와 'ㅜ'의 발음을 어렵게 여기는 학습자는 그리 많지 않다. 그러나, 간혹 모어의 간섭으로 인하여 그 둘이 잘 구분되지 않는 학습자도 있는데, 두 모음의 구분은 역시 입술이 앞으로 돌출되는 정도에 따른 것이고 그것은 눈에도 보이는 차이이므로 'ㅗ'보다 'ㅜ'를 발음할 때는 입술을 더 앞으로 내밀어서 발음을 해야 한다는 것을 여러 번 강조해서 학습을 시키는 수밖에 없다. 자기 눈으로 자기 입술이 보일 만큼 입술을 내밀어서 발음을 하면 'ㅜ'가 된다고 하는 것도 좋은 교육 방안 중의 하나이다.

차) '一'와 'ㅣ'의 구분

　단모음 '一'와 'ㅣ'는 반드시 구분을 하여야 하는데 실제적인 중요한 이유 중 하나는 이중모음인 'ㅢ'를 올바로 자연스럽게 발음하기 위해서이다. '一'와 'ㅣ'는 모두 평순고모음으로 '一'는 후설 모음이고 'ㅣ'는 전설 모음이라는 차이가 있다. 그러므로 앞에서 여러 번 언급하였던 것처럼 학습자들에게 먼저, 'ㅣ'를 발음하게 한 다음 그 상태에서 혀를 뒤로 응축시켜 아랫니 부근에서 혀를 떼도록 한 다음 '一' 발음을 하도록 교육하는 것이 바람직하다. '一'보다 'ㅣ'가 더 입을 오므리게 된다는 주장도 있으나 어떤 경우에도 아랫니가 혀에서 떨어지도록 하여 '一'를 'ㅣ'로부터 구분해 낼 수 있어야 한다.

카) 'ㅟ'와 'ㅚ'의 단모음 발음

　한국어 모어 화자들도 'ㅟ'와 'ㅚ'를 단모음으로 발화하는 것을 난감해 한다. 글자를 보여 주고 발음을 시켜 보면, 이중모음으로 발음하기 일쑤이며 입 모양을 변화시키지 말고 발음을 하라고 하면 어떻게 발음해야 할지 모르거나, 정확히 구분해서 발음하는 것을 매우 힘들어 하는 게 보통이다. 그러나, 한국어 교사라면 'ㅟ'와 'ㅚ'의 단모음의 발음은 반드시 할 수 있어야 한다. 한국어에서 'ㅟ'와 'ㅚ'의 단모음은 여전히 표준 발음으로 되어 있기 때문이다.

　먼저 'ㅟ' 단모음을 보자. 앞의 〈표 1〉을 보면 'ㅟ'는 전설-고-원순모음으로서 후설-고-원순모음인 'ㅜ'와 대립시켜 보면, 단지 전설과 후설의 차이뿐임을 알 수 있다. 그러므로 'ㅟ' 단모음은 'ㅜ'로부터 시작할 수 있다. 먼저 'ㅜ'를 발음해 보면 'ㅜ'는 후설 모음이므로 당연히 혀가 아랫니에 닿지 않음을 알 수 있다. 그 상태에서 다른 부분은 절대로 움직이지 말고 그저 혀를 조금 내려서 아랫니 부근에 대면 공기가 나가는 길이 조금 좁아지는 것을 느끼면서 'ㅟ' 단모음을 발음할 수 있다. 이러한 단모음 'ㅟ'의 발음은 국제음성기호로는 [y]로 나타낸다.

'ㅚ' 단모음도 마찬가지 방법으로 접근할 수 있다. 'ㅟ-ㅜ'와 마찬가지로 'ㅚ-ㅗ'의 관계로부터 'ㅗ'를 발음한 상태에서 혀만 조금 아래로 내려서 아랫니 부근에 대면 'ㅚ' 단모음을 발음할 수 있다. 'ㅚ' 단모음은 국제음성기호로는 [ø]로 나타낸다.

타) 'ㅏ, ㅣ, ㅜ'의 발음

'ㅏ, ㅣ, ㅜ'는 한국어의 단모음 체계에서 가장 극단에 있는 소리라고 할 수 있다. 'ㅏ'는 마음껏 입을 크게 벌리고 발음을 하라고 교육을 할 필요가 있다. 다만 혀가 아랫니에 닿아서는 안 된다. 실제로 'ㅏ'가 없는 언어는 없어서인지 한국어 모음 'ㅏ'를 어려워하는 학습자는 본 적이 없다. 'ㅣ'는 입을 가능한 한 옆으로 길쭉하게 만들어서 내는 발음이다. 그러나, 그렇게 과장되게 길쭉하게 할 필요는 없다. 'ㅜ'로 오해하지 않을 만큼만 안 둥글게 하면 되는데 다만 중요한 것은 발음할 때 반드시 혀가 아랫니 부근에 닿아 있어야 한다는 것이다. 'ㅜ'는 입술을 최대한 돌출시켜서 내는 발음이다. 발음할 때 혀가 아랫니에 닿아서는 안 된다는 것만 지키면서 주변의 'ㅗ' 및 'ㅡ'와 구분이 될 수만 있다면 큰 문제가 되지 않는다.

파) 단모음 체계의 혼란

표준 발음상으로는 10개의 단모음 체계가 균형을 잡고 있지만 현실 발음에서는 그렇지 못하다. 가장 눈에 띄는 것은 'ㅔ'와 'ㅐ'의 동일화와 'ㅟ'와 'ㅚ'의 이중모음화를 들 수 있다.

① 'ㅔ'와 'ㅐ'의 혼란

현대 한국어에서 'ㅔ'와 'ㅐ'를 구분하지 않고 발음하는 경향은 확연히 나타난다. 중모음과 저모음의 차이를 전혀 보이지 않을 뿐 아니라, 둘 중의 하나 혹은 둘을 섞어서 이도 저도 아닌 그와 비슷한 모음으로 발음을 하는 경향마저 나타나는 것이다. 예를 들어, '세-새, 게-개, 메다-매다, 베-배' 등은 표기상으로 엄격히 구분되어 있으나 발음상으로 두 단어를 엄격히 구분하기는 매우 힘들어 보이며, 또 정확한 발음으로 두 단어를 구분하여 들려 주어도 정확히 단어를 맞추기가 역시 힘든 상황이다. 이러한 현상은 표기에도 영향을 끼쳐서 '내'(1인칭 대명사)와 '네'(2인칭 대명사)라는 반드시 구분해야 하는 두 어휘가 발음의 동일화 혹은 구분의 불가능함 때문에 '네'가 '니'로 발화되고 있으며 심지어는 표기마저 '니'로 변해가는 모습을 볼 수 있다. 2인칭 대명사 '네' 대신 사용되는 '니'는 물론 표준어가 아니지만 현실적으로는 상당히 지배적인 위치에 있다. 그러나, 같은 '네'라도 '네 명'은 '니 명'이 되지 않는다. 그것은 물론, '네 명'의 '네'에 대립되는 단어로 '내'가 없기 때문인데, 학습자들에게는 2인칭의 '네'만 '니'로 발음하게 된다는 것을 특별히 가르칠 필요가 있다.

그런데, 한국어 안에서의 이러한 'ㅔ'와 'ㅐ'의 혼동 현상은 한국어 학습자의 입장에서는 오히려 반가울 수 있다. 왜냐하면 발화 시 그 둘을 굳이 구분할 필요가 없으니 편하게 둘 중의 하나 혹은 그 중간 발음으로 엇비슷하게 해도 한국어 모어 화자들과 의사 소통이 되기 때문이다. 예를 들어, 일본어권 학습자들은 만약에 한국어의 'ㅔ'와 'ㅐ'의 발음을 엄격하게 구분해야만 했다면 그것만으로도 한국어 학습을 포기했을지도 모를 일이다. 그러나, 발음을 구분하지 않아도 무방함에도 불구하고 표기로는 엄격히 구분이 되기 때문에 쓰기 생활에 있어서는 'ㅔ'와 'ㅐ'가 들어가는 어휘를 모두 따로 외워야 한다는 부담이 남아 있다. 그런데, 거꾸로 영어권 학습자들은 모어에서 [e]와 [ɛ]를 구분하기 때문에 한국어의 'ㅔ'와 'ㅐ'를 구분하려고 애를 쓴다. 결국 영어권 학습자들에게는 '에'와 '애'라는 분명히 다른 글자를 써 놓고는 그 발음을 구분하지 않고 마구 해 버리는 한국어 모어 화자가 오히려 이상하게 여겨질 수 있으며 더 깊이 들어가면 한국어 모어 화자의 엉망진창인 발음 때문에 학습자가 혼란에 빠질 수도 있다. '개'를 [개]로 '게'를 [게]로 올바로 발음하면 좋겠는데 정작 한국어 모어 화자들은 그 둘을 구분하지 않고 문맥상 분명한 '개'를 [게]라고 하니 혹시 다른 단어가 있는가 하는 불안이 생기는 것이다.

현실 발음에서 'ㅔ'와 'ㅐ'는 혼동해서 발음을 하는 경우가 대부분이므로 학습자들에게 그 내용을 알려주고 굳이 구분해서 발음하지 않아도 된다는 내용의 교육이 필요하다.

② 'ㅟ'의 이중모음화

'ㅟ'의 표준 발음은 앞에서 언급한 단모음인데, 특별히 이중모음으로 발음하는 것도 허용[6]하고 있다. 즉, 'ㅟ'의 표준 발음은 원칙 발음인 단모음과 허용 발음인 이중모음이 있다. 그런데, 현실적으로 'ㅟ'는 대부분의 한국어 모어 화자들이 이중모음으로 발음을 하고 있다. 이중모음이란 하나의 모음을 발음하는 중간에 입의 모양이나 입술의 모양이 바뀌는 것을 의미하는데 '위, 귀, 뒤, 쉬, 쥐, 바퀴'와 같은 단어를 자연스럽게 읽어달라고 한국어 모어 화자들에게 부탁을 하면 대부분, 'ㅟ' 모음에 대해서 발화 중간에 입술이 평평해지면서 'ㅣ'로 발음을 끝내게 된다. 결국, 뒤만 들은 사람은 'ㅣ'로 들리게 되는 것이다. 이처럼 'ㅟ'가 이중모음으로 되어 가는 현상은 한국어 모음 체계의 혼란 중에 하나로 볼 수 있는데 표준 발음에서 그 두 개의 발음을 모두 인정하였으므로 단모음 'ㅟ'와 이중모음 'ㅟ'의 발음을 모두 교육해야 하는 부담이 있다.

앞으로는 'ㅟ'라는 하나의 글자가 단모음과 이중모음으로 발음되는 것을

---

6) 표준 발음법 제4항의 [붙임]에 "ㅚ, ㅟ'는 이중모음으로 발음할 수 있다.'고 되어 있다.

구분하기 위해서 '뉘단'과 '뉘이중'과 같은 기호를 쓸 것이다. '뉘단'은 단모음으로 발음된 '뉘'이고, '뉘이중'은 이중모음으로 발음된 '뉘'이다. '뉘단'의 음가가 국제음성기호로는 [y]라는 것은 이미 언급하였으며 '뉘이중'의 음가는 이중모음 부분에서 상세히 기술하도록 한다. 다만, 특히, '뉘이중'을 제대로 발음하기 위해서는 '뉘단'의 발음을 반드시 익힐 필요가 있으므로 '뉘단'의 발음을 절대로 소홀히 해서는 안 된다는 것을 강조하고 싶다.

③ 'ㅚ'의 이중모음화

'ㅚ'도 '뉘'와 마찬가지로 원칙적으로는 단모음이지만 이중모음으로 발음할 수 있다고 규정되어 있다. 그러므로 이론적으로는 앞에서 언급한 'ㅚ' 단모음과 뒤에서 언급할 'ㅚ' 이중모음의 발음을 모두 익혀야 한다. 그러나, '뉘'의 두 발음과는 달리 'ㅚ'는 이중모음만 익혀도 자연스러운 발화가 될 수 있기 때문에 굳이 'ㅚ' 단모음을 어렵게 익힐 필요는 없다. 앞으로는 필요한 경우, 단모음 'ㅚ'는 'ㅚ단'으로 이중모음 'ㅚ'는 'ㅚ이중'으로 표시하겠다. 'ㅚ이중'은 뒤에서 다시 기술하겠지만 국제음성기호로는 [we]로 소리가 난다.

(2) 이중모음

가) 이중모음의 개념 및 한국어 이중모음의 목록

이중모음은 하나의 모음이지만 단모음과는 달리 발음이 시작될 때와 끝났을 때의 입 모양이 서로 다른 모음이다. 즉, 발화하는 중간에 '혀의 위치, 혀의 높이, 입술의 모양' 가운데 최소한 하나가 한 번 달라지면서 발화되는 모음이다. 예를 들어서 'ㅑ'는 'ㅣ'에서 시작해서 'ㅏ'로 끝나게 되는데 이는 혀의 위치는 '전설→후설'로, 혀의 높이는 '고→저'로 바뀌는 것[7]이다. 그런데

---

7) 'ㅛ'는 'ㅣ'에서 'ㅗ'로 옮아가는 이중모음인데, '고→중, 전설→후설, 평순→원순'으로 입안의 모양이

'ㅑ'를 위해서 'ㅣ'와 'ㅏ' 두 개의 모음을 모두 같은 비중으로 하나하나 같은 시간만큼 명확히 발음을 하는 것은 아니다. 시작할 때는 'ㅣ'의 입 모양이지만 발화가 시작되자마자 바로 'ㅏ'로 옮겨가서 결국은 'ㅏ'로 발화가 끝나게 된다. 그래서, 처음부터 듣지 못한 사람은 'ㅏ' 소리만 듣게 되는 것이다. 이러한 'ㅑ'의 'ㅣ' 부분 즉 발음이 시작되어 어느 정도 그 발음을 유지하지 않고 바로 다른 모음으로 옮겨 가는 부분을 단모음 'ㅣ'와 구분하여 '반모음 ㅣ'라고 하고 국제음성기호로는 [j]와 같이 표시한다. 결국 'ㅑ'를 자연스럽게 발화한 발음은 [ja]로 표시된다. 앞으로는 이중모음에 대해서 기술하면서 발화가 시작될 때의 입 모양에서 나오는 모음을 출발점이라 하고 그 출발점에서 시작하자마자 옮겨가서 결국은 도달하게 되는 입 모양에서 나오는 모음을 도착점이라 하겠다. 예를 들어, 'ㅑ'의 출발점은 'ㅣ'이고 도착점은 'ㅏ'이다. 출발점에 해당되는 모음들은 모두 반모음이며 도착점의 모음들은 모두 단모음이다.

이중모음을 출발점 모음의 이름을 따서 다음과 같이 세 계열로 나눌 수 있다.

　ㅣ계열 :　　ㅑ, ㅕ, ㅛ, ㅠ, ㅖ, ㅒ
　ㅗ/ㅜ계열 :　ㅘ, ㅝ, ㅟ이중, ㅙ, ㅞ
　ㅡ계열 :　　ㅢ

앞에서 모음 글자를 기술할 때, 'ㅟ'를 단모음 글자에 포함했으나 발음상으로는 이중모음으로도 발음을 할 수 있기 때문에 'ㅟ이중'은 이중모음에 포함된다. 'ㅚ'라는 글자도 이중모음으로 발음이 되지만 기존의 목록에 없는 새로운 모음으로 발음되지 않고 이미 한국어의 이중모음의 목록에 있는 'ㅙ' 혹은 'ㅞ'와 동일하게 발음하기 때문에 위의 이중모음 목록에 새로 'ㅚ이중'을 따로

변하게 된다.

넣을 필요는 없다. 결국, 한국어의 이중모음은 글자는 11개이지만 소리는 12개가 된다.

나) ㅣ계 이중모음: ㅑ, ㅕ, ㅛ, ㅠ, ㅖ, ㅒ

이중모음 'ㅑ, ㅕ, ㅛ, ㅠ, ㅖ, ㅒ' 6개는 모두 발음을 시작할 때의 입 모양이 단모음 'ㅣ'를 발음할 때와 똑같다. 그래서 'ㅣ계 이중모음'이라고 한다. 그러나, 위 6개의 이중모음의 도착점은 물론 다르다. 'ㅑ, ㅕ, ㅛ, ㅠ, ㅖ, ㅒ'는 순서대로 도착점이 'ㅏ, ㅓ, ㅗ, ㅜ, ㅔ, ㅐ'이다. 이처럼 모든 이중모음의 도착점은 단모음인데 이것이 바로 이중모음을 배우기 전에 단모음을 확실히 익혀야 하는 이유이다. 'ㅏ, ㅓ, ㅗ, ㅜ'를 명확히 구분해서 발음을 할 수 없다면 절대로, 'ㅑ, ㅕ, ㅛ, ㅠ'를 명확히 구분해서 발음할 수 없다는 뜻이다. 'ㅖ'와 'ㅒ'는 출발점은 물론 'ㅣ'로 같고 도착점은 이론적으로는 'ㅔ'와 'ㅐ'로 서로 다르지만 〈단모음 체계의 혼란〉 부분에서 언급한 바와 같이 'ㅔ'와 'ㅐ'의 발음은 실제로는 거의 구분되지 않기 때문에 'ㅖ'와 'ㅒ'의 구분도 거의 없어졌다고 볼 수 있다.

다) ㅗ/ㅜ계 이중모음: ㅘ, ㅝ, ㅟ이중, ㅞ, ㅙ

이중모음 'ㅘ, ㅝ, ㅟ이중, ㅞ, ㅙ' 5개는 모두 'ㅗ' 또는 'ㅜ'에서 시작된다. 그러나 그 둘이 반모음으로 발음이 될 때에는 구분할 수 없기 때문에 [w]로 표시한다. 그러므로 이름은 'ㅗ/ㅜ계 이중모음'이라고 했지만 사실은 '[w]계 이중모음'으로 인식해야 한다. 결국, ㅗ/ㅜ계 이중모음의 발음에 있어서 출발점은 'ㅗ'든 'ㅜ'든 둘 중에 하나로 하면 된다.

① ㅘ, ㅝ

'ㅘ, ㅝ'는 출발점은 같고 도착점이 'ㅏ, ㅓ'이다. 그러므로 역시 단모음

'ㅏ, ㅓ'를 명확히 구분하는 것은, 특히 'ㅓ'를 명확히 발음할 수 있을 때까지 몇 번이고 강조해서 교육하거나 연습하는 것은 무엇보다 중요하다.

② 'ㅟ이중'의 두 가지 발음: [wi]-[ɥi]

'ㅟ이중'은 두 개의 발음이 가능하다. 한글 표기로는 그 차이를 밝힐 수 없으니 피치 못하게 국제음성기호를 사용해서 구분할 수밖에 없다: [wi], [ɥi]. 이 둘은 모두 이중모음으로서 도착점은 둘 다 [i] 즉 'ㅣ'로 같다. 그러나, 이 둘은 출발점이 다르다. [w]와 [ɥ]는 모두 반모음인데 [w]는 시작할 때의 입 모양이 [u] 즉 'ㅜ'이고 [ɥ]는 [y] 즉 'ㅟ단'이다. 'ㅜ'를 발음하는 입 모양에서 시작하여 'ㅣ'로 옮아가는 이중모음이 [wi]라면 'ㅟ단'을 발음하는 입 모양에서 시작하여 'ㅣ'로 옮아가는 이중모음이 [ɥi]라고 할 수 있다. 일반적으로 [wi]보다는 [ɥi]가 더 자연스럽기 때문에 'ㅟ이중'을 제대로 자연스럽게 발음을 하기 위해서는 반드시 'ㅟ단'을 제대로 발음할 줄 알아야 한다는 결론에 이른다. 그러나, 이 내용은 한국어를 배우는 입문이나 초급 과정의 학습자에게보다는 중급 이상으로서 한국어를 더욱 자연스럽게 발화하기를 원하는 학습자에게나 필요한 내용이므로 한국어 교육의 첫 단계에서는 그리 강조할 필요는 없다. 다만, 한국어를 가르치는 교사의 입장에서는 반드시 발음을 제대로 할 줄 알고 설명할 수 있어야 한다. 이러한 내용에도 불구하고 대부분의 한국어 교재에서 'ㅟ이중'을 [wi]로 나타내는 것은 타이핑 혹은 인쇄의 편이를 위한 것이고 한국어 음운론 체계에서도 /wi/로 대표음을 잡는 것도 그렇게 하면 한국어 음운론 체계에서 굳이 /ɥ/라는 반모음을 하나 더 만들지 않아도 되기 때문이다. 그러나 가장 자연스러운 한국어 'ㅟ이중'의 발음은 [wi]가 아니라 [ɥi]이므로 만약 'ㅟ이중'의 기본음으로 /ɥi/를 설정하면 한국어의 이중모음 체계에 'ㅟ단계 이중모음'을 따로 하나 더 설정해야만 한다.

'ㅟ'는 '위, 귀, 뒤, 쥐'와 같이 1음절어에서는 'ㅟ이중'이 자연스럽고 'ㅟ단'

은 부자연스러운 것은 사실이다. 그러나, '분위기[부뉘기], 사귑니다[사귐
니다], 아쉽습니다[아쉽씀니다]'와 같이 3음절어 이상이면서 첫음절보다
뒤에 'ㅟ'가 있는 경우, 그리고 '휘파람, 쉽게, 취했어요, 퀴퀴한 냄새'와 같
이 첫음절에 'ㅟ'가 있지만 2음절어 이상이면 'ㅟ단'으로 발음하는 것도 자
연스럽다. 그러므로, 'ㅟ이중'과 함께 'ㅟ단'에 대한 발음도 반드시 익혀 두어
야 한다.

'ㅟ'라는 글자의 발음이 [wi]이든 [ɥi]이든 이중모음으로 실현되는 표준
발음이 있고 그 전에 이미 표준 발음으로 단모음을 규정하였기 때문에 결
국 하나의 글자가 두 개의 음가를 갖게 된다. 그러나 [ㅟ]단과 [ㅟ]이중이 변
별적 대립을 하지는 않으므로 음소 목록에는 변동없이 단모음 10개, 이중
모음 11개이다.

③ ㅞ, ㅙ, ㅚ이중: [we]

'ㅞ, ㅙ'는 출발점은 물론 같고 도착점은 이론적으로는 다르나 'ㅔ, ㅐ'의
경우와 마찬가지로 도착점인 'ㅔ'와 'ㅐ'의 발음이 구분이 되지 않는 형편에
따라 'ㅞ, ㅙ'의 발음도 구분이 되지 않는다고 할 수 있다. 특이한 점은 'ㅚ'
이다. 이미 단모음 체계에서 언급했던 것처럼 이 글자는 단모음으로도 이
중모음으로도 발음을 할 수 있도록 허용되어 있다. 글자의 모양을 보면 이
론적으로는 출발점이 'ㅗ/ㅜ'이고 도착점은 'ㅣ'이어야 하는데, 그런 음가를
가진 이중모음은 이미 'ㅟ이중'이 차지하고 있다. 그래서 그와 아주 가까운
소리인 [ㅞ] 혹은 [ㅙ]와 같게 변한 것으로 추정된다. 결과적으로, 'ㅚ, ㅞ,
ㅙ' 세 개의 이중모음 글자는 발음을 모두 같게 해도 아무 지장이 없다.
다만, 'ㅚ'는 다른 이중모음 글자들과 달리 글자의 모양으로 그 발음을 유
추할 수 없는 발음으로 변했다는 점을 특히 주의시켜야 한다. 실제로 교육
현장에서 '회사, 죄인, 괴롭다' 등과 같이 'ㅚ'가 들어 있는 단어를 보면 입
문 단계의 학습자들은 발음을 멈칫하기 일쑤이다. 그 원인은 아무래도 'ㅚ'

라는 글자의 발음 때문이니 반복하여 'ㅚ'의 [ㅞ] 발음을 따로 설명해 주어야 한다. 표준국어대사전에서도 단모음을 원칙 발음으로 이중모음을 허용 발음으로 하여, 예를 들어, '사회'라는 단어는 [-회/-훼][8]로 '획일적'은 [회길쩍/훼길쩍]으로 발음이 표시되어 있다.

라) ㅡ계 이중모음: ㅢ

'ㅢ'는 발음을 시작할 때의 입 모양이 'ㅡ'이므로 'ㅡ계 이중모음'이라 한다. 그리고 'ㅡ계 이중모음'은 'ㅢ' 하나밖에 없다. 그런데, 'ㅡ'와 'ㅣ'를 구분하는 중요한 요소는 혀끝이 아랫니에 닿느냐 아니냐 하는 것뿐이므로 'ㅢ'를 발음하기 위해서는 정확히 후설 모음인 'ㅡ'에서 시작해서 전설 모음인 'ㅣ'로 옮아가야 한다. 즉, 발음을 시작할 때의 출발점은 혀가 아랫니 부분에 닿지 않은 상태였다가 발음이 끝났을 때의 도착점은 혀가 아랫니 부분에 닿아 있어야 하는 것이다. 'ㅢ' 발음에서 또 하나 특히 주의해야 할 점은 출발점을 'ㅡ'와 가까운 'ㅜ'로 하지 말아야 한다는 것이다. 'ㅡ'와 'ㅜ'는 혀의 높이도 혀의 위치도 같고 다만 입술의 모양만으로 구분이 되는 것인데 'ㅢ'를 자연스럽고 정확하게 발음하기 위해서는 반드시 'ㅡ'를 'ㅜ'와 구분해야 하는 것이다. 입술을 충분히 평평하게 하지 않고 조금이라도 입술을 둥글게 하게 되면 'ㅟ_{이중}'의 [wi]처럼 발음되기 쉽기 때문이다. 결론적으로, 'ㅢ' 발음을 시작할 때 절대로 입술을 동그랗게 오므리지 말고 길고 평평하게 하되 혀가 아랫니에 닿으면 안 된다는 것을 매우 강조해야 한다.

'ㅢ'는 단어의 첫음절에 많이 사용되고 있다. 예를 들어, '의사, 의자, 의견, 의리, 의미, 의식, 의인, 의회, 의대(醫大), 의약품, 의연(依然), 의지, 의탁' 등인데, 이러한 단어들의 첫음절 [ㅢ] 발음[9]을 제대로 익히기 위해서는 입문

---

8) 사전에서 발음을 나타낼 경우, ' / '가 쓰이면 그 왼쪽에 있는 것이 원칙적인 발음이고 오른쪽에 있는 것은 허용 발음임을 나타낸다.

이나 초급 단계의 학습자들에게는 발음이 시작되는 'ㅡ' 부분을 다른 반모음들보다 조금 길게 발음을 하도록 시키는 것도 효과적이다.

마) 이중모음 체계의 혼란

① 'ㅖ'와 'ㅒ'의 혼란

단모음 'ㅔ'와 'ㅐ'의 혼동이 일어나면서 자연스럽게 'ㅖ'와 'ㅒ'의 발음에도 혼란이 일어나게 되었다. 'ㅖ'와 'ㅒ'는 발음의 시작 시의 입 모양이 'ㅣ'로 같고 도착점이 각각 'ㅔ'와 'ㅐ'인데 그 둘의 발음이 혼동되니 당연히 그런 결과가 나오는 것이다. 'ㅔ, ㅐ'와 마찬가지로 'ㅖ'와 'ㅒ'의 정확한 발음을 공부할 필요는 있으나 발음에 있어서 굳이 구별을 하려고 애쓸 필요는 없다. 단, 표기에 있어서는 엄격히 지켜주어야 한다는 것을 강조해야 한다. 한국어에서는 'ㅒ'보다는 'ㅖ'가 훨씬 더 기능부담량이 큰데, 실제로 표준국어대사전을 참조해 보면, 'ㅒ'라는 모음은 '얘기'라는 단어 및 그 단어가 주재료가 된 파생어 및 합성어와 '하얗다'의 활용형 '하얘요, 하얘서, 하얘도…' 이외에는 사용 빈도가 높은 단어는 거의 없다시피 하다. 반대로 'ㅖ'는 '예정, 예의, 예상, 예약, 예절, 예리, 서예, 의예과 …' 등 많은 단어 내부에서 찾을 수 있다.

② 'ㅞ'와 'ㅙ'의 혼란

위의 'ㅖ'와 'ㅒ'의 혼란과 같은 이유로 'ㅞ'와 'ㅙ'의 발음도 구분하기 힘들어진 것이 현실 발음이다. 'ㅞ, ㅙ'는 시작 시의 입 모양은 [w]로 같고 도착점이 'ㅔ'와 'ㅐ'인 것이 차이점인데 그 차이를 보이는 두 단모음의 발음에 혼란이 일어나면서 자연스럽게 'ㅞ'와 'ㅙ'의 발음에도 혼란이 일어나

---

9) 표준 발음법에 의하면, '의'는 둘째 음절 이후부터는 [ㅣ]가 아닌 다른 발음이 가능하기 때문에 특히, 단어 첫음절의 [ㅢ] 발음을 강조해야 한다.

게 되는 것이다. 역시 발음에 굳이 신경을 써서 구분을 하려고 애쓸 필요
는 없으나 표기에 있어서는 엄격하게 지켜주어야 한다는 것을 강조할 필요
가 있다.

바) 'ㅢ'의 여러 환경에서의 발음

'ㅢ'라는 모음은 이중모음으로서 제 음가를 당연히 지니고 있다. 그런데,
그 글자는 놓이는 음성적 환경에 따라서 그리고 어떤 특별한 단어가 되어 쓰
일 때 다른 발음으로 변하거나 다른 발음이 허용되는 경우가 있다. 'ㅢ'라는
글자가 쓰이는 환경에 따른 발음을 하나씩 보자.

첫 번째로 'ㅢ'가 단어의 첫음절에 있으면서 'ㅢ'의 초성 자리가 비어 있는
경우이다. 예를 들어, '의견, 의사, 의자, 의대, 의과, 의결, 의논, 의도(적),
의뢰, 의리, 의무, 의문, 의미, 의복, 의상, 의석, 의식, 의심, 의욕, 의원,
의절, 의존, 의지, 의학, 의회, (-에) 의해, 의처증, 의부증' 등과 같은 단어
들이다. 열거한 단어들의 첫음절인 '의'는 예외 없이 이중모음 [ㅢ]를 정확히
발음해야만 한다. 한글로 표기한 '의식'은 여러 가지 의미로 해석될 수 있는
데(衣食, 意識, 儀式) 의미에 상관없이 첫음절 '의'의 발음은 정확히 이중모음
[ㅢ]로 해야 한다. 다른 단어들도 마찬가지이다. 'ㅢ'의 음가에 대한 설명에서
도 언급하였으나 이런 'ㅢ'의 발음을 위해서는 출발점인 'ㅡ'를 조금 길게 발
음하는 것이 초급자에게는 효과적이다.

두 번째는 초성 자리에 자음 'ㄴ, ㄸ, ㅆ, ㅌ, ㅎ'이 얹힌 'ㅢ'이다. 결국,
'늬, 띄, 씌, 틔, 희'라는 음절을 형성하는데, 이 'ㅢ'는 위 음절의 단어 안에서
의 위치에 상관없이 모두 [ㅣ]로 발음되어 결국, 위 음절은 각각 [니], [띠],
[씨], [티], [히]로 발음된다.

1) 늬[니]: 닁큼, 닐리리야, 무늬, 하늬바람, 보늬[10]
2) 띄[띠]: 띄고, 띕니다, 띄는, 띄어서

3) 씩[씨]: 씩고, 씹니다, 씩는, 씩어서

4) 틔[티]: 틔고, 틥니다, 틔는, 틔어서

5) 희[히]: 희고, 흽니다, 흰, 희어서, 흰색, 희망, 영희

위의 예 가운데 가장 기능부담량이 큰 것은 '희'로서 '희망, 희생, 희극, 희곡, 희롱, 희미하다. 희다, 흰색, 희비, 희석, 희소, 희열, 희죽희죽, 희노애락; 무희, 가희, 연희(演戱), 유희, 저희, 환희, 성희롱' 등과 같이 많은 단어 안에서 쓰인다. 특히 '희'는 사람의 이름에 많이 쓰이는데 '영희, 정희, 미희, 민희, 윤희, 희정, 희식, 희석, 희진, 희경……', 이 '희'도 모두 발음은 [히]이다. 그러므로, 한국어 학습자들은 사람 이름으로 [히]를 들었을 때는 특별한 경우11)가 아니고는 '희'로 적어야 한다. '숙희, 옥희'는 격음화가 적용되어 [수키], [오키]로 발음이 된다. 사람 이름에 '희'가 많이 사용되는 것은 음성학적으로는 전혀 근거가 없다. 다만, 한국 문화의 특이한 언어적 현상일 뿐인데, 이러한 내용도 발음 교육에서는 놓치지 말아야 한다.

세 번째는 초성 자리가 비어 있는 'ㅢ'가 어떤 단어의 두 번째 이후의 음절에 쓰였을 경우이다. 예를 들어, '거의, 회의, 여의도, 민주주의'와 같은 단어들인데 이럴 경우에는 'ㅢ'의 표준 발음은 두 개를 설정하고 있다. 하나는 원칙적인 발음으로서 이중모음 [ㅢ]이고 또 하나는 허용 발음인 [ㅣ]이다. 예를 들어, '거의'라는 부사는 사전에 [-의/-이]로 표시가 되어 있다. [거의]가 원칙적인 발음이고 [거이]가 허용 발음이다. 그런데, 다음의 예를 보자. '건의, 격의, 결의, 적의, 논의, 물의, 문의, 본의 (아니게), 불의, 살의, 선의, 악의,

---

10) 이 다섯 개의 단어는 제시하기 위해서 보이는 것일 뿐 '무늬를 제외하면 다른 단어들은 일상생활에서의 사용 빈도가 그리 높지 않으니 특히 교육을 시킬 필요는 없다.

11) 사람 이름에 '희'를 쓰지 말라는 법령은 없으니 아주 특별한 경우라는 여지를 두었다. 지금 주변에 없다고 하더라도 어딘가엔 존재할지도 모르며 앞으로 '희'를 쓰는 이름이 나오지 말라는 법은 없다.

신의, 심의, 열의, 전의, 혐의, 동의어, 군의관, 한의사' 등은 표기 차원에서는 '의'의 초성 자리가 비어 있지만 '의'의 바로 앞에 있는 음절의 종성 자리에는 자음이 들어 있다. 이럴 경우, 앞 음절의 종성 자음이 뒤 음절 '의'의 초성 자리로 옮겨 와서 발음이 되는데 이럴 경우에도 'ㅢ'의 발음은 [ㅢ]와 [ㅣ]가 모두 표준 발음으로 규정된다. 예를 들어, '건의'는 [거늬/거니]로 사전에 표시[12]되어 있다. 결국, '격의[겨긔/겨기], 적의[저긔/저기], 신의[시늬/시니], 실의[시릐/시리], 심의[시믜/시미], 협의[혀븨/혀비]'와 같이 되는 것이다. 그런데, 이러한 단어들은 단독형일 경우에는 원칙적인 발음과 허용 발음이 모두 자연스럽지만 그 뒤에 조사가 붙거나 다른 명사가 붙어서 전체적으로 그 단어를 포함하여 한 호흡 안에서 발화해야 하는 음절수가 많아지면 원칙적인 발음보다는 허용 발음이 자연스럽게 되는 경향이 있다. '격의 없이 대화를 나누었다', '적의를 드러냈다', '신의에 맞게 행동해야 한다'와 같은 한 문장을 한 호흡으로 읽으면 아무래도 허용 발음이 훨씬 자연스럽게 나타난다. 한 가지, 짚고 넘어가고 싶은 것은 '무의식'은 [무의식]보다 [무이식]이 자연스럽고 '죄의식'은 [죄의식]이 [죄이식]보다 자연스럽다는 것[13]인데, 이처럼 뚜렷한 이유 없이 원칙적인 발음 혹은 허용 발음이 더 자연스럽게 여겨지는 단어들이 있다. 그러나, 이러한 것들은 이유를 찾기 힘들고 또 사람마다 다를 수 있기 때문에 한국어 발음 교육의 대상이 될 수는 없다. 그런데 앞의 예로 나온 단어 가운데 '문의'의 발음은 생각해 보자. '문의'는 규정대로 [무늬/무니]로 발음된다. 그러나 '무늬'는 [무니]로만 발음된다. '문의'의 [무늬]라는 발음

---

12) '건의'가 '의견이나 희망을 내놓음'이라는 뜻일 때는 첫음절의 모음이 긴소리로서 실제로 사전에는 [거:늬/거:니]로 되어 있다. 그러나, 여기서는 장음 부호는 생략하고 표기하기로 한다. 이는 다른 단어들에서도 마찬가지이다

13) 이 자연스러움은 순수하게 개인적인 견해이다. 사람에 따라 다르고, 같은 사람도 시간 차를 두고 물어보면 그 전과는 다른 대답을 하는 것을 볼 수 있다. 다만, 어느 때라도 둘 중에 하나가 더 자연스럽다고 느끼는 것이 있다는 것이다.

이 의아하다. 그러나 '선의, 인의, 전의, 신의, 한의사'에서 실현되는 [늬]에는 거부감이 없다.

네 번째는 관형격 조사 '의'로서, 발음은 두 가지인데 하나는 원칙 발음인 [늬]이고 다른 하나는 허용 발음인 [ㅔ]이다. 국립국어원의 표준어 규정의 제2부 표준 발음법 제5항에 아래와 같이 나와 있다.

제5항 'ㅑ ㅒ ㅕ ㅖ ㅘ ㅙ ㅛ ㅝ ㅞ ㅠ ㅢ'는 이중모음으로 발음한다.
(중략)
다만4. 단어의 첫음절 이외의 'ㅢ'는 [ㅣ]로, 조사 'ㅢ'는 [ㅔ]로 발음함도 허용한다.

조사 '의'에 대해서 일부 지방 방언에서는 [ㅡ]로 발음하는 경우도 있으나 표준 발음이 아니므로 학습자들에게 따라 하지 않게 해야 한다. [ㅔ]로 발음하는 것은 서울을 비롯한 중부 지방에서 많이 보이기 때문에 허용한 것인데 실제 발음에서 조사 '의'를 [늬]로 발음하는 것은 공식적인 자리에서도 아주 가끔 보일 뿐 그 외에는 [ㅔ]로 발음하는 것이 일반적이므로 한국어 발음 교육에서는 관형격 조사 '의'를 [ㅔ]로 발음할 수 있다는 것을 반드시 교육해야 한다.

2) 자음 글자의 발음: 초성 자리

한국어의 음절 구조상 자음 글자는 초성 자리와 종성 자리에 나타날 수 있다. 먼저 초성 자리에서 나타나는 자음 글자의 발음을 살펴보고 종성 자리에서의 자음 글자의 발음은 종성 규칙이라는 발음 규칙을 설명하면서 자세히 기술하겠다. 단, 'ㅂ, ㄷ, ㄱ'은 종성 위치에서 나는 소리가 초성에서 나는 소리와 달라서 비교·대조할 필요가 있으므로 같이 설명을 하도록 한다.

(1) 한국어의 표준 자음 체계

먼저 설명의 편의를 위해서 한국어의 자음 체계를 보자.

〈표 3〉 한국어의 자음 체계 1

소리 내는 방법 / 소리 내는 힘			두 입술	허끝-치조	허끝-이	허끝-경구개	뒤허-연구개	일정한 위치 없음
장애음	파열음	평음	ㅂ	ㄷ			ㄱ	
		격음	ㅍ	ㅌ			ㅋ	
		경음	ㅃ	ㄸ			ㄲ	
	마찰음	평음			ㅅ			ㅎ
		경음			ㅆ			
	파찰음	평음				ㅈ		
		격음				ㅊ		
		경음				ㅉ		
향음	비음		ㅁ	ㄴ			ㅇ	
	유음			ㄹ				

체계라고 하는 것은 학자마다 다를 수 있는데 위의 〈한국어의 자음 체계 1〉은 대부분의 한국어 음운론 학자들이 동의할 것이다. 위 표에서 보이는 바와 같이 자음의 음가를 나타내기 위해서는 세 가지 요건이 필요하다: 소리 내는 위치, 소리 내는 방법, 소리 내는 힘. 이러한 요건들을 간략히 기술한 후 각 자음 글자의 음가를 상세히 설명하도록 하겠다.

(2) 한국어 자음의 분류

가) 소리 내는 방법에 의한 자음에 의해: 파열음, 마찰음, 파찰음, 비음, 유음

소리 내는 방법은 어떤 방식으로 소리를 내느냐 하는 것이다. 자음은 원칙

적으로 장애를 입고 내는 소리이기 때문에 모두 장애음이라고 할 수 있다. 그런데, 위 한국어 자음 체계를 보면 소리 내는 방법이라는 기준에 의해 자음이 장애음(障碍音)과 향음(響音)으로 먼저 분류가 되어 있고 그 아래 다시 장애음은 파열음(破裂音), 마찰음(摩擦音), 파찰음(破擦音)으로, 향음은 비음(鼻音)과 유음(流音)으로 분류되어 있는 것을 볼 수 있다. 이렇게 보면 자음이 장애음과 향음으로 분류되는 것 같이 보이나 실상, 위 자음 체계에서의 장애음은 장애가 있으면서 성대가 떨리지 않는 소리라는 뜻이고 향음은 장애가 있으면서 성대가 떨린다는 것으로 이해해야 한다. 결국, 위 체계에서 장애음으로 되어 있는 것은 무성장애음이고 향음은 유성장애음이다.

자음을 발화할 때 생기는 장애는 '막힘'과 '좁은 틈'을 들 수 있다. 막힘이란 입 안의 어느 부분을 짧은 순간 막는 것을 의미한다. 막힘이라는 장애를 통해서 소리가 나는 것을 파열음이라고 하는데, 막혀 있던 것이 갑자기 터지면서 소리가 나기 때문에 붙은 이름이다. 좁은 틈이라는 장애는 입 안의 어느 틈 사이로 공기가 지나가면서 그 틈을 이루고 있는 부분과 공기가 서로 마찰이 되어 소리가 날 정도의 좁은 틈을 말한다. 이러한 마찰에 의해서 소리가 나는 것을 마찰음이라고 한다. 이에 더하여, '막힘'과 '좁은 틈'이 연속적으로 일어나는 장애가 있다. 즉, 막혀 있던 곳이 열려서 터지자마자 바로 형성되는 좁은 틈 사이 마찰이 일어나는 장애이다. 이러한 방법으로 나는 소리를 파찰음이라 하는데, 파찰음은 파열음의 '파(破)'와 마찰음의 '찰(擦)'이 순서대로 이어지기 때문에 붙은 이름이다. 향음은 울려서 내는 소리라는 뜻이다. 향음에는 비음과 유음이 있다. 향음은 장애음과 달리 성대를 떨어서 나온 소리가 필요하다. 성대를 떨어서 나온 소리가 코 안에 있는 비강(鼻腔, nasal cavity)이라 불리는 제법 큰 빈 공간을 울려서 내는 소리가 비음이다. 코 안의 빈 공간을 이용해서 소리를 내기 때문에 비음이라 하는 것이다. 향음 가운데 유음은 비음과 마찬가지로 성대를 떨어서 나온 소리가 재료가 되고 그것이 입안에서 어떤 울림을 통해서 소리가 나는 소리이다. 그런데, 유음(流音,

liquid)이라는 명칭에서 유(流)는 물이 흐르는 것을 의미하므로 유음이라 하면 물이 흐르는 소리라는 뜻이 되는데 이는 소리 내는 방법과는 전혀 관련이 없다. 유음의 어원14)을 잠시 보자. 고대 그리스 문법학자 디오니시우스 스락스(Dionysius Thrax, 170-90 B.C.)는 고대 그리스어의 음소인 /l, m, n, r/(λ, μ, ν, ρ)을 기술하기 위하여 그리스 단어 ύγρος (uipos, "moist")를 사용하였다. 많은 주석가들은 고대 그리스 운문(verse) 안에서 앞 네 개의 음소(/l, m, n, r/)들이 자음군(consonant cluster)의 두 번째 요소로 쓰일 때 나타나는 운(meter)의 "미끄러짐" 효과를 염두에 둔 것으로 생각하였다. 그리스 단어인 ύγρος는 라틴어의 liquidus로 번역이 되었고 영어로는 liquid가 되어, 현재까지 서유럽의 음성학적 전통에 계속 남게 된 것이다. 이후 현재까지 [r], [l] 소리를 포괄적으로 나타내는 용어로 'liquid'가 쓰이고 있으며, '유음'으로 번역되어 한국어에서는 'ㄹ'이 초성 자리에서 소리나는 탄설음(彈舌音, flap)과 종성 자리에서 실현되는 설측음(舌側音, lateral)을 한꺼번에 묶어서 나타낼 때 사용한다. 유음의 소리 나는 위치 및 소리 내는 방법에 대해서는 뒤에서 'ㄹ'을 설명할 때 상세히 하기로 한다.

나) 소리 내는 힘에 의해: 평음, 격음, 경음

한국어의 장애음은 평음—격음, 평음—경음의 두 개의 2단 대립으로 이루어져 있다. 그런데, 평음이 서로 공통된 요소이므로 평음—격음—경음과 같은 3단계 대립의 모양을 하고 있는 것이다. 평음이란 격음, 경음에 비해서 약한 자음(lenis)이라는 뜻이고 그와 대립되는 개념은 강한 자음(fortis)이다. 언어마다 강한 자음이 구성되는 요소는 조금씩 다른데 한국어의 자음 체계에서

---

14) 유음의 어원에 대해서 더 알고 싶으면 한문희(2001) "유음 l, r의 역사적 고찰", 프랑스어문교육 12.의 151-152쪽, W. Sidney Allen(1968) 『VOX GRAECA A Guide to the Pronunciation of Classical Greek』, Cambridge University Press의 38쪽을 참조할 것.

강한 자음은 두 가지 방법으로 나타난다. 하나는 약한 자음에 공기를 더 많이 내뿜는 것(lenis+aspiration)이고 다른 하나는 약한 자음에 목청의 긴장을 더하여(lenis+tension) 발음을 하는 것이다. 약한 자음이 평음(平音)이고 강한 자음 가운데 평음보다 공기가 더 많은 것을 격음(激音), 목청에 긴장이 더 많은 것을 경음(硬音)이라 하는 것이다. 평음을 발음할 때에 공기가 전혀 없거나 목청에 전혀 긴장이 없다는 것은 아니고, 격음과 경음에 비해서 그 정도가 약하다는 뜻이다. 한국어 자음 가운데 향음은 '약한 소리-강한 소리'의 대립이 없기 때문에 굳이 소리 내는 힘에 의한 분류가 필요하지 않다.

다) 소리 내는 위치에 의해: 양순음, 치조음, 치음, 경구개음, 연구개음, 후음

소리 내는 위치를 조음 위치(調音位置, point of articulation)라고 하는데 언어에 따라 그 위치는 다르다. 한국어의 경우에는 앞의 〈한국어 자음 체계 1〉에서 보이듯이 다섯 곳이다. (1) 두 입술 (2) 혀끝-치조 (3) 혀끝-이 (4) 혀끝-경구개 (5) 뒤혀-연구개. (1)의 두 입술 가운데 아랫입술은 윗입술을 향해 움직여 가서 들러붙게 되고 윗입술은 고정된 상태에서 아랫입술을 기다리게 되는데 이처럼 두 군데의 조음 위치에서 움직이는 부분을 동작부라 하고 기다리는 부분을 고정부라 한다. (2)~(4)까지는 혀끝이라는 동작부가 공통되고 각각 '치조, 이, 경구개'라는 고정부로 구분된다. (5)는 뒤혀가 동작부이고 연구개가 고정부이다. 학자에 따라서는 (2)~(4)까지의 조음 위치에 혀끝이 관여되어 있는 것이 의아스러울 수 있다. 그리하여, 혀끝과 앞혀 혹은 혓바닥 등으로 세분하여 체계를 구성해야 한다고 할 수 있다. 그러나, '치조, 이, 경구개'로 고정부를 구분하여 두었으니 아주 틀린 것은 아니다.

라) 간략한 자음 체계 및 학습자를 위한 자음 체계

한국어 학습자들을 위해서는 자음 체계가 그렇게 복잡할 필요가 없다. 앞의 〈한국어 자음 체계 1〉에는 자음의 조음 위치는 다섯 군데가 있다. 그런데, 자세히 들여다보면 '혀끝-치조, 혀끝-이, 혀끝-경구개'는 모두 혀끝이 관여되어 있음을 알 수 있다. 이를 이용해서 한국어의 자음 체계를 더욱 간단하게 만들 수 있다. 즉, 조음 위치를 '두 입술-혀끝-연구개'로 해 두면 아래와 같은 세 군데의 조음 위치에 의한 한국어의 자음 체계를 얻을 수 있다. 단, 'ㅎ'은 뒤에서 다시 설명하겠지만 소리가 나는 일정한 자리를 규정하기 힘들기 때문에 일단은 표 밖으로 즉 체계 밖에 있는 자음으로 규정을 하는 것이 일반적이다. 〈한국어 자음 체계 1〉에서도 '일정한 위치 없음'으로 규정되어 있다. 한국어의 'ㅎ'이 어느 위치에서 어떤 소리로 실현되는지는 뒤의 'ㅎ'에서 자세히 설명하기로 한다. 간략한 한국어의 자음 체계를 다시 그려 보면 아래와 같다.

〈표 4〉 한국어의 자음 체계 2 - 간략한 자음 체계

소리 내는 방법		소리 내는 힘	두 입술	혀끝	연구개	일정한 위치 없음
장애음	파열음	평음	ㅂ	ㄷ	ㄱ	
		격음	ㅍ	ㅌ	ㅋ	
		경음	ㅃ	ㄸ	ㄲ	
	마찰음	평음		ㅅ		ㅎ
		경음		ㅆ		
	파찰음	평음		ㅈ		
		격음		ㅊ		
		경음		ㅉ		
향음	비음		ㅁ	ㄴ	ㅇ	
	유음			ㄹ		

자음 체계 1에 비해서 자음 체계 2는 소리 내는 위치가 다섯에서 셋으로 줄었는데 그로 인해 체계 안에서의 빈 칸은 확실히 줄어든 것을 볼 수 있다. 한국어의 자음 체계를 머릿속에 넣고 있는 학습자가 그렇지 않은 학습자보다 한국어의 발음을 익히기에 훨씬 유리한데 그 이유는 위와 같은 한국어의 자음 체계가 한국어의 발음 규칙을 이해하고 외우기 위해서는 필수적으로 필요하기 때문이다. 그러나, 이러한 간략한 자음 체계조차도 소리 내는 방법과 소리 내는 힘 부분에 대한 기준이 나열되어 있어서 학습자들에게는 여전히 부담이 될 수 있다. 그래서 많은 부분을 과감히 줄이고 한국어 발음 교육에 반드시 필요한 부분만을 넣어서 만든 한국어 학습자들을 위한 자음 체계를 만들면 다음과 같다.

〈표 5〉 학습자들을 위한 한국어의 자음 체계

	두 입술	허끝			연구개	일정한 자리 없음
평음	ㅂ	ㄷ	ㅅ	ㅈ	ㄱ	
격음	ㅍ	ㅌ		ㅊ	ㅋ	ㅎ
경음	ㅃ	ㄸ	ㅆ	ㅉ	ㄲ	
비음	ㅁ		ㄴ		ㅇ	
유음			ㄹ			

이는 너무나도 간단한 자음 체계이므로 학습자들을 위한 것이지 음운론을 전문적으로 공부하는 사람들에게는 어울리지 않는 것이다. 이러한 자음 체계를 이용한 한국어 발음 교육에 대해서는 뒤에서 다시 상세히 기술하기로 한다.

(3) 한국어 자음의 발음법 및 교육 방안

이제부터는 조음 위치에 따라 자음을 한 그룹으로 규정한 후 각각의 그룹을 소개하는 방식으로 한국어 자음의 발음을 설명하겠다. 먼저 조음 위치를 나타내는 조음 기관의 그림을 보기로 하자.

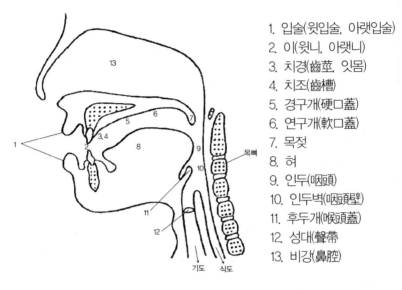

1. 입술(윗입술, 아랫입술)
2. 이(윗니, 아랫니)
3. 치경(齒莖, 잇몸)
4. 치조(齒槽)
5. 경구개(硬口蓋)
6. 연구개(軟口蓋)
7. 목젖
8. 혀
9. 인두(咽頭)
10. 인두벽(咽頭壁)
11. 후두개(喉頭蓋)
12. 성대(聲帶)
13. 비강(鼻腔)

조음 위치(調音位置, place of articulation)

위 조음 위치에 대한 설명을 덧붙이면 다음과 같다.

1, 2: 입술과 이

3, 4: 치경(齒莖)은 잇몸을 의미하는 한자어이고 치조(齒槽)는 치아를 감싸고 있는 뼈를 총칭하는 말로서 엄밀히는 말하자면 치조골(齒槽骨)이라고 해야 한다. 음성학에서는 흔히 치조라고 한다. 치경 바로 안쪽에 치조골이 위치하고 있으니, 치경과 치조의 위치는 거의 구분할 수 없다.

5, 6: 입천장을 나타내는 한자어가 '구개(口蓋)'인데 그 부분을 둘로 나눠서 앞쪽에 있는 딱딱한 부분이 경구개(硬口蓋)이고 이어서 뒤에 있

는 부분이 연구개(軟口蓋)이다.

7: 목젖은 우리가 음식물을 먹을 때 음식물이 코로 넘어가지 못하도록 막아
주는 일을 한다. 또, 비강으로 가는 소릿길을 막거나 열어주는 일도 한다.

8: 혀

9~10: 인두(咽頭)의 인(咽)은 목구멍을 나타내는 것이므로 인두라는 것은
목구멍의 윗부분이라는 뜻이다. 그러므로 그 부분은 실제로는 빈
공간을 의미한다. 그 공간에서 목 뒷쪽에 벽처럼 위치하고 있는 것
이 인두벽이다.

11: 후두는 목 안에서 공기가 들어가는 부분의 윗부분을 의미한다. 그리고
공기가 들어가는 길이 기도(氣道)인데 음식물을 먹으면 그 음식물이 기
도로 들어가지 못하도록 막는 기능을 하는 것이 후두의 맨 윗쪽에 위치
한 후두개(喉頭蓋)이다.

우리가 음식물을 먹거나 마시면 혀는 잘게 부서진 음식물을 식도로 안
내하며, 그 음식물이 기도로 들어가지 못하도록 후두개가 기도를 막고,
또 그 음식물이 코로 넘어가지 못하도록 목젖은 비강을 막는다.

12: 성대(聲帶)는 숨을 쉬거나 발화를 할 때 공기가 드나드는 기관이며 그
것을 떨어서 소리를 만들어 낸다. 성대는 두 개의 얇은 막으로 되어
있는데 숨을 쉬면 그것이 서로 벌어져서 공기가 들어가거나 나가는 문
을 만든다. 그것이 성문(聲門)이다. 성대의 작용에 따라 성문이 열렸
다, 닫혔다라고 표현한다.

13: 비강(鼻腔)은 코 안에 있는 작지 않은 공간이다. 폐에서 나온 공기가
성대를 떨어서 소리를 만들고 그 소리가 비음이 되려면 목적이 약간
내려와서 비강으로 가는 길을 열어주어야 한다. 그래야 비강에서 공명
이 되어 비음이 나오는 것이다. 입안에서만 공명이 되게 하려면 목젖
이 들려져서 비강을 막으면 된다. 그러면 비음은 나지 않는다. 감기에
걸렸을 때 흔히 코맹맹이 소리가 나온다고 하는 것은 비음이 계속적으

로 섞여서 나온다는 것인데 그것은 목젖이 부어서 비강으로 가는 길을 제대로 막지 못하기 때문이다.

가) ㅂ, ㅍ, ㅃ, ㅁ : 두입술소리

조음 위치 중에서 가장 바깥에 있는 부분이 두 입술이고 그 자리에서 나는 소리가 두입술소리 즉, 양순음(兩脣音, bilabial)이다. 한국어의 자음 가운데, 두입술소리는 /ㅂ/, /ㅍ/, /ㅃ/, /ㅁ/이다.

① 초성 자리의 파열음 [p]와 종성 자리의 불파음 [p˺]

두 입술을 붙인 후 그 상태를 지속해서 입안의 압력을 높인 후 갑자기 두 입술을 벌리면 입 안에 압축되어 있던 공기가 밖으로 터지면서 소리가 나게 된다. 이렇게 터뜨리는 것을 음성학적으로는 '파열(破裂, release)'이라고 하고 그렇게 해서 나는 소리를 파열음(破裂音, plosive)이라고 한다. '바다'의 '바', '파도'의 '파', 빠르다'의 '빠'를 발음하기 위해서는 일단 두 입술을 꽉 닫은 다음 그 상태를 짧은 시간이나마 반드시 어느 정도 지속해야 되며 그 이후 뒤에 있는 모음 'ㅏ'를 소리내기 위해서 모음이 발음되기 직전에 꽉 닫혔던 입술을 터뜨려야 한다. 즉, 초성 자리의 /ㅂ/, /ㅍ/, /ㅃ/는 모두 파열음이다. 발화되는 과정을 '바, 파, 빠'를 대표하여, [바]로 간단히 보이면 다음과 같다.

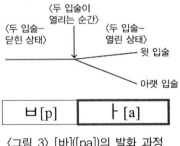

〈그림 3〉 [바]([pa])의 발화 과정

맨 앞에 보이는 일직선은 윗입술과 아랫입술이 서로 붙어서 닫힌 상태임을 나타낸다. [바]를 발음하려고 마음 먹으면 자연스럽게 두 입술은 서로 붙게 되는데 그것을 형상화한 것이다. 그런 일직선이 어느 정도 지속되는 것은 두 입술이 닫힌 상태가 지속됨을 의미하는데, 그 지속이 끝나는 순간 즉, 일직선이 위 아래 두 직선으로 나뉘어지기 시작하는 부분이 바로 두 입술이 벌어지면서 터지는 순간이다. 그렇게 터지면서 입술이 열린 후에는 모음 [ㅏ]의 발화를 위해 두 입술은 열린 상태로 지속된다. 초성 자리의 'ㅂ'을 발음하기 위해서는 이렇듯 두 입술이 붙었다가 떨어지는 것이 가장 중요한 작용이며 두 입술을 열어서 터뜨리는 순간, 평음인 [ㅂ]보다 많은 공기를 불어 넣으면 [파]가 되고 목청의 긴장을 더하면 [빠]가 되는 것이다. 그리고 이렇게 해서 나온 초성 자리의 [ㅂ], [ㅍ], [ㅃ]는 국제음성기호로는 각각 [p], [pʰ], [p']로 나타낸다.

종성 자리에서 'ㅂ'이 소리 나는 방법은 다르다. 종성 위치에 'ㅂ'이 있는 '압'이라는 음절을 발화하는 과정을 보자. '압'을 발화하기 위해서는 먼저 '압'의 '아'를 위해서 입을 크게 벌리고 [ㅏ] 소리를 내다가 'ㅂ'을 발음하기 위해서 두 입술을 빠른 속도로 닫아서 공기가 나가는 길을 차단하게 된다. 이렇듯 종성의 'ㅂ'은 초성의 'ㅂ'과 달리 터뜨림의 과정이 없다. 그래서 초성에서의 'ㅂ'을 '파열음(破裂音, 터짐소리)'이라고 하고 종성에서의 'ㅂ'을 불파음(不破音, 안터짐소리)이라고 한다. 불파음 'ㅂ', 즉 종성 자리의 'ㅂ'은 국제음성기호로는 [p˺]로 표시한다. 초성 자리 'ㅂ' 소리인 [p]에 불파(不破, no audible release)를 표시하는 '˺'이 오른쪽 위에 붙어 있는 것을 볼 수 있다. 종종 종성 자리에서의 'ㅂ'을 내파음(內破音)으로 기술하기도 하는데 그것은 잘못이다. 불파음이 맞다. 종성 자리의 'ㅂ'이 쓰인 음절 '압'의 발화 과정을 그림으로 보이면 다음과 같다.

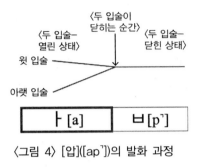

〈그림 4〉 [압]([apˀ])의 발화 과정

먼저 '압'의 [ㅏ]를 발화하기 위해 윗입술과 아랫입술이 벌어진 것을 그림 앞 부분의 〈두 입술-열린 상태〉로 형상화하였다. 이어서, '압'의 [ㅂ]을 발화하기 위해서는 반드시 두 입술이 닿아서 입이 닫혀야 하는데 그 순간이 바로 〈두 입술이 닫히는 순간〉이다. 이어서 어느 정도 그 닫힌 상태가 지속되어야 하는데 그 부분이 바로 〈두 입술-닫힌 상태〉이다. '압'의 [ㅂ]은 닫히는 과정과 닫힌 상태의 지속만 있을 뿐 파열이 없음을 볼 수 있다.

소리 내는 방법에 의한 명칭으로는 파열음이든 불파음이든 두 입술 즉 조음기관이 꽉 닫힌 상태 즉, 폐쇄가 지속되는 공통점이 있기 때문에 파열음, 불파음 대신 폐쇄음(閉鎖音, stop sound)이라고도 한다. 그러나 소리 내는 위치에 의한 명칭으로는 초성 위치의 파열음이든 종성위치에서의 불파음이든 'ㅂ'의 공통점은 두 입술을 이용하는 것이므로 두입술소리라고 하는 것이다.

그렇다면, 왜 한국어는 파열음 [p]와 불파음 [pˀ]을 둘 다 'ㅂ'으로 표기를 하는 것일까? 그 이유는 한국어 모어 화자들은 파열음과 불파음을 서로 다른 소리로 구분하지 못하기 때문이다. 좀 더 정밀히 설명해 보자. 한국어의 형태음운론 체계상 파열음과 불파음은 서로 같은 자리에서는 일어나지 않는다는 특성이 있다. 예를 들어, 한국어의 'ㅂ'과 'ㄷ'은 둘 다 초성 자리에서 소리가 나면서 '발'과 '달'이라는 별개의 단어를 생성하게 된다. '발'과 '달'이 의미가 달라지는 것은 'ㅂ'과 'ㄷ'이 서로 같은 자리에서 일어나고 있기 때문인데 이렇게 같은 자리에서 일어나면서 의미를 변별하는 기능이 있는 두 소리에 대해서 그 두 소리는 음소적으로 대립한다고 하고, 그 대립에는 변별적 기능이 있다고 한다. 이렇게 'ㅂ'과 'ㄷ'은 한국어 모어 화자들이 서로 다른 소리라고 인식하고 있기 때문에 즉, 변별적 기능이 있기 때문에 서로 다른 글자로 표기를 하는 것이다. 그런데, 한국어의 파열음 'ㅂ'[p]와 불파음 'ㅂ'[p']은 서로 의미를 구분하는 변별적 기능이 없기 때문에 그 둘을 서로 구분하지 않아도 되고 또 음성학적으로도 두 소리가 매우 유사하기 때문에 같은 소리로 인식하는 것이다. 대부분의 한국어 음운 체계에서 'ㅂ'을 파열음이라고 하는 것은 파열음과 불파음 둘 중에서 파열음을 대표음으로 보았기 때문이다.

② 비음 [m]

두입술소리인 'ㅂ, ㅍ, ㅃ, ㅁ'은 소리 내는 방법에 의해서 크게 두 그룹으로 나눌 수 있는데 /ㅂ/, /ㅍ/, /ㅃ/는 이미 언급한 대로 파열음이라 하고, 코 안에 있는 커다란 빈 공간인 비강(鼻腔, nasal cavity)을 이용하여 소리를 울려서 내는 /ㅁ/은 비음이라고 한다. 비강을 이용하기 위해서는 비강으로 가는 통로를 열어 주어야 하는데 그 기능을 하는 것은 목젖이다. 목젖은 입을 크게 벌리고 거울을 보면 눈으로 볼 수도 있는데, 목젖을 아래로 내려서 공기가 코로 가는 길을 열면 비음이 되고 목젖을 뒤로 붙여서 공기가 코로 가는 길을 막으면 비음이 되지 않는 것이다.

위의 'ㅂ'과 마찬가지로 'ㅁ'의 발화 과정을 초성과 종성 자리로 나눠서 보이면 아래와 같다. 입 안에서의 작용은 똑같고 다만 코 안에서의 공명이 일어나는 것만 차이가 있는데 그 과정이 아래 그림에서는 '+코 안에서의 공명'으로 나타나 있다.

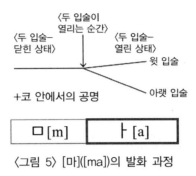

〈그림 5〉 [마]([ma])의 발화 과정

초성에서의 'ㅁ'은 역시 두 입술이 닫힌 상태에서 코 안에서 공명이 일어나다가 모음 [ㅏ]를 위해 입술이 열리는 과정에 의해서 발화가 된다고 간단히 설명할 수 있다. 다음에 이어지는 '암'의 발화 과정을 보면 '마'와 반대 과정임을 알 수 있다.

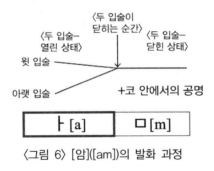

〈그림 6〉 [암]([am])의 발화 과정

실제로 이러한 초성에서의 'ㅁ'과 종성에서의 'ㅁ'의 발화 과정을 통해 종성 자리의 'ㅁ'을 연습시킬 수 있는데 이에 대해서는 뒤에서 다시 기술하기로 한다.

그런데 그렇다면 두 입술을 붙였다가 떼는 'ㅁ'도 파열음 혹은 불파음인가? 엄밀하게 말하면 'ㅁ'도 발음하는 과정에서 두 입술을 붙인 후에 어느 정도 지속하는 시간이 있기 때문에 초성 자리의 'ㅁ'은 파열음, 종성 자리의 'ㅁ'은 불파음이라고 할 수 있으며 공통적으로 폐쇄가 지속되므로 폐쇄음이라고 하는 음성학자도 있다. 그러나 한국어 교육을 위해서는 그렇게 복잡한 문제까지 건드릴 필요는 없다. 그보다는 두 입술을 이용하는 콧소리라는 것은 여러 번 강조할 필요가 있다.

③ 평음 /ㅂ/, 격음 /ㅍ/, 경음 /ㅃ/

결국, 'ㅂ, ㅍ, ㅃ, ㅁ'은 비음인 'ㅁ'과 그렇지 않은 'ㅂ, ㅍ, ㅃ'으로 크게 양분된다. 비음이 아닌 'ㅂ, ㅍ, ㅃ'을 코가 아닌 입에서 나는 소리라 해서 '구음(口音, oral consonant)'이라고도 한다. 그렇다면 'ㅂ, ㅍ, ㅃ'은 어떻게 소리를 구분할 수 있는가? 일단, 평음, 격음, 경음이라는 용어를 이용하여 구분을 해 보자. 'ㅂ'은 평음, 'ㅍ'은 격음, 'ㅃ'은 경음이다. 그런데 여기서 주의할 점은 한국어의 자음이 평음, 격음, 경음의 3단계가 아니라는 것이다. 그보다는 평음—격음, 평음—경음과 같이 두 번의 대립 관계로 이해하는 편이 맞다. 먼저, 평음과 격음을 보자. 격음은 음성학적으로 +기(氣, +aspiration)라는 것으로 설명을 한다. 말 그대로 발음을 할 때 나오는 공기의 양이 매우 많다는 것이다. 이에 비해서 평음은 음성학적으로는 -기(氣, -aspiration)로 표시를 한다. 그러나 주의해야 할 것은 '-기'라는 것이 '기'가 전혀 없다는 것이 아니다. 그렇게는 절대로 소리를 낼 수가 없다. 격음에 비해서 평음은 그 공기의 양이 현저히 적다는 것을 의미한다. 흔히 격음에 대해 교육을 할 때 입 앞에 종이를 두고 발음을 하는 모습을 볼 수 있는데 평음도 세게 하면 종이는 흔들릴 수 있다. 다만 평음은 약하게 발음을 하면 종이가 흔들리지 않는데 비해 격음의 경우는 약하게 소리를 낸다 하더라도 순간적으로 강한 기가 형성되어야 하기 때문에 입 앞에 댄 종이가 안 흔들릴 수 없게 되는 것이다. 격음은 거센소리라고도 하는데 역시 공기의 양이 많이 들어가서 평온하지 않은 상태에서 나는 소리이기 때문이다.

경음은 목청에 긴장을 두고 내는 소리를 의미한다. 그런데 도대체 목청에 긴장을 둔다는 것은 무엇을 의미하는가? 'ㅂ, ㅍ, ㅃ'을 초성 자리에서 소리를 내기 위해서는 반드시 입술을 닫은 다음에 터뜨려야 한다. 그런데 입술을 닫고 있는 시간을 비교해 보자. 평소보다 더 길게 충분히 시간을 가지고 발음을 해 보면 'ㅂ'보다는 'ㅍ'이, 또 'ㅍ'보다는 'ㅃ'이 시간이 더 길다는 것을 쉽게 느낄 수 있다. 입으로 소리를 내는 과정에서 입술을 막고 있는 동안에는 숨을 쉴 수가 없게 되는데 그 때 숨을 멎고 있을 때의 고통을 느끼는 부분은 입술, 혀끝, 입천장이 아닌 목청 부분이다. 쉽게 말하면 목 부분이다. 그 목 부분의 고통을 언어학적으로 긴장(緊張, tension)이라고 한다. 그런데 발음을 할 때마다 고통을 느낄 수는 없으므로 고통을 느끼지 않을 정도의 긴장을 수반하여 한국어의 경음을 발음하는 것이고, 그런 이유로 경음을 음성학적으로는 흔히 '+긴장(緊張, +tension)'이라고 나타내는 것이다. 그렇다면 평음에는 전혀 그러한 긴장이 없는가? 물론 그렇지 않다. 평음, 격음, 경음은 모두 터뜨리는 소리 즉 파열음(破裂音)인데 파열음에는 모두 어느 정도의 긴장이 없으면 안 된다. 그러나 평음에 비해서 경음은 그 긴장의 정도가 훨씬 크다.

　　비음에 대한 설명과 평음, 격음, 경음의 구분에 대해서는 뒤에 이어지는 자음에 대한 설명에서도 동일하므로 반복하지 않는다.

나) ㄷ, ㅌ, ㄸ, ㄴ: 혀끝소리 1

'ㄷ, ㅌ, ㄸ, ㄴ' 네 개의 소리를 흔히 설단음(舌端音) 즉 혀끝소리라 한다. 소리를 내기 위해서 혀끝을 사용하기 때문이다. 그러나 물론 혀끝 하나만으로 소리를 낼 수는 없다. 입술소리가 두 입술을 막은 다음 떨어뜨려서 내는 소리라면 혀끝소리는 혀끝이 윗잇몸 혹은 치조 부분에 닿았다가 떨어지면서 나는 소리이다. 잇몸이 한자어로 치경(齒莖, gingiva)이기 때문에 혀끝소리를 치경음(齒莖音, gingival)이라 부르기도 한다. 또, 같은 자음을 치조음(齒槽音, alveolar)이라고도 하는데, 그 이유는 혀끝이 정확히 치경에만 붙는 것이 아니라 치경의 바로 뒷부분인 치조(齒槽, alveolar ridge)에도 닿기 때문이다. 즉, 위의 'ㄷ, ㅌ, ㄸ, ㄴ' 소리를 낼 때에 혀끝이 치경과 치조 부분에 걸쳐서 닿기 때문에 치경음 혹은 치조음이라고 한다는 것이다. 해부학적으로 치경과 치조는 명백히 다른 곳이지만 한국어를 발화하는 과정에서는 혀끝이 그 두 부분에 걸쳐서 닿기 때문에 치경음과 치조음이 가리키는 자음은 같다.

'ㄷ, ㅌ, ㄸ'은 혀끝과 윗잇몸 혹은 치조에 의해 막혔다가 터지는 파열음이고 그 가운데 'ㄷ'은 평음, 'ㅌ'은 격음, 'ㄸ'은 경음이며 'ㄴ'은 비음이다. 그리고 혀끝소리에는 'ㄹ'도 포함되는데 'ㄹ'에 대해서는 뒤에서 따로 자세히 언급하기로 한다.

'ㄷ'이 초성 자리에 쓰이면 파열음으로 소리가 나고 종성 자리에 쓰이면 불파음이 되는 것은 'ㅂ'과 같다. 'ㄷ'이 초성 자리와 종성 자리에서 발화되는 과정을 '다'와 '앋'을 이용하여 그림으로 보이면 다음과 같다.

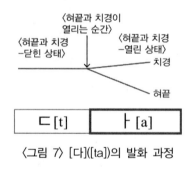

〈그림 7〉 [다]([ta])의 발화 과정

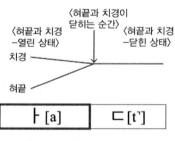

〈그림 8〉 [앋]([atˀ])의 발화 과정

'ㄴ'은 두입술소리의 'ㅁ'과 마찬가지로 비강을 이용하는 비음이다. 'ㄴ'이 초성과 종성에서 발화되는 과정은 'ㄷ'과 같은 입안의 작용과 함께 코 안에서의 공명이 일어난다는 차이만 있을 뿐이다. 즉, 코 안에서의 공명으로 구분이 되는 'ㅂ'과 'ㅁ'과의 관계는 'ㄷ'과 'ㄴ'에서도 똑같다. 초성 자리와 종성 자리에서 'ㄴ'이 발화되는 과정을 [나]와 [안]을 통해 다음과 같이 볼 수 있다.

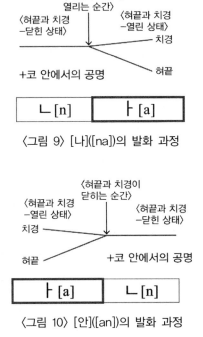

〈그림 9〉 [나]([na])의 발화 과정

〈그림 10〉 [안]([an])의 발화 과정

다) ㅅ, ㅆ: 혀끝소리 2

/ㅅ/, /ㅆ/는 입 안의 두 부분이 막혔다가 터지면서 나는 소리가 아니다. 즉, 파열음이 아니다. 윗니와 아랫니를 아주 가까이 접근시키고 또 혀끝을 아랫니의 잇몸 위 부분에 접근시키면 윗니와 아랫니 사이로 좁은 틈이 생기

게 된다. 그 좁은 틈으로 공기가 지나가면 그 틈과 공기가 서로 마찰을 하게 되는데 그렇게 해서 나오는 소리가 /ㅅ/, /ㅆ/이다. 이렇듯 마찰로 소리가 나기 때문에 마찰음(摩擦音, fricative)이라고 하는 것이고, 그 마찰음을 소리 내기 위해서 가까이 접근시키는 부분이 윗니와 아랫니이기 때문에 잇소리 혹은 치음(齒音, dental)이라고 하고, 마찰되는 부분에 혀끝도 한 부분을 차지하기 때문에 혀끝소리라고도 하는 것이다. 혀끝소리인 'ㄷ, ㅌ, ㄸ, ㄴ'과 구분하기 위해서는 '잇소리'라고 하면 된다. 한국어의 마찰음에는 'ㅎ'이 또 하나 있는데 그 소리에 대해서는 뒤에서 따로 자세히 설명하기로 한다.

/ㅅ/는 평음이고 /ㅆ/는 경음이다. 'ㅅ'은 다른 평음들과는 달리 대립되는 격음이 없다.

라) ㅈ, ㅊ, ㅉ: 혀끝소리 3

'ㅈ, ㅊ, ㅉ'은 앞혀와 경구개가 맞닿았다가 떨어지면서 소리가 난다. 해부학적으로 세밀한 것은 아니지만 조음 음성학적으로는 필요에 의해서 혀를 혀끝, 앞혀, 뒤혀, 혀뿌리의 네 부분으로 나누고 있는데, 앞혀는 혀끝에 이어져 있으면서 혀 앞의 평평한 부분을 의미한다. 한국어에서 'ㅈ, ㅊ, ㅉ'을 소리내기 위해서는 이 앞혀가 입천장(口蓋, palate)의 어느 부분과 일단 닿아야 한다. 입천장은 윗니 바로 뒤의 치조 부분 이후부터 시작되는데, 앞서 언급한 치조 바로 뒷부분부터 가운데 부분까지를 경구개(硬口蓋, hard palate)라고 하며, 그 뒤로 안 쪽으로 목젖에 가까운 부분을 연구개(軟口蓋, soft palate)라고 한다. 경구개는 연구개보다 더 딱딱하기 때문에 붙여진 이름으로서 고유어로는 센입천장이라고 하고 상대적으로 부드러운 입천장의 뒷부분을 연구개 혹은 여린입천장이라고 한다. 'ㅈ, ㅊ, ㅉ'을 경구개음(硬口蓋音, palatal) 혹은 센입천장소리라고 하는 것은 경구개 자리에서 소리가 발생하기 때문이다.

70

여기서 잠시 경구개음(palatal)에 대한 용어를 정리하고 넘어갈 필요가 있다. 해부학적으로는 입천장 즉, 구개(palate)는 경구개(hard palate)와 연구개(soft palate)로 나뉘어진다. 그러므로, 한국어 용어로는 경구개에서 나는 소리를 경구개음, 연구개에서 나는 소리를 연구개음이라고 한다. 그러나, 영어 용어로는 경구개음을 hard palatal이라고 하지 않으며, 연구개음을 soft palatla이라고 하지 않는다. 경구개음만을 따로 palatal이라고 하며, 연구개음은 연구개를 뜻하는 또 다른 용어인 velum에서 파생된 velar라는 용어를 사용한다. 만약에 soft palatal이라고 하면 '부드러운 경구개음'이 되고 만다. 요약하자면, 영어 용어로 경구개음은 palatal, 연구개음은 velar이다. 그렇기 때문에 참고로 미리 기술하자면, '굳이[구지], 끝이[끄치]' 등과 같은 구개음화(palatalization)는 경구개음하고만 관련이 있는 것이지 연구개음하고는 아무런 관련이 없는 것이다.

한국어의 경구개음 'ㅈ, ㅊ, ㅉ'은 파찰음이다. 파찰음이란 말 그대로 파열 즉 터뜨린 후에 마찰이 이어진다는 것으로 파찰음을 소리내기 위해서는 일단, 앞혀와 경구개 부분을 맞대서 공깃길을 막아야 한다. 그 막음이 짧은 시간 동안 지속되다가 터지게 되는데 터지면서 생기는 작은 틈으로 공기가 지나가면서 마찰이 일어나게 되고 이렇듯 파열과 마찰이 이어지면서 파찰음은 완성된다. 여러 언어에는 파찰음의 숫자가 많지만 한국어 음운 체계에는 'ㅈ, ㅊ, ㅉ'밖에 없기 때문에 한국어 음운 체계 내에서는 경구개음이 곧 파찰음이고 파찰음이 곧 경구개음이 된다. 소리 내는 힘에 의하면, /ㅈ/는 평음, /ㅊ/는 격음, /ㅉ/는 경음이다.

앞에서 제시한 한국어의 자음 체계를 보면 'ㅈ, ㅊ, ㅉ'을 혀끝소리로 분류하고 있는데, 그것은 그야말로 체계를 위한 것이다. 실제로 소리를 내는 부분은 앞혀이지만, 체계를 간편하게 하기 위해서 혀끝의 개념을 조금 더 넓게 설정하여 앞의 'ㄷ, ㅌ, ㄸ; ㅅ, ㅆ'과 함께 'ㅈ, ㅊ, ㅉ'을 묶은 것이다. 한국어 교육에 있어서도 소리 내는 위치를 '두 입술-혀끝-연구개'로 간략하게 하는 것이 학습자들에게 한국어의 음운 체계를 익히는 데 도움을 준다. 한 가지 주의해야 할 점은 실제로 혀끝을 날카롭게 해서 경구개 자리에 대고 소리를 내면 자연스럽게 혀를 둥그렇게 말게 되고 그렇게 해서 나온 소리는 자연스러운 한국어의 'ㅈ, ㅊ, ㅉ'이 아니므로 굳이 그걸 강조해서 연습시킬 필요는 없다.

마) ㄱ, ㅋ, ㄲ, ㅇ: 연구개소리

'ㄱ, ㅋ, ㄲ, ㅇ'은 뒤혀와 연구개가 맞닿아서 나는 소리이다. '가방'이라는 단어를 발음하려고 마음을 먹으면 혀가 뒤로 응축되면서 혀의 뒷부분이 입천장의 뒷부분 즉 연구개로 다가가서 일단 입안의 공깃길을 막게 된다. 그 상태에서 막고 있던 곳을 떼면서 모음 '아'를 내기 위한 입의 모양이 되면 '가'가 되는 것이다. 'ㄱ'이 초성 자리에서 실현되는 '가'의 발화 과정을 보이면 다음과 같다.

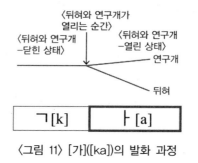

〈그림 11〉 [가]([ka])의 발화 과정

'ㄱ'도 역시 종성 자리에서는 불파음으로 실현이 되는데 그렇게 실현되는 음절 '악'의 발화 과정을 보이면 다음과 같다.

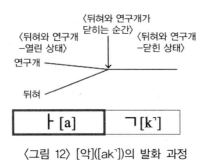

〈그림 12〉 [악]([akˈ])의 발화 과정

/ㄱ/는 평음, /ㅋ/는 격음, /ㄲ/은 경음이다. 'ㄱ, ㅋ, ㄲ'은 연구개 자리에서 소리가 나기 때문에 연구개음(軟口蓋音, velar) 혹은 여린입천장소리라고 한다.

'ㅇ'에 대해서는 학습자들을 위한 약간의 설명이 필요하다. 표기상으로 'ㅇ'은 두 군데 자리 즉, 초성 자리와 종성 자리에 나타난다. 그러나, 그 둘은 전혀 다르다. 초성 자리의 'ㅇ'은 아무 소리가 없다는 것을 표시하는 기호일 뿐으로 초성 자리에 'ㅇ'이 없는 'ㅏ'와 'ㅇ'이 채워진 '아'는 그 소리가 같다. 다만 실제 글쓰기에서는 초성 자리에 아무 것도 없음을 표시하기 위하여 그 자리에 'ㅇ'을 채워주는 것일 뿐이다. 그렇지만 초성에서 절대로 'ㅇ'이 실현되지 않는 것은 아니다. 예를 들어, '상어'의 첫음절의 종성으로 쓰인 'ㅇ'은 두 번째 음절인 '어'의 초성 자리로 옮아가서 발음이 되는데 그럴 경우에는 초성에서도 'ㅇ'이 실현되는 것이다. 다만, 어두(語頭, the beginning of a word) 자리의 초성에서는 'ㅇ'이 절대로 실현되지 않는데 이것은 한국어의 특성이다. 어두란 말의 첫머리라는 뜻으로 '아버지'는 어두 자리를 모음이 차지하고 있는 것이고 '선생님'은 'ㅅ'이 차지하고 있는 것이다. 초성 자리의 'ㅇ'과 달리 종성 자리에 있는 'ㅇ'은 연구개 자리에서 소리가 나는 비음, 즉 연구개 비음이다. '가'와 '강'을 비교해 보면 종성 자리의 'ㅇ'은 소리가 있는 것임을 알 수 있다.

종성 자리에서 'ㅇ'이 실현되는 모습을 아래의 '강'의 발화 과정에서 볼 수 있다. 초성에 쓰인 'ㄱ'과 종성에 쓰인 'ㅇ'이 모두 연구개 자리에서 발화되는 소리이므로 뒤혀와 연구개가 막혔다가 열리면서 모음이 발화된 후 다시 그 두 자리는 코 안의 공명을 수반하면서 닫히게 된다. 코 안의 공명이 수반되는 것이 종성 자리의 'ㅇ'에만 해당된다는 것을 아래 그림 13에서는 그림 안의 오른쪽 아래에 표시하였다.

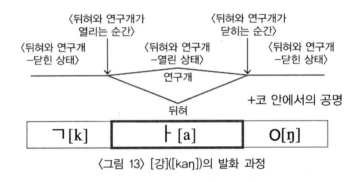

〈그림 13〉 [강]([kaŋ])의 발화 과정

바) ㅎ: 일정한 위치 없음

한국어의 'ㅎ'은 소리 나는 위치가 일정하지 않다. 왜냐하면 'ㅎ'은 뒤에 이어지는 모음에 의해서 소리 나는 위치가 결정되기 때문이다. 잠시, 먼저 'ㅎ'의 소리 내는 방법에 대해서 언급해 보자. 'ㅎ'은 마찰음으로서 좁은 틈으로 공기를 통과되면서 그 둘이 서로 부딪히면서 나는 소리이다. 이에 관련하여, 'ㅎ'의 소리 나는 위치가 모음에 의해서 결정된다는 것은 마찰하는 부위가 바로 뒤에 있는 모음에 의해서 결정된다는 것이다. 한국어의 'ㅎ'은 크게 세 군데의 소리 나는 위치, 즉 마찰되는 위치가 있는데, 첫째, 'ㅏ' 앞의 'ㅎ' 즉 '하'의 /ㅎ/는 목구멍에서 마찰되는 소리이고 둘째, '히' 즉 'ㅣ' 앞의 /ㅎ/는 윗니와 아랫니 사이에서 마찰되는 소리이며 셋째, '후' 즉, 'ㅜ' 앞의 /ㅎ/는 두 입술 사이에서 마찰되는 소리이다. 이 세 개의 'ㅎ' 소리를 국제음성기호로 나타내면 각각 [h]('하'의 [ㅎ]), [ç]('히'의 [ㅎ]), [ɸ]('후'의 [ㅎ])가 된다. 그러나, 한국어 모어 화자들은 이 세 개의 소리를 별개의 소리로 인식하지 않기 때문에 'ㅎ'으로 동일하게 표기를 하는 것이고 [h], [ç], [ɸ] 가운데 목구멍에서 마찰되는 소리인 [h]를 기본음으로 하여 일반적으로 한국어의 'ㅎ'을 목구멍 소리 즉, 후음(喉音, glottal)이라 부르는 것이다.

〈한국어의 후음(喉音, glottal)〉

여기서는 한국어에서 'ㅎ'을 후음(喉音, glottal)이라고 일컫는 것에 대해서 좀더 상세히 알아보자. 후음이라 하면, 후(喉) 즉, 목구멍에서 나는 소리이므로, '목구멍소리'라고 할 수 있다. 그런데, 조음음성학적인 측면에서 목구멍이란 성대(聲帶, vocal cords)가 열리고 닫히면서 형성되는 성문(聲門, glottis)을 뜻하므로, 후음은 음성학적인 용어로 성문음(聲門音, glottal)이라 할 수 있다. 그래서, 후음의 영어 용어를 성문음과 동일하게 'glottal'이라고 한 것이다.

그런데, 사실상 성문음(glottal)은 불어 Paris의 'r' 및 독일어 Bach의 'ch'가 대표적인 소리로서 한국어의 'ㅎ'보다 훨씬 목의 안쪽에서 나는 마찰음이다. 물론 한국어의 'ㅎ'을 성문의 위치에서 마찰을 시켜서 발음을 할 수는 있다. 그러나, 그것은 마치 가래침을 뱉기 위한 준비 과정에서 목구멍 깊은 곳에서 발생하는 '하악'의 'ㅎ'소리를 이용하여 '한국'이라는 단어를 발음한다는 것을 의미하는 것이기 때문에 결코 자연스러운 혹은 일상적인 한국어의 'ㅎ'이라 할 수 없다.

그래서 한국어 'ㅎ'의 대표음을 후음 즉 성문음(glottal)이라고 하기에는 조금 문제가 있다. 이제부터는 아래의 그림을 보면서 기술해 나가기로 한다. 먼저, 성대(11번, glottal) 위의 기관으로 목 뒤쪽으로 인두벽(10번, 咽頭壁 pharyngeal wall)이 있고 그 반대편으로 후두개(12번, 喉頭蓋 epiglottis)가 있다. 한국어 'ㅎ'의 대표음인 '하'의 'ㅎ'은 바로 그 부분, 즉 인두벽과 후두개 사이에서 마찰이 일어난다. 그러므로 한국어의 'ㅎ'을 인두음(pharyngeal) 혹은 후두개음(epiglottal)이라고 할 수 있다. 한국 음성학계에서는 인두음이라는 용어보다는 후두개음이 더 낯익은 용어인데 거기서 더 나아가, 후두개음을 생성하는 후두개라고 하는 부분이 후두(喉頭, larynx)의 일부분(맨 윗부분)이기 때문에 후두개보다 더 큰 개념인 후두를 이용하여 후두음(喉頭音, laryngeal)이라고도 한다. 그렇지만 해부학적으로 후두는 매우 커서, 후두의 많은 부분은 성문보다도 오히려 아래쪽에 위치하고 있기 때문에 후두음보다는 마찰되는 위치를 정밀하게 지적하여 후두개음(epiglottal)이라고 하는 것이 정확한 용어이다.

그렇다면, 왜 한국 음성학계에서는 후음(喉音)이라는 용어를 사용하는가? 아무래도 훈민정음부터 이어오는 전통이라고 볼 수밖에 없을 듯하다. 훈민정음에서는 기본자인 'ㅇ'에 가획한 글자인 'ㆆ, ㅎ'이 모두 후음으로 명시하고 있기 때문이다. 또, 인두음, 후두음, 후두개음 등 어떤 용어를 사용하더라도 소리 나는 부분이 모두 목 안에 있는 기관이기 때문에 한국어로는 대략 목구멍 소리를 뜻하는 후음(喉音)이라고 하는 것이다.

결론적으로, 한국어에서는 목구멍에서 나는 소리가 'ㅎ' 하나뿐이니 한국어 음운 체계에서는 'ㅎ'을 후음이라고 일컬어도 괜찮지만, 그것은 성문음을 뜻하는 'glottal'로 오해할 여지가 있으므로, 한국어의 'ㅎ'은 후두개에서 마찰되는 소리를 의미하는 후두개음(epiglottal)으로 규정하는 것이 가장 올바르다.

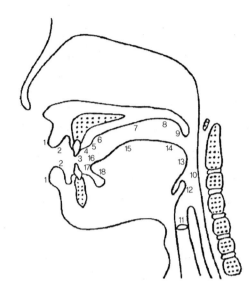

English: place of articulation (active and passive)
1. *Exo-labial* (outer part of lip)
2. *Endo-labial* (inner part of lip)
3. *Dental* (teeth)
4. *Alveolar* (front part of alveolar ridge)
5. *Post-alveolar* (rear part of alveolar ridge & slightly behind it)
6. *Pre-palatal* (front part of hard palate that arches upward)
7. *Palatal* (hard palate)
8. *Velar* (soft palate)
9. *Uvular* (a.k.a. *Post-velar*, uvula)
10. *Pharyngeal* (pharyngeal wall)
11. *Glottal* (a.k.a. *Laryngeal*, vocal folds)
12. *Epiglottal* (epiglottis)
13. *Radical* (tongue root)
14. *Postero-dorsal* (back of tongue body)
15. *Antero-dorsal* (front of tungue body)
16. *Laminal* (tongue blade)
17. *Apical* (apex of tongue tip)
18. *Sub-laminal* (a.k.a. *Sub-apical*, underside of tongue)

〈그림 14〉 조음 위치(place of articulation)에 대한 영어 용어

사) ㄹ: 혀끝소리 4

한국어의 'ㄹ'은 표기는 동일하지만 초성에서의 발음과 종성에서의 발음이 현격히 다르고 또 두 개의 'ㄹ'이 이어져서 소리가 날 때에도 발음하는 방식이 다르기 때문에 'ㄹ'의 발음을 정확히 교육하기는 매우 힘들다. 한국어 자음 체계 안에서 'ㄹ'을 유음(流音, liquid) 즉, 흐름소리라고 이름 붙인 것은 소리 내는 방법이나 소리 나는 위치와는 아무런 관계가 없는 것임은 설명한 바 있다. 그러므로, 여기서는 한국어의 'ㄹ'이 어디서(조음 위치) 어떻게(조음 방법) 소리가 나는지를 상세히 알아보자.

첫 번째, 초성에서의 'ㄹ', 예를 들어, '나라'의 'ㄹ'이다. 초성 'ㄹ'의 소리 나는 위치는 혀끝과 치조(齒槽, 윗니의 바로 뒤 부분)이다. 그러므로 'ㄷ, ㅌ,

ㄸ, ㄴ'와 함께 혀끝소리에 들어갈 수 있다. 그런데 발음을 하는 방법이 다른 자음들과 전혀 다르다. 간단히 말하면 혀끝으로 치조 부분을 한 번 혹은 두 번 정도 때려서 내는 소리이다. 때린다고 표현을 했지만 사실은 혀끝이 치조 부분에 잠시 닿았다가 떨어지는 것이다. 이런 방식으로 내는 소리를 탄설음 (彈舌音, flap)이라 하며, 국제음성기호로는 [ɾ]이다. 그런데, 한국어에서는 초성의 'ㄹ' 소리를 마치 혀끝이 심하게 요동을 치면서 치조 부분을 연속으로 때려서 내기도 한다. '아르르르' 혹은 '까르르르'하고 표현할 때 '르르르'처럼 혀끝이 심하게 떨면서 치조를 여러 번 때리는 소리가 바로 그것이다. 음성학적으로 조ㅎ음 기관이 심하게 떨면서 내는 소리를 전동음(顫動音, trill)이라고 하는데, 혀끝과 치조 부분이 여러 번 부딪히면서 나는 전동음을 치조전동음(alveroal trll)이라 하여 국제음성기호로는 [r]로 표기한다. 한국어에서도 노래를 부르거나 혹은 어두의 'ㄹ'을 굳이 강조해서 발음할 때 가끔 심하게 떨어서 소리를 낼 때가 있는데 그것도 역시 치조전동음이다. 결국, 한국어의 초성 자리의 'ㄹ'은 탄설음 [ɾ] 혹은 전동음 [r]으로 발음이 되고, 탄설음이 전동음보다 더 많이 나타나는 소리라고 할 수 있다. 그럼에도 불구하고, 많은 한국어 교재에서 한국어의 'ㄹ'을 전동음 [r]로 표기하는 경우가 많은데 그 이유는 표기상 편하기 때문이다. 스페인어의 'carro'에서 'r'이 두 번 반복된 부분이 전동음으로 소리가 나는데 스페인어에서는 전동음과 탄설음이 대립을 하면서 변별적 기능을 보이기 때문에 그 두 소리를 엄격히 구분해야 하지만 한국어에서는 변별적 기능이 없으므로 표기에 편한 쪽으로 표기를 하고 있는 것이며 한글로 표기할 때는 어떤 소리든 /ㄹ/로 음소 표기를 하는 것이다.

두 번째는 종성 자리에서의 'ㄹ'이다. 종성의 'ㄹ'은 초성 'ㄹ'과 소리 나는 위치부터 다르다. '말, 달, 팔' 등을 발음해 보면 모두 발음이 끝났을 때 혀끝이 경구개 부분에 닿아 있는 것을 느낄 수 있다. 혀끝이 경구개에 닿게 되면, 혀를 중심으로 양쪽 옆에 빈 공간이 생기는데 그 공간을 울려서 소리를 내기 때문에 혀옆소리 즉 설측음(舌側音, lateral)이라고 하고 국제음성기호로는 [l]로 나타낸다. 이렇듯, 혀가 경구개에 닿은 상태에서 혀 옆 빈 공간을 울려서 내는 소리이기 때문에 종성 자리의 'ㄹ'은 숨이 허용되는 한 소리를 얼마든지 지속할 수 있는 것이다. 초성 자리의 탄설음 [ɾ]과 종성 자리의 설측음 [l]은 물리적으로는 매우 다른 소리지만 그 두 소리가 그래도 다른 소리들보다는 서로 가까운 소리이고 또 한국어에서는 그 두 소리가 변별적 기능을 전혀 갖지 못하기 때문에 역시 하나의 글자인 'ㄹ'로 표기를 하는 것이다. 한국어 발음 교육 교재를 보면 종종 한국어의 자음 체계를 제시하면서 'ㄹ' 자리에 '/r/, /l/'과 같이 두 개의 소리를 모두 넣어서 표시한 것을 볼 수 있는데 이는 한국어의 'ㄹ' 소리가 초성 자리와 종성 자리에서 달리 소리나는 것을 어떻게든 보이기 위한 노력으로 보인다. 그러나, 체계상으로는 한국어의 'ㄹ' 자리에 두 개의 음소가 있을 수 없으므로 둘 중의 하나만을 넣어서 제시하는 것이 옳다.

그런데 'ㄹ'로 나타나는 소리는 이 둘로 끝나는 것이 아니다. 세 번째는 두 개의 'ㄹ'이 이어지는 경우의 발음이다. 예를 들어, '별로, 달라요, 서울로' 등에 보이는 두 개의 이어진 'ㄹ'이다. 이는 이론적으로는 종성의 'ㄹ'과 초성의 'ㄹ'이 이어져서 발음되는 것인데, 이때 그 두 개의 'ㄹ'을 앞에서 언급한 종성의 설측음 [l]과 초성의 탄설음 [ɾ]이 각각 발음되지 않는다. 두 개의 'ㄹ'이 이어져 있을 때에는 먼저 종성의 'ㄹ'을 발음하기 위해서 혀끝을 경구개 부분에 댄다. 그렇게 해서 목청을 울리면 [별로]의 [별]이 발음된다. 다음으로 [로]의 초성 [ㄹ]을 발음하기 위해서는 혀를 안쪽으로 미끄러지듯이 약간 밀어넣은 다음 바로 강하게 앞쪽으로 세차게 밀어내 [로]를 발음하게 된다. 이렇듯 경구개 자리를 강하게 박차고 나가기 때문에 두 개의 이어진 [ㄹ]을 경구개 설측음(palatal lateral)이라고 하며, 국제음성기호로는 영어 알파벳 와이(y)자를 오른쪽으로 180° 돌려놓은 모양인 [ʎ]이다. '달나라[달라라]'를 국제음성기호로 정확히 표시를 하면 [taʎʎaɾa]와 같이 되는데 한글로 발음을 표기한 [달라래]의 [라래]([ʎaɾa]) 부분을 보면 초성 위치에서 발음되는 두 개의 'ㄹ'이 소리가 다른 것을 볼 수 있다. 한국어의 'ㄹ'은 초성 'ㄹ', 종성 'ㄹ', 두 개의 이어진 'ㄹ'과 같이 위치에 따라 발음하는 방법이 다르기 때문에 제대로 발음을 설명하기가 쉽지 않으므로 교수자들은 반드시 세 개의 'ㄹ' 소리에 대해서 숙지한 다음 세세히 설명해야 한다.

위에서 본 바와 같이 'ㄹ'은 한국어의 자음 체계 안에서는 탄설음 [ɾ], 설측음 [l], 경구개 설측음 [ʎ]으로 소리가 나기 때문에 그 셋을 모두 포함할 수 있는 유음이라는 용어를 사용하는 것이다. 그리고 어떤 소리가 나든 혀끝이 작용하기 때문에 혀끝소리로 불리기도 한다.

〈한국어 'ㄹ'의 발음〉

초성 자리 : 탄설음 [ɾ] 혹은 전동음 [r] 예: '나라, 무리, 노래'의 ㄹ
종성 자리 : 설측음 [l] 예: '말, 날, 달, 팔'의 ㄹ
두 개의 연속된 'ㄹ' : 경구개 설측음 [ʎ] 예: '별로, 달라요'의 'ㄹ'

이제까지 한글 자음 글자의 초성에서의 발음 방법과 종성에서의 'ㅂ, ㄷ, ㄱ, ㅁ, ㄴ, ㅇ, ㄹ'에 대해서 설명하였다. 어떤 발음 규칙이 적용되어 어떤 발음으로 실현된다 하더라도 결국은 앞의 자음들을 이용해서 발음을 해야 하므로 철저히 배우고 익혀서 올바른 발음이 될 수 있도록 해야 한다.

아) 학습자들이 알아두어야 할 '한국어 자음 체계'에 관련된 내용

앞에서 한국어의 자음 체계에 대해 언급을 하면서 한국어 학습자들을 의한 간략한 자음 체계를 보인 바 있다. 그것을 다시 보이면 다음과 같다.

<표 6> 학습자들을 위한 한국어 자음 체계

	두 입술	혀끝			연구개	일정한 자리 없음
평음	ㅂ	ㄷ	ㅅ	ㅈ	ㄱ	
격음	ㅍ	ㅌ		ㅊ	ㅋ	ㅎ
경음	ㅃ	ㄸ	ㅆ	ㅉ	ㄲ	
비음	ㅁ		ㄴ		ㅇ	
유음			ㄹ			

가로줄 맨 위에는 자음이 소리 나는 위치가 아주 간략하게 '두 입술, 혀끝, 연구개'이다. 일정한 자리가 없는 'ㅎ'은 혀끝 자리의 자음들과 함께 발음 규칙의 적용을 받는다.

세로줄 맨 왼쪽에는 소리 내는 방법 혹은 소리 내는 힘을 섞어서 '평음, 격음, 경음, 비음, 유음'으로만 표시를 하였다. 평음과 경음은 각각 5개씩 서로 짝을 이루어 있다는 사실과 격음도 평음과 짝을 이루고 있지만 'ㅅ'만 격음의 짝이 없다는 사실을 반드시 익히도록 해야 한다. 비음은 3개가 있는데 각각의 위치에 하나씩 있어서, 두 입술 자리의 자음들은 모두 비음 'ㅁ'과 관련이 깊으며, 마찬가지로 혀끝 자리의 자음들은 'ㄴ'과, 연구개 자리의 자음들은 'ㅇ'과 관련이 깊다는 것을 반드시 알고 있도록 교육해야 한다. 유음은 하나가 있는데 혀끝 자리에 속해 있으며 그러므로 비음 'ㄴ'과 관련이 있다는 것을 알려 주어야 한다. '두 입술, 혀끝, 연구개'라는 조음 위치를 굳이 설명하기 힘들 경우에는 '그룹1, 그룹2, 그룹3'과 같이 분류를 해서 알려 주어도 괜찮다. 여기에 더해서 학습자들이 반드시 알아야 할 것이 하나 있는데 각각의 위치에서의 대표음이다. 그룹1 즉, 두 입술 자리의 대표음은 그룹 내의 유일한 평음 'ㅂ'이고, 그룹2 즉, 혀끝 자리의 대표음은 평음 가운데 가장 왼쪽에 있는 'ㄷ'이며, 그룹3 즉, 연구개 자리의 대표음은 그룹 내의 유일한 평음인 'ㄱ'이다. 위의 '학습자들을 위한 한국어 자음 체계'와 함께 학습자들이 발음 교육을 위해 반드시 알아두어야 할 내용을 요약하면 다음과 같다.

(1) 각 그룹의 대표음: ㅂ, ㄷ, ㄱ
(2) 각 그룹의 비음: ㅁ, ㄴ, ㅇ
(3) 'ㅎ'은 그룹2의 자음으로 취급한다.
(4) 평음과 경음은 모두 서로 짝이 있다.
(5) 평음 'ㅅ'만 격음의 짝이 없다.

3) 초성 자리의 자음에 따라 발음이 달라지는 모음

한국어의 표준 발음법에 의하면 초성 자리에 오는 자음의 종류에 따라서 모음의 발음이 달라지는 것들이 있다. 모음의 발음이 달라진다는 것은 단모음이 이중모음으로 혹은 이중모음이 단모음으로 소리가 나는 것을 의미한다. 구체적인 것으로 다음의 두 가지[15]가 있는데 모두 국립국어원 표준 발음법의 제2장 제5항에 관련된 사항들이다.

(1) '예, 례'를 제외한 'ㅖ'의 단모음화

'ㅖ'가 단모음 [ㅔ]로도 발음할 수 있다는 허용 규정에 대한 내용이다. '예, 례' 이외의 'ㅖ' 즉, 'ㄹ' 이외의 자음이 초성 자리를 채우고 있는 'ㅖ'는 '계, 몌, 폐, 혜'를 들 수 있다. 표준 발음법의 예에는 '몌별'이라는 단어를 내세우고 있어서 '몌'라는 음절이 있다는 것은 사실이나 그것이 쓰인 예들이 '몌구, 몌별, 몌분'과 같이 사용 빈도가 매우 낮기 때문에 발음 교육의 대상에서는 제외하는 것이 낫다. '몌'를 제외하고 '계, 폐, 혜'가 쓰인 단어를 일단 한 개

---

15) 아래에 기술하는 두 가지 이외에도 'ㅢ'의 발음도 초성 자리의 자음 유무 여부에 따라 발음이 달라지는데 그것은 앞에서 이미 'ㅢ'의 발음에서 기술하였기에 두 가지라고 하였다.

씩만 예를 들어보면 '세계, 개폐, 은혜' 등을 들 수 있다. 규정에 의하면, 이러한 단어들은 표준 발음을 모두 두 개씩 갖게 된다: 세계[세계/세게], 개폐[개폐/개페], 은혜[은혜/은혜]. 빗금의 왼쪽에 있는 이중모음이 원칙적인 표준 발음이고 오른쪽에 있는 단모음이 허용적인 표준 발음이다. 둘 다 표준 발음이기 때문에 학습자들에게는 두 가지 발음을 모두 교육해야 하며 거기서 더 나아가 현실적으로는 이중모음보다는 단모음으로 발음되는 것이 일반적이라는 교육도 같이 해야 한다.

'범례[범녜], 경례[경녜], 문안례[무난녜]' 등은 'ㄹ' 앞에 'ㅁ, ㅇ, ㄴ'과 같은 비음이 있는 것들인데 이런 경우, 한국어의 변동 규칙에 의해 '례'의 'ㄹ'은 [ㄴ]으로 발음이 되어 결국 [녜]가 생성된다. 그런데, 이렇게 형태소 변동 규칙에 의해서 생성되는 [녜]에 대해서는 발음에 대한 특별한 규정이 없고 다만, 표준국어대사전은 '범례'의 발음을 [범녜]로 고정하고 있다. '경례, 문안례'도 마찬가지로 [경녜], [무난녜]로 되어 있는데, 이를 통해, 변동 규칙에 의해 생긴 [녜]는 사전으로는 [네]로 발음한다는 허용 규정이 적용되지 않는 듯 보인다. 그러나, 현실적으로는 '범례, 경례, 문안례'에서 나오는 [녜]도 [녜/네]와 같이 두 개의 발음이 가능하며 오히려 단모음 [ㅔ]로 발음하는 것이 일반적이니 비록 사전에는 허용하지 않으나 허용 규정대로 [네]로 발음하는 것도 교육해야 한다.

'곡예, 문예, 연예인, 원예, 첨예, 학예' 등은 모두 연음화에 의해서 [계], [녜], [메] 등의 발음이 나오게 되는 단어들이다. 이에 대해서도 규정에 의하면 [계/게], [녜/네], [메/메]가 될 것 같은데, 표준국어대사전에서 위 단어들을 찾아 보면 발음란이 없다. 발음란이 없다는 것은 표제어의 표기와 발음이 동일하다는 것을 의미하는 것이므로 곡예[고계], 문예[무녜], 연예인[여녜인], 원예[워녜], 첨예[처몌], 학예[하계]로 발음을 해야 한다는 뜻이다. 그런데, 연음화에 의해서 초성이 얹힌 이중모음 [ㅖ]는 단모음으로 발음하는 것이 대부분 부자연스럽다. 위의 예 가운데에서 단모음이 허용될만한 것은 '연예인' 하나인데 그마저도 'ᅨ'를 단모음으로 발음한 [여네인]보다는 이중모음으로 발음한 [여녜인]이 확실하게 의미를 전달할 수 있다. 더 많은 예를 살펴보면 다른 견해가 나올 수도 있으니 이에 대해서는 실제 발음에 대한 조사를 통해서 발음이 결정되어야 할 것이다.

'결례, 실례, 월례, 일례, 반례, 전례, 판례, 연례'에서는 발음상 두 개의 [ㄹ]이 이어지면서 두 번째 [ㄹ]에 이어지는 모음이 'ᅨ'인 것들이다. 규정에 의하면, [례]의 [ᅨ]는 모두 이중모음으로 발음을 하게 되어 있으나 위의 예에 보이는 '례'는 모두 [레]와 같이 단모음으로 발음을 하는 것이 오히려 자연스럽다. '비례, 반비례, 차례, 세례, 다례(茶禮), 구례(지명-전라남도 구례군의 군청 소재지), 무례, 사례, 유례(類例), 이례(異例), 제례(祭禮), 조례(條例), 주례, 초례(醮禮), 하례, 허례' 등에서 보이는 두 번째 음절에서의 '례'도 역시 [레]로 발음되는 것이 일반적이다. 그러나, 아직 규정에 의하면 '례'는 [례]가 표준 발음이므로 일단 그렇게 교육을 하되, 현실적으로는 [레]처럼 단모음으로도 소리가 난다는 것을 보충해서 설명해 줄 필요가 있다. 표준국어대사전을 보면 어두가 '례'인 단어들이 꽤 많다. 그러나 그것들은 모두 북한어이므로 한국어의 발음 교육과는 상관이 없다. 학습자들이 북한어를 보고 발음을 잘못 참고하지 않도록 주의를 줄 필요도 있다.

 (2) '져, 쪄, 쳐' 안 'ᅧ'의 단모음화

한국어에서 '져, 쪄, 쳐'는 용언의 활용형에서만 나타나는데 이렇듯 경구개음 뒤에 나오는 'ᅧ'는 단모음 [ㅓ]로 발음을 한다. 용언의 활용형은 사전에 표제어로 등재되지 않으므로 용언의 활용형을 공부할 때 반드시 이 내용을 교육해야 한다. 용언의 어간에 쓰인 '쳐'는 사전에서 발음이 모두 [처]로 고정되어 있다. 다음 사전 인용 1에서 '다치다'의 활용형인 '다쳐'의 발음이 [다처]로 고정되어 있음을 볼 수 있다. 그리고, 이러한 사항은 '다지다', '찌다'도 마찬가지이다.

다치다01 🔊 발음 듣기

활용 정보: [다치어 [—어/—여] (다쳐 [-처]), 다치니]

📋 목록 보기

「동사」

【(…을)】

「1」 부딪치거나 맞거나 하여 신체에 상처를 입다. 또는 입히게 하다.

¶사고로 많은 사람들이 다쳤다. ‖ 넘어져 무릎을 **다치다**/무거운 짐을 들다가 허리를 **다쳤다**.

「2」 남의 마음이나 체면, 명예에 손상을 끼치다. 또는 끼치게 하다.

¶누군가 자존심을 건드리면 마치 자신의 체면이 **다치는** 듯 생각하는 사람도 있다. ‖ 그는 마치 여인의 그 가지런한 분위기를 **다치지** 않으려는 듯 조심스럽게 몸을 부스럭거리기 시작했다.≪이청준, 이어도≫

「3」 남의 재산에 손해를 끼치다. 또는 끼치게 하다.

¶정책의 실수로 기업의 재정이 크게 **다치는** 경우가 종종 있었다. ‖ 그 지휘관은 전투를 지휘하면서도 수확을 앞둔 논밭을 **다치지** 않으려고 노력했다.

표기는 형태소별 표기 원칙 때문에 '쳐'이지만 발음은 [처]로 고정되어 있다는 것은 학습자들에게는 그리 반가운 일이 아니다. 발음은 [처]인데 표기는 '쳐'로 해야 되기 때문이다. 게다가, [처]로 들리는 단어의 표기가 모두 '쳐'인 것은 아니다. '처내다, 처담다, 처대다, 처매다' 등은 표기 자체가 '처'이기 때문에 둘을 혼동해서는 안 된다는 부담이 생기는 것이다.

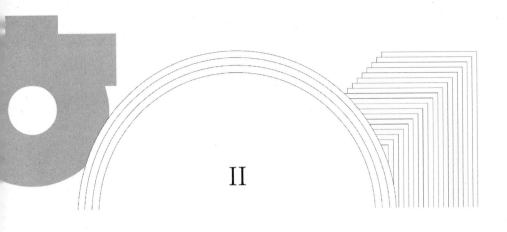

II

발음 규칙: 표기에서 발음까지

표기와 발음이 매우 다른 한국어

한국어는 표기와 발음의 불일치가 매우 심한 언어이다. 표기란 한글 맞춤법에 의한 표준 표기를 말하는 것이고 발음이란 그 표기를 어떻게 발음하느냐 하는 것이다. 만약에 표기와 발음이 일치한다면 쓰여진 그대로만 발음을 하면 되기 때문에 굳이 발음을 위한 규칙이 따로 필요하지 않다. 그러나, 한국어는 그렇지 않기 때문에 한국어 발음 교육 과정에서 발음 규칙을 반드시 교육하고 학습해야 한다.

한국어를 배우려고 입문반에 등록한 학습자가 처음으로 한국어의 글자를 배우게 되었다. 모음을 다 배우고 자음을 배우다가 드디어 'ㅊ'을 만나게 되었다. 'ㅊ'이라는 글자의 이름은 '치읓'. 처음에는 '차'의 'ㅊ'을 배우면서, 'ㅈ'과 'ㅉ'과의 발음을 구별하려고 무던히도 애를 썼다. 단어를 더 넓혀 가다가 '꽃'을 배우게 된다. '꽃'의 'ㅊ'도 그때까지 배운 대로 발음을 하여 [꼬치]로 발음을 하였다. 그러나, 틀렸다. 'ㅊ'이 받침에 있을 때는 [ㄷ]로 소리가 난다는 것을 배웠다. 그리하여 [꼳]과 같이 올바른 발음을 하게 되었고, 단어의 단독형 뿐만 아니라, 뒤에 'ㅂ(꽃보다), ㄷ(꽃도), ㄱ(꽃같은), ㅅ(꽃송이), ㅈ(꽃집), ㅊ(꽃처럼), ㅍ(꽃편지)' 등과 같은 자음이 있어도 [꼳]으로 발음된다는 사실을 알게 되었다. 그렇다면, 다른 자음들이 뒤에 오면 어떻게 되나? '꽃노래, 꽃나라, 꽃마음, 꽃말'처럼 'ㅊ' 뒤에 'ㄴ, ㅁ'이 오면 [꼰]이 된다는 것을 다시 익혀야만 했다. 이처럼 많은 단어들을 통해 한국어에서 초성 자리에서의 발음 [ㅊ]는 종성 자리에서는 [ㄷ] 혹은 [ㄴ]으로 변한다는 사실을 알게 되었다. 물론, 그 학습자는 이미 한국어의 주격 조사에 대해 배우면서 '꽃이 예뻐요'라는 문장에서 '꽃이'의 발음은 [꼬치]라는 것을 배웠다. 비록 'ㅊ'이 종성 자리에 표기가 되어 있지만 뒤에 모음이 있으면 다시 초성 자리의 발음인 [ㅊ]가 살아난다는 것을 알고 있고 '꽃이, 꽃을, 꽃은, 꽃에, 꽃의, 꽃으로' 등은 모두 같은 규칙이 적용된다는 것도 배우게 된 것이다. 드디어, 'ㅊ'에 대해서 다 배웠고, '꽃'이라는 단어의 발음이 어떤 상황에서 어떻게 발음이 되는가를 다 알게 되었다고 생각했다. 여기까지는 그리 어렵지 않게 쫓아올 수 있었다. 그런데 '꽃' 뒤에 모음이 오는 경우에 언제나 '꽃이[꼬치]'처럼 발음되는 것은 아니었다. 위치를 나타내는 단어인 '위, 아래'를 배우는 시간에, '꽃 위에는 액자가 있고 꽃 아래에는 벌레가 있어요'라는 예문에서 '꽃 위'와 '꽃 아래'를 보고 비록 떼어 썼지만 한번에 읽고 또 뒤에 모음이 있으니 그 발음은 [꼬취], [꼬차레]라고 생각하고 그렇게 크게 소리친 학습자는 올바른 발음이 [꼬뒤], [꼬다래]라는 사실에 충격을 받게 되었다. 이유가 뭘까? 사전을 찾아 보았으나, '꽃 위, 꽃 아래'는 단어가 아니므로 사전에 없다. 다만, 그 두 경우에 'ㅊ'은 또 다시 [ㄷ]으로 소리가 나는데 그것도 종성 자리가 아니라 다음 음절의 초성 자리로 옮겨 가서 소리가 나는 것을 다시 배워서 알게 되었다. 얼핏, 뒤에 명사가 오면 그렇게 된다는 말을 듣고 그런가보다 생각했다. 그런데, 그런 학습자를 더욱 혼란에 빠뜨린 것은 '꽃잎'이었다. 당연히 [꼬칩] 혹은 [꼬딥]이 될 것이라고 생각했던 학습자는 그 단어의 표준 발음이 [꼰닙]이라는 사실을 알고 다시 큰 충격에 빠지게 되었다. [ㄴ]이 두 번 발음된다는 것은 도저히 이해할 수 없는 일이었다. 다음 문장은 '꽃 옆에는 사진이 있어요'이었다. '옆'은 '위, 아래'와 의미적으로 같은 계열이니 '꽃 옆'의 발음은 [꼬엽]일 거야. 자신 있게 [꼬엽]을 외쳤으나 틀렸다. 발음은 [꼰녑]이다. 도대체 언제, [ㄴ]을 두 번 발음해야 하는 걸까? 선생님께서는 '꽃' 뒤에 명사가 있는데 그 명사가 '이, 야, 여, 요, 유, 예, 얘'로 시작하면 그렇다신다. 이 사실만으로 혼돈스러웠는데, 그런 학습자를 더욱 혼란에 빠뜨린 것이 있었다. 어느 날 한국 친구들하고 얘기를 하고 있는데 분명히 '꽃'에 대한 얘기를 하면서 자꾸, [꼬시], [꼬슬], [꼬슨], [꼬세]라고 하는 것이다. 처음에는 전혀 못 알아듣다가 앞뒤 문맥으로 겨우 이해를 한 다음, 왜 [꼬치], [꼬츨], [꼬츤], [꼬체]가 아니냐고 물어보니 그냥 그렇게 한다는 대답이다. 그러면서, 선생님한테 배운대로 [꼬치], [꼬츨], [꼬츤], [꼬체]로 말해도 된다는 것이었다. 선생님한테 잘못 배운 걸까? 그리고, '그냥 그렇게 한다'는 것은 무엇을 의미하는 것일까? 선생님께 여쭤 보니, 'ㅊ' 받침으로 끝나는 단어들은 그런 것들이

> 몇몇 있는데 그것은 표준 발음이 아니라고 하셨고, 덧붙여서 그런 받침이
> 몇 개 더 있는데 나중에 알려 주시겠다고 하셨다. 한국어의 발음, 정말로
> 힘들고 어렵다. 친구들에게 한국어를 발음하는 대로 표기를 하면 어떻겠냐고
> 하니 모두들 펄쩍 뛴다. '꽃' 때문에 한국어를 포기할 수는 없지만 정말로
> 복잡하고 어렵다.

일부러 복잡한 예로 한국어의 표기와 발음에 대해서 학습자들이 겪는 과정
을 기술해 보았다. 물론, 모든 학습자들이 이만큼 발음의 혼동에 빠지지는
않지만 한국어 학습자라면 한국어의 표기와 발음의 불일치 그리고 교실 안과
현실에서의 발음이 일치하지 않는다는 사실 때문에 혼란스러웠던 경험은 한
번쯤 있을 것이다. 현실 세계에서 벌어지는 표준 발음이 아닌 발음에 대해서
교실에서 가르쳐야 하는가에 대해서는 다시 중요하게 논의해야 할 문제이나
한국어를 교육하는 교실 안에서 발음 규칙에 대한 체계적이고 효율적인 교육
및 훈련이 필요하다는 것은 더 이상 언급할 필요가 없다.

형태소 변동 규칙과 발음 규칙

한국어의 형태음운론 체계 안에서 어떤 형태소의 모양이 바뀌는 것을 형태
변동1)이라 한다. 앞에서 예를 든 '꽃'이라는 단어가 [꼬치], [꼳], [꼰]으로 모
양이 바뀌는 것이 그 예이다. 그러나, 한국어 교육에서 주로 다루는 발음 규
칙은 한국어의 변동 규칙의 내용은 같지 않다. 발음 규칙과 변동 규칙이 다른
점을 보여 주는 가장 적절한 예는 다음과 같다. 한국어의 변동 규칙에서는

---

1) 『국어 음운학 -우리말 소리의 오늘·어제-』(허웅, 1985, 샘문화사), 261쪽에 "변동은 한 형태소가
   다른 형태소와 이어질 때, 또는 그것이 놓이는 자리에 따라 소리가 바뀌는 현상"이라고 되어 있다.

'아들'에 '님'이 붙어서 '아드님'이 되는 현상을 '소나무, 따님' 등과 같이 예를 들면서 'ㄹ탈락'이라 규정하고 있다. 이는 한국어의 형태음운론에서 매우 중요한 규칙이다. 'ㄹ'과 'ㄴ'이 서로 만나서 'ㄹ탈락'이라는 음운적인 현상이 벌어지기 때문이다. 그러나, 발음 규칙은 이러한 현상과 전혀 관련이 없다. '아드님, 따님, 소나무'는 모두 이미 'ㄹ'이 탈락된 상태에서 표기되기 때문이다. 또, 한국어의 변동 규칙에서 중요한 것 중의 하나로 '두음 법칙'이라는 것이 있다. 일례로 '로인'이 '노인'이 되고 '녀자'가 '여자'가 된다는 것인데, 이러한 규칙 역시 이미 표기법에 이미 반영되어 있기 때문에 변동 규칙의 한 부분은 될 수 있지만 발음 규칙에서는 다룰 필요가 없는 것들이다. '모음 조화'도 마찬가지이다. '-어, -어라, -어서, -어야' 등의 어미가 양성 모음 어간 뒤에서는 '-아, -아라, -아서, -아야'가 된다는 것인데 역시 표기에 이미 반영되어 있는 것이기 때문에 발음 규칙과는 관계가 없다. 한국어 교육을 위한 발음 규칙은 철저히 표기에서부터 시작되어 정확하고 자연스러운 발음을 어떻게 교육시킬 것인가에만 관련이 있다.

그런데 거꾸로 형태소의 변동 규칙과는 관련이 없지만 발음 규칙과는 깊은 관련이 있는 현상도 있다. 대표적인 것이 실생활 대화에서 나타나는 발음과 공식적인 상황에서의 발음 사이의 차이에 대한 것이다. 앞서 언급한 [꼬시], [꼬슬], [꼬슨], [꼬세]와 같은 것인데, 또 다른 예로는 '제 전공은 한국어입니다.'의 밑줄 친 부분을 들 수 있다. 매우 똑똑하게 발음을 해야 한다면 아주 천천히 [한구거임니다]로 할 것이나 일상 생활에서의 대화라면 거의 대부분 [한구검니다]와 같이 [거임]이 [검]으로 축약되어 나타날 것이 분명하다. 이는 표기와 발음의 차이로 생기는 문제가 아니다. '한국업니다'로 표기할 수도 있기 때문이다. 그렇지만, 그러한 표기를 허용한다면 표준어의 쓰기 체계는 다시 교육이 되어야 한다. 물론, '게(것이), 건(것은), 걸(것을), 뭔(뭐는), 뭘(뭐를)'과 같은 것이 있지만 이는 특별히 어떤 한 음절어에 조사가 붙었을 경우로 한정한 것이므로 무조건 발음 위주로 표기를 함부로 바꿀 수는 없다.

이런 내용에 대해서, 교실 안에서는 한국어의 표준어 체계 안에서의 표기를 존중하면서 표준 발음을 교육하되 '한국어입니다[한구검니다]'와 같은 일상적인 대화에서의 발음도 교육해야 한다는 결론에 이른다.

규약(規約)-미리 약속하기

발음 규칙에 영향을 주는 여러 가지 조건들이 있다. 가장 대표적인 것이 음성적인 조건이며 그 이외에도 어떤 발음 규칙은 어떤 특별한 단어 혹은 형태소에서만 적용되는 것들이 있다. 이에 대해서 설명을 해 나가기 위해서는 미리 알아두어야 할 내용들이 있다. 그것을 간단히 정리한 것이 이 부분이다. 그런데, 이 규약은 한국어 발음 교육을 위해서 약속을 하는 부분이므로 언어 이론적으로 정밀히 보았을 때 약간 비논리적인 부분이 있을 수 있다. 그러나, 그것이 전체 체계를 뒤집을 만한 것은 아니므로 용인하기로 한다.

1. 표준 발음(標準發音)과 현실 발음(現實發音)

표준 발음은 표준어 규칙에 의해 정해진 실제 발음이다. 표준 발음은 표준 국어대사전에서 확인할 수 있는데, 예를 들어, '학교, 작년'이라는 단어는 표기와 달리 표준 발음은 [학꾜], [장년]이다. 그런데, 가끔은 표준 발음이 두 개인 단어도 있다. 예를 들어, '맛있다'의 발음은 [마딛따/마싣따]이다. 이 때 왼쪽에 있는 것을 원칙 발음이라 하고 오른쪽 것을 허용 발음이라 한다. 어떤 모음은 그 자체로 두 개의 표준 발음을 가지고 있는데, 'ㅚ'는 [ㅚ/ㅞ], 'ㅢ'는 [ㅢ/ㅣ]이다. 이에 따르면 '회의'라는 단어는 [회의/회이/훼의/훼이]라는 네 개의 발음을 갖게 되는데, 사전에는 맨 왼쪽에 있는 것과 맨 오른쪽에 있는 두 개([회의/훼이])만을 제시한다. 현실 발음은 사전적으로 해석하면 말그대로 현실에서의 발음으로서 표준 발음을 포함하는 개념이다. 그런데, 표준 발음이 실제 발음이라고는 하나, 모든 한국어 모어 화자가 똑같은 발음을 하는 것도 아니고, 사전에 규정된 발음이 바뀔 수도 있기 때문에 현실적으로는 표준 발음과 다른 발음이 두루 있을 수 있고, 어떤 현실 발음은 표준 발음과 매우 동떨어진 것일 수도 있다. 그러므로, 여기서는 현실 발음을 표준 발음이 아닌 다른 발음으로 두루 쓰이는 것 혹은 표준 발음을 추정할 수 없을 경우에는 실제로 발음된다고 여겨지는 것이라고 규정2)한다. 예를 들어, '세게 때렸다'에서 '세게'는 표준 발음과 달리 현실 발음은 어두경음화가 진행된 [쎄게]이다. 외래어의 경우, '골대'의 표준 발음은 알 수가 없고 현실 발음은 [꼴때]3)이다. 표준 발음과 현실 발음의 큰 차이로 인해서 표기가 아예 바뀐 단어로는 대표적으로 '짜장면'을 들 수 있다. 어원을 중시하여 '자장면'만을 표준 표기로 인정하다가 현실 발음인 [짜장면]이 압도적이어서 결국은 '짜장면'이라는 표기도 인정하게 된 것이다.

2. 실사(實辭)와 허사(虛辭)

단어 내부에서 어떠한 발음 규칙도 적용되지 않는다면 단어와 단어 사이의 발음 규칙만 살펴보면 될 것이다. 그러나, 단어를 구성하는 형태소의 종류에 의해서 발음 규칙이 영향을 받기 때문에, 즉, 어떤 형태소가 이어지느냐에 따라서 발음 규칙이 달리 적용되기 때문에 형태소를 분류할 필요가 있다. 예를 들어보자. '맏형[마텽], 굳혀[구처]'의 예를 보면 모두 'ㄷ' 뒤에 '혀'가 이어

---

2) 『한국어의 발음』(배주채, 2003, 삼경문화사), 19쪽에 현실 발음은 '실제로 사용되는 비율이 꽤 높은 발음' 정도로 정의하고 있다.

3) '골대'는 구성상, 외래어와 고유어로 이루어진 것인데, 표준 발음은 'ㄹ' 뒤에서 경음화가 적용될 수도 있고(그럴 경우, 발음은 [골때]) 그렇지 않을 수도 있는데(그럴 경우, 발음은 [골대]) 표준국어대사전에 표제어로 올려 있지만 발음정보가 없기 때문에 표준 발음을 알 수가 없다. 그런데, [골때]든 [골대]든 현실 발음은 어두 경음화가 적용된 [꼴때]이다.

져 있다. 그런데 '맏형'의 '혀'는 원래 명사였던 어근의 일부이고 (즉, '형'의 일부')이고 '굳혀'는 형태소 분석을 해 보면, '혀'는 '-히-'라는 사동접미사가 '굳-'이라는 동사 어간이었던 어근에 붙어서 '굳히-'라는 동사 어간이 되고 거기에 '-어'라는 어미가 붙은 것이다. 음성적으로는 '맏형, 굳혀'가 모두 'ㄷ+ㅎ'이라는 연쇄(string)를 이루고 있으나 그 출신 성분이 하나는 명사에서, 하나는 접사에서 비롯된 것이므로 거기에 영향을 받아서 하나는 [ㅌ](맏형[마텽])로, 하나는 [ㅊ](굳혀[구쳐])로 되는 것이다. 발음 규칙은 뒤에 이어지는 형태소의 종류에도 영향을 받는다는 것을 알 수 있다.

그러나, 발음 규칙에 영향을 끼치는 수준은 그리 세세하지 않아서, 형태소의 종류를 단지 실사와 허사로 구분하기만 하면 된다. 실사는 실질적인 의미를 지닌 것이고 허사는 문법적인 의미를 지닌 것이다. 실질적인 의미란 사전적인 의미를 뜻한다. 한국어 교육을 위해서는 학습자들에게 아래와 같이 제시한다.

실사: 명사, 대명사, 수사, 동사 어간, 형용사 어간, 관형사, 부사, 어근
허사: 조사, 어미, 접사(접두사, 접미사)

실사 가운데, 명사부터 부사까지는 품사 차원에서의 분류이고 어근은 조어법상 접두사나 접미사가 붙는 언어학적 단위이다. 예를 들어, '젓가락질'에서 '젓가락'은 품사 차원에서는 명사이지만, '젓가락질'이라는 단어를 만드는 과정에서는 어근이 되어 '-질'이라는 접두사를 취하여 '젓가락질'이라는 단어가 되는 것이다. '먹이다'를 보면, '먹-'은 '먹어요, 먹어서, 먹었는데, 먹으면, 먹고, 먹자마자'와 같은 동사의 활용형에서는 동사 어간이지만 '-이-'라는 사동 접미사가 붙을 경우에는 동사 어간이 아니라 어근의 자격으로 접미사를 취하게 되며, 결국 '먹(어근)+이(사동접미사)'는 '먹이다'라는 '먹다'와는 별개의 동사가 만들어지는 것이다. '먹이다'에서는 '먹이-'가 어간이므로 사동접

미사 '-이'가 어간에 붙는다고 하는 것은 비논리적이다.

실사보다는 허사에 더 중점을 둘 필요가 있다. 한국어의 중요한 문법 형태소인 조사와 어미는 그리 어렵지 않지만 접사의 경우에는 새로운 단어를 만드는 기능을 하고 있다는 것을 학습자들에게 반드시 가르칠 필요가 있다.

3. 고유어, 한자어, 외래어

한국어를 구성하는 단어들은 고유어, 한자어, 외래어 중 하나로 분류된다. '사람, 나라, 바다'와 같은 단어들이 고유어인데 한자로 표기할 수 없는 단어들이다. '인간, 국가, 해양' 등은 각각 '人間, 國家, 海洋' 등과 같이 한자로 표기할 수 있는 한자어들이다. 외래어는 외국어로부터 들어와서 한국어로 정착된 단어들이다. '버스, 가스, 로봇, 컴퓨터, 인터넷' 등을 들 수 있다. 한자어를 외래어의 일종으로 분류할 수도 있겠지만, 단어의 표기 및 발음 측면에서는 한자어는 그 단어를 구성하고 있는 한자 하나하나의 글자의 음을 그대로 표기한다는 점에서 고유어 및 외래어와는 다르다.

그런데, 한국어의 단어에는 고유어, 한자어, 외래어가 섞여서 만들어진 단어들도 있다. 이를 혼종어라고 하는데, '피시방(pc房), 고속버스(高速bus), 흑백텔레비전(黑白television)'은 한자어와 외래어가 섞인 혼종어이고, '마을버스(--bus), 골대(goal-), 다운되다(down--)'는 고유어와 외래어가 섞인 혼종어이며, '총알택시(銃-taxi)'는 한자어, 고유어, 외래어가 모두 섞여 있는 혼종어이다. 발음 교육 측면에서 학습자들에게 불편을 주는 것은 외래어 및 외래어가 들어 있는 혼종어는 표준국어대사전에서 발음 표시를 전혀 하지 않는다는 것이다. 표준 발음에서는 외래어는 표기 그대로 발음이 된다고 주장하고 있으나 현실 발음은 그렇지가 않기 때문에 그에 대한 교육을 하기가 무척 어렵고, 학습자들도 외래어가 들어간 단어 및 구의 발음을 제대로 익히기가 매우 어려운 현실이다.

4. '이계모음'과 그외 모음

모음은 흔히 단모음과 이중모음으로 구분을 한다. 그러나 발음 규칙을 위해서는 다른 방법으로 분류를 해야 한다. 발음 규칙에 영향을 주는 것은 후행모음이 '이계모음'이냐 아니냐 하는 것이므로 아래와 같이 모음을 분류한다.

이계모음(7개) : ㅣ, ㅑ, ㅕ, ㅛ, ㅠ, ㅖ, ㅒ
그 외 모음(14개) : ㅏ, ㅓ, ㅗ, ㅜ, ㅡ, ㅔ, ㅐ, ㅚ, ㅟ, ㅘ, ㅝ, ㅙ, ㅞ, ㅢ

5. ~종성체언, ~종성어간, ~종성어근

종성은 표기상으로는 받침에 쓰인 자음 글자를 말하는 것으로, '~종성체언, ~종성어간, ~종성어근'이란 차례대로 종성에 '~'이 표기된 체언, 어간, 어근을 의미한다. 예를 들어, 'ㄱ종성체언'은 '벽, 학, 사막, 방학' 등과 같이 'ㄱ'으로 끝나는 체언을 의미한다. 체언을 더 구체적으로 밝힐 수 있는데, 앞에서 예를 든 것들은 모두 명사이므로 'ㄱ종성체언'이면서 동시에 'ㄱ종성명사'라고 할 수 있다. 'ㅎ종성어간'은 '좋다, 하얗다, 빨갛다, 넣다, 놓다' 등의 어간을 의미한다. 'ㅎ종성어간' 중에서 '좋ㅡ, 하얗ㅡ, 빨갛ㅡ'은 형용사어간이므로 'ㅎ종성형용사어간'이라고 할 수 있으며, '넣ㅡ, 놓ㅡ'은 'ㅎ종성동사어간'이라 할 수 있다. '먹어요, 먹어서, 먹으면, 먹고, 먹지만 먹더라도'와 같은 '먹다' 동사의 활용형에서는 '먹ㅡ'이 ㄱ종성어간이지만 '먹이다'와 같은 구성에서는 '먹ㅡ'에 'ㅡ이ㅡ'라는 사동접미사가 붙은 것이므로 이럴 경우의 '먹ㅡ'은 ㄱ종성어근이 된다. 어간은 동사나 형용사의 기본형(사전형)에서 'ㅡ다'를 뺀 형태라는 것을 알려줄 필요도 있다. 그런데, '~종성' 부분이 모음으로 대치되면 모음체언, 모음용언, 모음어근이 될 수 있으며 그럴 경우에는 표기상 받침이 없는 음절로 끝난 체언, 용언, 어근을 의미한다. 예를 들어, '학교, 컴퓨터, 바지' 등은 모음체언 중에 모음명사이며, '가ㅡ, 오ㅡ, 하ㅡ, 먹이ㅡ, 사귀

-' 등은 모두 모음어간이다. '가-'는 모음어간인데 그 모음을 더 구체화해서 '아어간'이라고 할 수도 있다.

6. '~조사, ~어미, ~접사'

'~조사, ~어미, ~접사'는 '~'이 어두에 있는 조사, 어미, 접사를 의미한다. '가, 는, 도, 부터, 만'은 모두 자음 조사이며, 차례대로 'ㄱ조사, ㄴ조사, ㄷ조사, ㅂ조사, ㅁ조사'라고 한다. 모음 조사로는 '이, 은, 을, 에, 에서, 으로' 등을 들 수 있다. 이형태 관계인 '이/가'는 각각 모음 조사, 자음 조사가 된다.

'~어미'는 좀 더 자세히 알아둘 필요가 있다. 일단, 자음 어미와 모음 어미로 나누어지는데, 그 구분이 아주 간단하지는 않다. 먼저, 아래의 예를 보자.

예 1   a. 선물을 사러 백화점에 갔어요.
      b. 피자 먹으러 이태리에 갔다 왔어요.

예 1. a의 '-러'와 예 1. b의 '-으러'는 의미가 같은 이형태 관계이다. 위의 규칙대로라면 '-러'는 자음 어미이고, '-으러'는 모음 어미가 되나, 어미의 경우에는 동사 '먹다'의 활용형에 쓰이는 어미를 기본형으로 하여 이름을 붙인다. 위의 '-러'는 ㄹ로 시작되지만 자음 어미가 아니고 '-으러'를 쫓아서 모음어간으로 분류된다. '-러/-으러, -려고/-으려고, -면/-으면, -니까/-으니까' 등도 모두 같은 경우로서 '으어미' 혹은 '으형어미'라 부른다.

예 2   a. 선물을 사도 줄 사람이 없어요.
      b. 아무리 먹어도 배가 부르지 않아요.
      c. 물은 아무리 꽉 잡아도 새 나가게 마련이에요.

98

'-도, -어도, -아도' 세 형태 역시 이형태 관계이다. 이럴 경우에도 '먹다'의 활용형인 '-어도'를 기본형으로 하여 '어어미' 혹은 '어형어미'라 부른다. 즉, 위의 '-도, -아도'는 '어어미/어형어미'인 것이다. '-서/-어서/-아서, -라/-어라/-아라, -야/-어야/-아야, Ø/-어/-아'도 모두 마찬가지로 '어어미' 혹은 '어형어미'로 분류된다. 이렇게 정리를 하면 어미는 크게 자음 어미와 모음 어미로 나눌 수 있고 더 세세히 나누면 아래와 같이 분류된다.

자음 어미　ㄱ어미: -고, -기, -거든
　　　　　　ㄴ어미: -는다, -니(의문형종결), -느라고, -는데
　　　　　　ㄷ어미: -다가, -던데, -더라
　　　　　　ㅅ어미: -습니다, -소, -세
　　　　　　ㅈ어미: -지(부정 연결어미), -자, -자마자
모음 어미　어형어미: -어, -어서, -어도, -어라, -어야
　　　　　　으형어미: -으면, -으니까, -으러, -으려고, -은, -을수록,
　　　　　　　　　　　-을텐데

　이러한 분류에 있어서 한 가지 예외 사항이 있다. '먹다' 동사의 활용형 가운데 '-는'으로 시작하는 어미들이 있다. 예를 들어, '먹는다, 먹는데, 먹는구나, 먹는' 등이다. 그런데, 같은 의미를 지닌 어미가 형용사 '좁다'에 붙으면. '좁다, 좁은데, 좁구나, 좁은'이 된다. 이 때, '먹다'에 붙는 어미들은 모두 'ㄴ어미'가 되고 '좁다'에 붙은 어미들은 각각 'ㄷ어미(-다), 으어미(-은데), ㄱ어미(-구나), 으어미(-은)'가 된다. 이것만 예외이다.
　'~접사'도 마찬가지이다. '쫓기다'의 '-기-', '잡히다'의 '-히-', '날리다'의 '-리-'는 모두 자음 접사이고, '먹이다'의 '-이-'는 모음 접사이다. 즉, 자음으로 시작하는 접사는 자음 접사이고 모음으로 시작하는 접사는 모음 접사이다.

7. 정칙어간, 변칙어간 - 규칙적, 불규칙적

정칙어간은 어간에 어떤 어미가 붙든지 어간의 표기상의 모습이 전혀 변하지 않는 것이다. 예를 들어, '먹다, 잡다, 좋다'와 같은 용언들의 어간은 어떤 활용형에서도 어간의 표기상 모습이 절대로 변하지 않는다. 이럴 경우, '먹다, 잡다, 좋다'를 정칙용언이라 하고 그 어간을 정칙용언의 어간 혹은 정칙어간이라 한다. 더 세세히 표현하면 '먹다'는 ㄱ정칙어간동사, '잡다'는 ㅂ정칙어간동사, '좋다'는 ㅎ정칙어간형용사가 된다.

변칙어간은 활용형에서 단 한 번이라도 어간의 모습이 바뀌는 어간이다. '듣다'의 활용형을 예로 들어보자. '듣고, 듣자마자, 듣는다, 듣습니다, 들어도, 들으면, 들어서, 들어요'에서 보이듯이 어떤 활용형에서는 그 모습이 변한다. 그러므로 '듣다'는 변칙어간동사이다. 더 자세히 기술하면 ㄷ변칙어간동사가 된다. '살다'를 다시 예로 들어 보자. '살고, 살자, 살더라도, 산다, 삽니다, 사는'에서 보이는 바와 같이 어간의 모습이 바뀔 때가 있다. 그러므로 '살다'는 ㄹ변칙어간동사가 된다. ㄷ어간동사 가운데 '듣다'는 변칙어간이었으나 '뜯다'는 정칙어간이고 ㅎ어간형용사 가운데, '좋다'는 ㅎ정칙어간형용사이지만 '하얗다, 까맣다, 빨갛다, 노랗다, 파랗다'는 모두 ㅎ변칙어간형용사이다.

이번에는 시점을 조금 달리하여, 어간의 활용이 규칙적인지 불규칙적인지 살펴 보자. 흔히, 정칙은 규칙적이고 변칙은 불규칙적이라고 생각하는데, 그렇지 않다. 먼저, 'ㄱ어간'을 보자. 'ㄱ어간용언'은 '먹다, 막다, 죽다, 적다(글로 쓰다), 식다, 박다, 눅다 (이상, 동사), 작다, 적다(양이 많지 않다), 멋적다 (이상, 형용사)' 등이 있다. 그렇다면, 'ㄱ어간용언'은 품사에 관련없이 모두 정칙인가? 혹은 모두 변칙인가? 답은 '하나도 예외없이 모두 정칙이다'이다. 이것을 다른 말로 'ㄱ어간용언'은 규칙적으로 정칙이라고 할 수 있다. ㄱ어간은 모두 정칙이기 때문에 굳이 ㄱ정칙어간이라고 할 필요도 없다. 그렇다면, 이번에는 'ㄷ어간용언'을 보자. 'ㄷ어간용언'은 모두 정칙인가? 혹은 모두 변칙인가? 그런데, 'ㄷ어간용언' 가운데, '듣다'는 변칙이고, '믿다'는 정칙이다. 즉, 'ㄷ어간용언' 가운데 어떤 것은 정칙이고 어떤 것은 변칙이다. 그래서, ㄷ어간은 불규칙적이라고 한다. ㄷ변칙, ㄷ정칙은 모두 불규칙적이라고 하는 것이고, 그러므로 ㄷ어간용언은 반드시 ㄷ정칙어간, ㄷ변칙어간을 구분해서 표시해 주어야 한다. 그렇다면, 변칙 용언은 모두 불규칙적인가? 아니다. 'ㄹ어간'을 보자. '살다, 들다, 만들다, 벌다, 갈다, 돌다, 날다, 졸다 (이상, 동사), 길다, 멀다, 둥글다, 가늘다, 달다(맛이 달다), 거칠다(이상, 형용사)' 등을 들 수 있는데, 이 용언들은 하나도 예외없이 모두 변칙이고 이 이외의 다른 ㄹ어간용언들도 모두 변칙이다. 즉, ㄹ어간용언은 규칙적으로 변칙용언이며, 이를 'ㄹ변칙은 규칙적이다'라고 이른다. ㄹ변칙은 활용시 어떤 어미와 만나면 ㄹ이 탈락하기 때문에 ㄹ변칙이라고 하는데 그러므로 그 변칙을 달리 ㄹ탈락이라고도 한다. ㄹ변칙이 규칙적이므로 ㄹ탈락도 규칙적이다. 그렇다면, 모든 탈락은 규칙적일까? ㅅ변칙도 어떤 어미 앞에서 어간의 'ㅅ'이 탈락하는 변칙이므로(짓다: 짓고, 지어요, 지으면) 'ㅅ탈락'이라고도 한다. 그러나, ㅅ변칙은 불규칙적이므로 ㅅ탈락은 불규칙적이다. ㅂ변칙은 규칙적일까? 아니다. ㅂ어간용언 중에는 정칙도 있고 변칙도 있기 때문에 규칙적이라고 할 수 없다. 좀 더 범위를 좁혀보자. ㅂ변칙형용사는 규칙적일까? 즉, ㅂ어간형용사는 모두 변칙일까? 아니다. '좁다, 수줍다, 곱다(손이 곱아서 글씨를 제대로 쓸 수 없다), 굽다(등이 굽다)'는 ㅂ어간형용사인데 정칙활용을 한다. 그러나, 그 네 개의 형용사를 뺀 '가볍다, 무겁다, 즐겁다, 아름답다, 곱다(얼굴이 곱다), 가깝다, 고맙다, 더럽다, 무섭다, 두렵다, 부럽다, 사납다, 우습다, 미끄럽다, 매스껍다, 싱그럽다, 아니꼽다, 어렵다, 외롭다' 등 수많은 ㅂ어간형용사들이 변칙활용을 한다. 그러므로 ㅂ어간형용사는 '거의 규칙적'이라고 할 수 있다. 범위를 더 좁혀서, '~답다, ~스럽다, ~롭다'는 모두 형용사를 형성하는데 이렇게 형성된 ㅂ어간형용사는 모두 변칙이다. 즉 규칙적이다.

정칙어간, 변칙어간을 학자들에 따라서는 규칙어간, 불규칙어간이라고 하는 경우도 있다. 개념은 같고 이름만 다른 것이므로 큰 문제는 없다. 그런데, 그럴 경우에는 혼란을 피하기 위해 앞의 규칙적, 불규칙적이라는 용어를 사용하기보다는 보편적, 제한적이라는 용어를 사용하는 편이 낫다. ㄱ규칙어간과 ㄹ불규칙어간은 보편적이지만, ㅂ규칙어간, ㄷ불규칙어간은 제한적이며, ㅂ변칙형용사는 거의 보편적이고, '~답다, ~스럽다, ~롭다' 형용사는 보편적으로 불규칙이다.

8. 간단한 발음 규칙 기술의 예

위의 용어들을 사용하여 앞으로 기술할 발음 규칙 가운데 두 개만 미리 예를 들어 보자.

1) 구개음화

구개음화는 표기로는 구개음이 아니지만 발음은 구개음으로 하는 것을 의미하는데 한국어에서는 특히 'ㄷ, ㅌ' 표기가 각각 순서대로 [ㅈ], [ㅊ]으로 발음되는 현상이다. 그러나, 구개음화가 아무 때나 일어나는 것은 아니다. 그러한 현상이 일어나기 위한 조건이 있는데 첫 번째 조건은 구개음화가 적용되는 'ㄷ, ㅌ' 표기가 반드시 '이계모음' 앞에 있어야 한다는 것이고, 두 번째 조건은 그 '이계모음'이 접미사 혹은 조사의 일부 또는 전체이어야 한다는 것이다. '굳이[구지], 같이[가치]'가 그 예인데 표기에서 보이는 'ㄷ, ㅌ'은 모두 'ㅣ' 앞에 위치하며 그 'ㅣ'는 그 자체로서 부사화 접미사이다. 두 조건을 모두 충족하므로 발음이 [구지], [가치]가 되는 것이다. '붙여서'는 어미가 붙은 것처럼 보이지만 사실은 '붙-'에 '-이-'라는 사동접미사가 붙어서 '붙이-'라는 어간이 되고 거기에 '-어서'라는 어미가 붙어서 축약된 형태이다. '붙여서'의 'ㅌ'은 표기상으로는 'ㅕ' 앞에 있는데 그 일부분이라고 할 수 있는 [j]가

접미사이기 때문에 일어난 구개음화이다. '이게 끝이에요'에서도 구개음화가 보이는데, 표기에 쓰인 'ㅌ'은 'ㅣ' 앞에 있고 그 'ㅣ'는 서술격 조사이다. 그래서 발음은 [끄치에요]가 된다.

2) ㅎ탈락

발음 규칙에서 'ㅎ탈락'은 표기상 'ㅎ'이 있는데 그것이 어떤 조건하에서 반드시 생략되어 결국에는 발음되지 않는 것을 의미한다. 이것도 역시 두 개의 조건이 있는데 첫 번째는 ㅎ종성정칙어간의 'ㅎ'에만 적용된다는 것이고 두 번째는 ㅎ 뒤에 모음 어미 혹은 모음 접미사가 이어져야 한다는 것이다. ㅎ종성정칙어간은 형용사와 동사가 있을 수 있는데 각각 '좋다, 놓다'로 예를 들어보자. '좋아요, 좋으니까, 넣어요, 넣으니까'와 같이 ㅎ종성정칙어간 뒤에 모음 어미가 이어지면 그 ㅎ은 반드시 생략되어 발음은 [조아요], [조으니까], [너어요], [너으니까]가 된다. 모음 어미뿐 아니라 모음 접미사도 마찬가지인데 '놓이다'라는 동사는 '놓+이'의 형태인데 이 때 '놓-'은 어근이고 '-이-'는 피동접미사이다. 이럴 경우에도 ㅎ탈락이 적용되어 발음은 [노이다]가 된다.

1. 종성 규칙(終聲規則, 끝소리 규칙, 받침 규칙)

1) 종성 규칙의 정의

종성 규칙이란 자음 글자가 종성 자리에서 발음될 때의 규칙을 말한다. 초성 자리에서는 한국어의 19 자음이 모두 제 음가대로 소리를 내지만 종성 자리에서는 그렇지가 않다. 종성 규칙은 끝소리 규칙, 받침 규칙이라고도 하는데 표기상 받침에 쓰인 글자들에 대한 규칙이라는 점에서 학습자들에게는 받침 규칙이라는 용어가 쉽게 느껴질 수 있다.

종성 규칙은 평음, 격음, 경음이 종성 자리에 쓰이면 각 그룹의 대표음으로 소리가 나고 비음과 유음은 제 음가를 유지하되 모든 소리는 반드시 종성 자리에서의 음가로 소리가 난다는 것이다. 예를 들어, 종성 자리의 'ㅍ'은 그 'ㅍ'이 속한 제1그룹의 대표음인 [ㅂ]의 종성 자리에서의 음가인 '양순-무성-불파음'인 [p˺]으로 소리가 난다. 'ㅃ, ㄸ, ㅉ'은 종성 규칙에서 제외된다. 그 이유는 그 세 자음이 종성 자리에 오는 형태소[4]가 전혀 없기 때문이다. 이러한 내용을 표로 보이면 아래와 같다.

〈표 7〉 평음, 격음, 경음의 종성 규칙

종성 자리의 자음 글자		발음	예
1그룹	ㅂ, ㅍ, ㅃ	[ㅂ]	입[입], 잎[입]
2그룹	ㄷ, ㅌ, ㄸ	[ㄷ]	곧[곧], 밭[받]
	ㅅ, ㅆ		옷[옫], -았-[앋]
	ㅈ, ㅊ, ㅉ		빚[빋], 빛[빋]
	ㅎ		놓-[논]
3그룹	ㄱ, ㅋ, ㄲ	[ㄱ]	싹[싹], 부엌[부억], 밖[박]

---

4) 'ㅃ, ㄸ, ㅉ'이 받침으로 쓰이는 형태소는 전혀 없다.

〈표 7〉은 평음, 격음, 경음이 종성 자리에서 어떤 소리로 발음이 되는가를 나타내고 있다. 1그룹의 'ㅃ'과 2그룹의 'ㄸ, ㅉ'에 취소선을 그은 것은 앞서 말한 것처럼 그 세 자음은 종성 자리에 전혀 나타나지 않기 때문이다. 1그룹의 'ㅂ, ㅍ'은 종성 자리에서 [ㅂ]로, 2그룹의 'ㄷ, ㅌ, ㅅ, ㅆ, ㅈ, ㅊ, ㅎ'은 [ㄷ]로, 3그룹의 'ㄱ, ㅋ, ㄲ'은 [ㄱ]로 발음을 하게 되는데 이는 각 그룹의 평음, 격음, 경음들이 종성 자리에서는 자기 그룹의 대표음으로 실현된다는 것을 의미한다. 발음은 한글로 나타내기 때문에 [ㅂ], [ㄷ], [ㄱ]로 표시하지만 종성 자리에서 실현되는 소리들은 모두 '불파음'이라는 것을 염두에 두고 철저히 교육해야 한다.

세 대표음의 종성 자리에서의 발음 교육 방안을 '압, 앋, 악'으로 다시 한 번 요약해 보자. 먼저, '압'은 두 입술을 닫으면서 끝내고, '앋'은 혀끝과 치조를 닫으면서 끝내는 것을 강조해야 한다. '악'도 마찬가지 방법으로 교육을 하기 위해서는 연구개와 뒤혀로 닫으면서 발음을 끝내도록 해야 하는데, 실제로 연구개와 뒤혀가 맞닿는 것은 학습자들이 느끼기 힘들다. 그러므로 주의할 점으로 [악]을 발음하기 위해서는, 목에 힘을 주어 닫되, 절대로 두 입술을 닫지 말고([압]을 피하기 위해서) 혀끝과 치조도 닿지 않게 해야 한다([앋]을 피하기 위해서)는 것을 강조해야 한다. 이와 같은 방법으로 먼저, '압, 앋, 악'으로 'ㅂ, ㄷ, ㄱ'의 종성 자리에서의 발음을 익힌 다음, 다른 단어들로 넓혀서 발음을 연습시킬 필요가 있다. 실제로 종성 규칙이 적용되는 단어는 부지기수로 많이 있으므로 그 예를 제시하는 것은 그리 어려운 일이 아니다. 다만, 예를 제시할 때에는 가급적이면 학습자들의 한국어 수준에 맞추어서 실생활에서 많이 쓰이는 단어들을 이용하는 것이 좋다.

평음, 격음, 경음이 아닌 비음과 유음이 종성 자리에서 실현되는 것에 대해서는 자음의 발음 부분에서 자세히 설명을 하였는데, 실제적으로 'ㅁ, ㄴ, ㅇ, ㄹ'은 종성 규칙의 적용을 받는다고 할 수 없다. 음소 차원에서 표기와 발음 사이에 전혀 차이가 없기 때문이다. 다만, 종성 자리에서는 자음 글자의 발음에서 익힌 대로 먼저, '암, 안, 강'으로 발음을 익힌 다음 '삼, 산, 상'과 같은 다른 단어들로 확장해서 철저히 연습을 시켜야 하는데, 종성 자리에서의 /ㅁ/, /ㄴ/, /ㅇ/의 구별은 한국어로 의사소통을 하기 위해서는 매우 중요한 내용이기 때문이다. 종성 자리에서 실현되는 'ㅂ, ㄷ, ㄱ'의 불파음과 마찬가지로 종성 자리의 'ㅁ, ㄴ, ㅇ'도 입안의 어떤 부분이 서로 닿은 상태에서 발음이 난다고 하는 사실을 강조하여 교육해야 한다. 먼저, 'ㅁ'은 반드시 두 입술이 닿은 상태가 지속되면서 발음이 돼야 하고 'ㄴ'은 혀끝과 치조가 닿은 상태로 발음이 되어야 한다. 이를 강조하며, '감'과 '간'을 구별할 수 있도록 교육 및 연습을 시킨 다음 종성 자리의 'ㅇ'을 위해서는 '감, 간'이 아닌 '강'을 구별하여 발음할 수 있도록 연습시킨다. '강'의 'ㅇ'은 뒤혀와 연구개가 맞닿아 소리가 나지만 그것을 인지시켜서 교육하기가 매우 힘들다. 그보다는, '강'의 [가]를 발음하고 있는 상태에서 두 입술을 절대로 붙이지 말고([감]을 피하기 위해서), 또 혀끝과 치조를 붙이지 않은 상태([간]을 피하기 위해서)에서 콧소리를 내라고 시키면 대부분 [강] 소리를 낸다. 이런 식으로, 종성 자리의 'ㅁ, ㄴ, ㅇ'을 구분하는 교육 방법이 효과적이다. 설측음 [l]로 실현되는 'ㄹ'의 종성 자리에서의 발음은 혀끝을 치조보다 약간 안쪽에 대고 목청을 울려서 내는 소리를 내되, 금방 소리를 멈추지 말고 어느 정도의 시간 동안 지속해야 한다는 것을 강조할 필요가 있다.

2) 종성 자리에 대한 고찰

지금까지의 예들을 통해 종성 규칙이 적용되는 종성 자리는 아래의 표와 같이 정의될 수 있다.

〈표 8〉 종성 자리(1) (V=Vowel(모음), #는 아무 것도 없음을 표시)

종성 자리(1): V___#, 예) '잎'의 'ㅍ'

앞의 〈표 8〉의 종성 자리는 모음 뒤이면서 그 뒤에 아무 소리도 이어지지 않는 자리이다. 실제 발화에서는 발화가 끝났거나 혹은 휴지(休止, pause)에 의해서 그 뒤에 아무런 소리도 없음을 의미한다. 그런데, 종성 자리에서의 자음 글자가 실현되는 발음은 다른 발음 규칙과 어울려 복잡한 양상을 보이기 때문에 발음 규칙이 점점 진행되어 감에 따라 필요한 경우에는 종성 자리를 보충해서 정의할 필요가 있다.

3) '밥[밥]'도 종성 규칙이 적용되는 것일까?

한국어 교육에서 발음은 아주 특수한 경우를 제외하고는 한글로 표시하고 있다. 예를 들어서, 종성 규칙이 적용되는 단어인 '꽃'의 발음은 [꼳]으로 표시하는 것이다. '꽃[꼳]'을 보면 표기와 발음은 모양이 전혀 다르기 때문에 종성 규칙이 적용되어 다른 소리로 되었구나 하는 것을 쉽게 알 수 있다. 그렇다면 '밥[밥]'은 종성 규칙이 적용된 것일까? 위의 종성 규칙의 규정에 의하면 물론 그렇다. 'ㅂ'은 1그룹에 속하는 자음으로 대표음은 'ㅂ'이다. 그리고 그 대표음은 종성 자리에서 불파음으로 소리가 나기 때문에 [밥]을 국제음성기호로 표기하면 [pap̚]이 된다. '밥[밥]'은 사실은 '/pap/[pap̚]'인 것이다. 그러므로 이론적으로는 종성 규칙이 적용되었다고 해야 옳다. 그러나, 어떤 한국어 교재에서도 '밥[밥]'과 같은 예를 종성 규칙의 일부라고 설명하지 않는다. 한국어의 음소 차원에서는 아무런 변화가 없기 때문이다. 과연, 학습자들에게는 음소 차원에서는 아무런 변화가 없는 발음은 어떠한 규칙도 적용되지 않는다는 설명이 더 효율적인 것인가? 이 문제에 대해서는 뒤에 이어지는 격음화, 경음화, 비음화, 절음 후 연음화, ㄴ첨가 등에서 다시 거론될 것이다.

2. 연음화(連音化, 끝소리 이어나기, 종성의 초성화)

1) 연음화의 정의

연음화란 이어서 발음한다는 뜻이다. 이어지는 대상이 종성, 즉 끝소리이므로 '끝소리 이어나기'라고도 하며, 앞 음절의 종성이 뒤 음절의 초성 자리로 옮겨가서 소리가 나기 때문에 '종성의 초성화'라고도 한다. 어떤 용어를 쓰든 종성 자리에 표기된 자음이 제 음가를 그대로 안고5) 다음 음절의 초성 자리에서 소리가 나는 것이 연음화이다. 구체적으로 정의를 내리면 받침 뒤에 모음으로 시작하는 음절이 이어질 때, 받침으로 쓰인 자음이 뒤 음절의 비어 있는 초성 자리로 옮겨 가서 소리가 나는 현상을 연음화라 한다. 예를 들어, '꽃이 예뻐요'라는 문장에서 '꽃이' 부분은 [꼬치]로 '꽃'의 종성 자리를 채우고 있는 자음이 뒤 음절인 '이'의 첫소리로 옮아가서 소리가 나는 것이다. 이는 'ㅊ'이 표기상으로는 종성 자리에 있지만 종성 규칙이 적용되기 전에 뒤 음절의 비어 있는 초성 자리로 옮겨지고 그 자리에서 제 음가대로 소리가 나는 것을 의미한다. 즉, 표기상으로는 종성 자리에 있지만 발음은 다음 음절의 초성 자리에서 나는 것이다. 그러나, 종성 자리의 자음 뒤에 모음이 이어진다고 해서 언제나 연음화가 일어나는 것은 아니다. 먼저 연음화가 적용되는 예와 그렇지 않은 예를 보고, 다음에 연음화가 일어나는 환경을 구체적으로 세밀하게 규정해 보자.

---

5) 'ㅂ, ㄷ, ㄱ'은 연음화가 적용된 후 유성음 [b], [d], [g]로 소리가 날 때도 있는데, 'ㄱ'으로 예를 들면 '한국인[hangugin]'의 밑줄 친 부분이다. 그러나, 한국어의 음소 차원에서는 여전히 /p/, /t/, /k/를 유지하는 것이므로 엄밀히 말해서 음소 차원에서 제 음가를 유지한다고 할 수 있다.

2) 단위별 연음화가 적용되는 양상

(1) 한 단어 안에서의 연음화

한 단어 안에서 자음과 모음이 이어질 때 일어나는 연음화의 예는 수도 없이 많다.

> **예 1: 한 단어 안에서 일어나는 연음화의 예**
>
> **단순어:** 음악[으막], 학원[하권], 연인[여닌], 석유[서규], 금액[그맥],
> 입원[이붠], 전염[저념], 절약[저략], 언어[어너]
> **파생어:** 한국어[한구거], 먹이[머기], 믿음[미듬]
> **합성어:** 딸아이[따라이], 색안경[새간경], 밥알[바발], 집안[지반]

위의 예 1에 있는 단어들은 모두 연음화가 일어나는 예들이다. 단어는 그 구성 요소에 따라 단순어와 복합어로 나뉘고, 복합어는 다시 파생어와 합성어로 분류된다. 단순어는 단 하나의 형태소로 만들어진 단어를 말하는데 그 안에서는 종성 자리의 자음 뒤에 모음이 이어지면 예외 없이 연음화가 일어난다. 고유어의 경우에는 단순어에서 연음화가 일어날 수 있는 환경이 조성되지 않는다. 그 이유는 단순고유어(단순어이면서 고유어인 단어) 안에서는 연음화가 일어나지 않도록 소리나는 대로 표기하는 것을 표준 표기로 삼고 있기 때문이다. 예를 들어, '바다, 하늘'을 '받아, 한을'로 적지 않는 것이다. 외래어의 경우도 마찬가지이다. 단, 한 음절마다 고유의 소리를 가지고 있는 한자가 모여서 한국어의 단순어가 될 경우, 예 1의 '음악, 학원…'과 같이 단순어 안에서 연음화가 일어나는 것이다.

그런데, 이러한 한자어 가운데 연음화가 바로 적용되지 않는 특이한 예가 있다. 먼저, '작열(灼熱, 불 따위가 이글이글 뜨겁게 타오름)'이라는 단어이다. 입문반이나 초급반을 넘어선 중급반 정도에서 출현할 만한 단어인데, 이 단어는 특별히 발음이 [장녈]이다. 연음화가 적용된 [자결]로 발음하지 않도록 교육해야 한다는 뜻이다. 다른 두 개의 예외적인 단어는 '검열(檢閱), 금융(金融)'이다. 이 두 개의 단어는 각각 두 개의 표준 발음을 가지고 있는데 '검열'의 표준 발음은 [검:녈/거:멸]이고 금융은 [금늉/그뮹]이다. '검열, 금융'은 모두 두 개씩의 표준 발음이 있는데 그 중에 왼쪽에 있는 원칙적인 표준 발음은 연음화가 일어나지 않고 두 번째 음절의 초성 자리에 [ㄴ]이 첨가되어 소리가 나는 것이다. 이 두 단어의 발음은 표준국어대사전에 그렇게 규정되어 있다. '검열'의 첫음절의 장음표기(:)에 대해서는 한국어 교육 기관마다 교육 방침이 다르기 때문에 그것에 대한 교육에 대해서는 여기서는 언급을 하지 않는다. '작열, 검열, 금융'은 모두 ㄴ첨가라는 발음 규칙과 깊은 연관이 있으므로 ㄴ첨가를 다루는 곳에서 다시 한 번 언급하기로 한다.

예 1에 단순어뿐 아니라 파생어와 합성어에서 연음화가 적용되는 단어들도 나열하였다. 그러나, 단순어가 아닌 파생어와 합성어에서는 아래와 같이 연음화가 일어나지 않는 예들이 매우 많다.

예 2: 구개음화와 관련하여 연음화가 적용되지 않는 예

굳이[구지], 같이[가치], 해돋이[해도지], 미닫이[미다지]

예 3: 'ㅎ'과 관련하여 연음화가 적용되지 않는 예

좋아요[조아요], 넣으면[너으면], 많아요[마나요]

예 4: ㄴ첨가와 관련하여 연음화가 적용되지 않는 예

파생어: 한여름[한녀름], 맨입[맨닙], 늦여름[는녀름]
합성어: 신촌역[신촌녁], 서울역[서울력], 꽃잎[꼰닙]

예 5: 종성 규칙과 관련하여 연음화가 적용되지 않는 예

헛웃음[허두슴], 앞앞[아밥], 맛없다[마덥따], 겉옷[거돋]

예 2부터 예 5까지는 모두 한 단어 안에서 종성 자리의 자음 뒤에 모음이 연결되어 있어도 연음화가 일어나지 않는 예들이다. 이러한 단어들에 적용되는 발음 규칙에 대해서는 뒤에서 다시 기술하거니와 이에 관련하여 받침 뒤에 모음이 이어지면 연음화가 일어난다는 단순한 기술은 교재 안에서는 반드시 피해야 한다. 덧붙여서 위의 예 1에서 연음화가 적용된다고 했던 파생어와 합성어들도 과연 단순히 연음화가 적용된 것인지에 대한 고찰이 필요한데 이에 대해서는 연음화와 관련된 발음 규칙을 모두 기술한 다음에 다시 언급하겠다.

(2) 조사와의 연결에서 나타나는 연음화

한국어의 조사 가운데는 앞 음절의 종성 자리에 자음이 있을 경우와 그렇지 않은 경우에 따라서 형태가 달라지는 것들이 있다. 주격 조사의 '이/가', 목적격 조사 '을/를', 부사격 조사 '으로/로', 보조사 '은/는', 서술격조사 '-이다/다'가 대표적인 예이다. 그런데, 이런 조사들 가운데 모음으로 시작하는 조사들은 반드시 앞 음절의 종성 자리에 자음이 있어야만 출현하는 것6)들인데 그런 경우에는 거의 예외 없이7) 연음화가 일어나게 된다.

예 6: 조사와의 연결에서 연음화가 일어나는 예 1

이/가: 사람이[사라미], 책이[채기], 꽃이[꼬치]

을/를: 사람을[사라믈], 책을[채글], 꽃을[꼬츨]

은/는: 사람은[사라믄], 책은[채근], 꽃은[꼬츤]

으로/로: 책으로[채그로], 돈으로[도느로], 꽃으로[꼬츠로]

-이에요/-에요: 책이에요[채기에요], 돈이에요[도니에요],

꽃이에요[꼬치에요]

---

6) 부사격 조사 '으로/로'는 ㄹ받침 뒤에서는 '로'가 선택된다: 칼로, 서울로, 병으로 등. 이것만 예외이다.

7) '끝이[끄치], 끝이에요[끄치에요], 끝이랑[끄치랑]'과 같은 예외가 있어서 '거의 예외 없이'라 하였다.

조사 가운데에는 앞 음절의 종성 자리에 자음이 있든 없든 모음으로 시작하는 조사들이 있다: 에, 에서, 에게, 아/야. 이러한 조사들은 앞 음절의 종성 자리에 자음이 있으면 반드시 연음화가 일어난다.

예 7: 조사와의 연결에서 연음화가 일어나는 예 2

에: 책에[채게], 꽃에[꼬체], 밑에[미테], 아침에[아치메]
에서: 서울에서[서우레서], 집에서[지베서]
에게: 사람에게[사라메게], 별님에게[별리메게], 딸에게[따레게]
아: 영숙아[영수가], 아들아[아드라]

예 6과 예 7에서 보듯 앞 음절의 받침이 모음으로 시작하는 조사에 이어지면 대부분 연음화가 일어나는 것을 알 수 있다. 그러나, 조사의 형태가 '이'로 시작할 때 앞 음절의 받침이 'ㄷ, ㅌ'인 경우에는 달라진다. 앞에서 언급한 구개음화에 관련하여 연음화가 일어나지 않는 경우가 된다.

예 8: 조사와의 연결에서 연음화가 일어나지 않는 예

ㄷ받침: '맏이'에서 앞에 있는 '맏'<u>의</u>[마지] 접두사이다.
ㅌ받침: 밭이[바치] 없다, 이게 밭<u>이다</u>[바치다], (논이랑) 밭<u>이랑</u>[바치랑]

실제로 위 예 8에서 밑줄 친 '맏'이 부분의 발음은 [마지]가 될 수도 있고 혹은 [맏]과 [이] 사이에 심한 휴지를 넣어서 [맏]#[이]가 될 수도 있다. 그러나, 역시 자연스러운 발음은 [마지]로 여겨지며, ㅌ받침의 예들은 주격조사 '이', 서술격 조사 어간 '이' 및 동반을 나타내는 조사 '이랑'과 연결되면 예외 없이 구개음화가 일어난다: 끝이[끄치], 곁이[겨치], 솥이[소치], 햇볕이[핸뼈치]; 끝이에요[끄치에요], 곁이에요[겨치에요], 솥이에요[소치에요], 햇볕이에요[핸뼈치에요], 끝이랑[끄치랑], 곁이랑[겨치랑], 솥이랑[소치랑], 햇볕이랑[햄뼈치랑]. 그러나, 한국어 교육 과정에서 이렇게 연음화의 반대 현상으로 나타나는 것들에 대해서는 굳이 연음화 시간에 같이 배울 필요는 없다. 뒤에서 구개음화를 공부하는 과정에서 연음화와 연결해서 설명해 주는 것이 효과적이다.

보조사 '요' 연결형도 연음화가 일어나지 않는 예이다. 보조사 '요'는 듣는 이에게 존대의 뜻을 나타내는데 그 분포가 매우 자유롭다: 돈이 없어요, 비가 <u>오는데요</u>, 날이 참 <u>좋군요</u>, <u>저는요</u> 언니하고 놀이터에서 <u>놀면요</u> 언제나 소꿉놀이를 <u>했어요</u>, <u>그럼요</u>, 비는 <u>오지만요</u> 기분은 아주 <u>좋네요</u>. 밑줄 친 예들 가운데 받침이 있는 앞말에 연결된 '좋군요[조쿤뇨], 저는요[저는뇨], 놀면요[놀면뇨], 그럼요[그럼뇨], 오지만요[오지만뇨]' 등은 모두 ㄴ이 덧나서 발음되는 것이 일반적[8]이다. 표준 발음법에 의하면 이러한 '요 연결형'은 ㄴ이 덧나서 발음될 수 있는 조건[9]을 갖추지 못했기 때문에 연음화가 적용되어야 하지만 현실 발음은 그렇지 않다.

(3) 어미와의 연결에서 나타나는 연음화

어간과 어미가 연결된 형태는 한 단어 내에서의 꼴바꿈이므로 한 단어 내에서의 연음화에 해당된다. 그렇지만 예도 많고 또 절대적으로 연음화가 일어나는 것이 대부분이므로 따로 떼어서 기술한다. 어간 끝음절의 받침 뒤에 모음으로 시작하는 어미가 이어지면 연음화는 반드시 일어난다.

---

8) 발음이 일반적이라고 하는 것은 개인적 경험으로 판단한 결과라는 뜻이다. 현실 발음이 표준 발음과 차이가 날 때에는 교육을 통해서 현실 발음을 표준 발음에 맞추든가 현실 발음으로 표준 발음을 고치든가 해야 한다. 보조사 '요'는 사전의 표제어로 올라 있지만 '요 연결형'은 예문으로만 나올 뿐 발음에 대한 정보는 전혀 알 수 없다.

9) 표준 발음법 제7장 음의 첨가 제29항 합성어 및 파생어에서, "앞 단어나 접두사의 끝이 자음이고 뒤 단어나 접미사의 첫음절이 '이, 야, 여, 요, 유'인 경우에는, 'ㄴ' 음을 첨가하여 [니, 냐, 녀, 뇨, 뉴]로 발음한다."로 되어 있다. 이에 대해서는 뒤의 ㄴ첨가에서 다시 세세히 기술한다.

예 9: 어간과 어미와의 연결에서 연음화가 일어나는 예

-어요/아요: 먹어요[머거요], 잡아요[자바요], 들어요[드러요]
-어서/아서: 먹어서[머거서], 잡아서[자바서], 들어서[드러서]
-으면: 먹으면[머그면], 잡으면[자브면], 들으면[드르면]
-으니까: 먹으니까[머그니까], 잡으니까[자브니까], 들으니까[드르니까]
-은: 먹은[머근], 잡은[자븐], 들은[드른]

예 10: 어미와 어미와의 연결에서 연음화가 일어나는 예

-었어요/았어요: 먹었어요[머거써요], 잡았어요[자바써요]
-었으면/았으면: 먹었으면[머거쓰면], 잡았으면[자바쓰면]

-겠어요: 먹겠어요[먹께써요], 잡겠어요[잡께써요]
-겠으면: 먹겠으면[먹께쓰면], 잡겠으면[잡께쓰면]

-셨어요: 가셨어요[가셔써요], 잡으셨어요[자브셔써요]
-셨으면: 가셨으면[가셔쓰면], 잡으셨으면[자브셔쓰면]

모음으로 시작하는 어미를 모음 어미라 이르는데 한국어의 모음 어미는 '어/아'로 시작하는 모음 어미와 '으'로 시작하는 모음 어미의 두 가지가 있다. 줄여서 '어/아어미', '으어미'라고 할 수 있는데 어떤 것이든 조건만 주어지면 연음화가 예외 없이 일어난다는 것을 위의 예에서 볼 수 있다. 모음 어미는 어간에 이어지든 다른 어미에 이어지든 연음화가 일어난다는 것을 예 9와 예 10에서 확인할 수 있다.

그러나 한 가지 예외가 있다. '좋아요[조아요], 넣어요[너어요], 많아요[마나요], 좋으면[조으면], 넣으면[너으면], 많으면[마느면]' 등에서 보면 어간 끝음절 종성의 'ㅎ'은 뒤에 모음 어미가 이어져도 소리가 나지 않게 되는데 이것은 연음화에 반하는 발음 규칙이다. 이런 것을 'ㅎ탈락'이라고 하는데 이에 대해서는 'ㅎ탈락' 부분에서 다시 기술하기로 한다.

(4) 접미사와의 연결에서 나타나는 연음화

접미사는 홀로 독립되어 쓰일 수 없다는 점에서 조사, 어미와 동일하다. 그리고, 조사, 어미처럼 완벽한 문법적인 의미만을 지니는 것은 아니지만 대체로 실질적인 의미보다는 문법적인 의미를 지니고 있다는 점에서 조사, 어미와 함께 허사로 불린다. 이러한 접미사와 연결되면서 앞 음절의 받침이 접미사 첫음절의 초성 부분으로 옮겨져서 발음되는 경우가 많다. 접미사와의 연결에서 보이는 연음화의 예는 빈도가 매우 높을 뿐 아니라 절대적으로 연음화가 적용되는 형태론적 조건이기 때문에 그 예들을 따로 제시한다.

예 11: 접미사와의 연결에서 연음화가 일어나는 예

-이/-이-: 높이[노피] , 꺾이다[꺼끼다], 높이다[노피다]
-음: 걸음[거름], 믿음[미듬], 얼음[어름], 엮음[여끔], 옅음[여틈]
-우-: 돋우다[도두다]

예 11에서 접미사 '-이'와 '-이-'는 문법적 기능이 조금 다르다. '높이'의 '-이'는 명사화 접미사('높이'가 명사일 때) 혹은 부사화 접미사('높이'가 부사일 때)이며 '꺾이다'의 '-이-'는 피동접미사이고 '높이다'의 '-이-'는 사동접미사이다. 그러나, 기능에 상관없이 앞 음절에 받침이 있으면 연음화가 일어난다.

그러나, '같이[가치], 낱낱이[난나치], 붙이다[부치다]'처럼 구개음화가 일어나기도 하며, '교환양[교환냥]'처럼 [ㄴ]이 덧나는 경우도 있다. 이런 것들은 '구개음화'와 ㄴ첨가 부분에서 다시 자세히 기술하도록 한다.

(5) 구(句) 사이에서 나타나는 연음화

한 단어 내에서 그리고 조사와 어미 및 접미사와의 연결에서 보이는 연음화를 살펴 보았다. 그런데, 연음화는 단어를 넘어선 단위에서도 일어난다.

한국어는 단어별로 띄어 쓰되 조사는 붙여 쓴다는 맞춤법 규정에 의해서 조사를 제외한 두 단어는 띄어 쓴다. 그러나, 표기 차원에서 띄어쓰기를 한다고 해서 발음도 각각 떼어서 하는 것은 아니다. 구(句)를 이루면서 연이어 나오는 둘 이상의 단어를 마치 한 단어처럼 발화하는 경우가 있는데 그럴 경우에도 연음화는 적용된다.

예 12: 둘 이상의 단어 연결에서 연음화가 일어나는 예

(ㄱ) 버스가 <u>안 오네요</u>[아노네요]
(ㄴ) <u>내일 아침에</u>[내이라치메] 만나요
(ㄷ) <u>눈 오는 아침에는</u>[누노느나치메는] 커피를 한 잔 마십니다.

위 예 12의 밑줄 친 부분은 모두 둘 이상의 단어에서 연음화가 일어나는 예들이다. 물론, 이러한 둘 이상의 단어가 모인 구(句)는 말의 빠르기에 따라서 혹은 어떤 특수한 발화상의 효과를 주기 위해서 연음화가 일어나는 자리에서 끊어서 발음을 해서 연음화가 일어나지 않을 수도 있으나, 그렇지 않은 보통 빠르기의 평범한 내용의 전달을 위한 발화라면 역시 연음화가 필수적으로 일어난다. 그러나, 구 사이에서도 자음과 모음이 이어지는 음성적 환경이지만 연음화가 일어나지 않는 예도 있다.

예 13: 구에서 연음화가 일어나지 않는 예

(ㄱ) 절대로 <u>못 이겨요</u>[몬니겨요][10] ([모시겨요](X))
(ㄴ) 상쾌한 <u>아침을 여는</u>[아치믈려는] ([아치므려는](X))
(ㄷ) <u>꽃 위에</u>[꼬뒤에] ([꼬취에](X)) 액자가 있어요

---

[10] 현실적으로는 [모디겨요]라는 발음도 많이 들린다.

예 13의 밑줄 친 부분은 두 단어가 이어지면서 구를 형성하는데 그 안에서 종성 자리의 자음과 모음이 이어지고 있다. 그러나, 13 (ㄱ)의 '못 이겨요'를 절대로 [모시겨요]로는 발음하지 않고, 13 (ㄴ)과 13 (ㄷ)의 밑줄 친 부분도 연음화가 적용된 [아치므려는], [꼬취에]로는 절대로 발음하지 않는다. 이것은 구에서도 연음화 이외에 다른 발음 규칙이 적용될 수 있음을 의미하는 것인데 이에 대해서는 '절음 후 연음화'와 ㄴ첨가 부분에서 자세히 기술하도록 한다.

3) 연음화와 연음화에의 저항

이제까지 연음화가 일어나는 환경 및 예와 함께 동시에 연음화가 일어날 수 있는 음성적 환경이지만 연음화가 일어나지 않은 예들도 살펴 보았다. 요약하자면 앞 음절의 종성 자음과 뒤 음절의 모음이 이어질 때 연음화가 일어나기도 하고 다른 발음 규칙이 적용되기도 한다. 이처럼 연음화가 적용될 수 있는 음성적 환경에서 단순한 연음화가 아닌 다른 규칙들이 개입되는 것들을 '연음화에의 저항'이라 이름 붙이고 하나씩 살펴 보자. 연음화에 저항하는 발음 규칙으로는 '구개음화, ㅎ탈락, ㄴ첨가, 절음 후 연음화'가 있다.

3. 구개음화(口蓋音化, 입천장소리되기, palatalization)

구개음화란 말 그대로 구개음 아닌 것이 구개음으로 되는 것이다. '구개음 아닌 것'이라는 것은 표기상 구개음이 아니라는 뜻이고 '구개음으로 되는 것'이라는 것은 구개음으로 발음을 한다는 뜻이다. 즉, 표기는 구개음이 아니지만 발음은 구개음으로 한다는 것이다.

1) 구개음화 1: 'ㄷ, ㅌ'의 구개음화

현대 한국어에서 구개음화의 대상이 되는 표기는 자음 'ㄷ, ㅌ' 둘 뿐이다. 받침으로 쓰인 'ㄷ, ㅌ'의 뒤에 '이조사, 이접미사'('이'로 시작하는 조사와 접미사)가 이어지면 'ㄷ'은 [ㅈ]로 'ㅌ'은 [ㅊ]로 발음된다. 즉, 표기는 'ㄷ, ㅌ'이지만 발음은 경구개음인 [ㅈ], [ㅊ]로 하기 때문에 구개음화[11]라고 하는 것이다. 예를 들면, 다음과 같은 것들이 있다.

예 14: 구개음화 1의 예

(ㄱ) 명사 및 부사 안에서
   명사: 맏이[마지], 해돋이[해도지], 미닫이[미다지], 여닫이[여다지], 쇠붙이[쇠부치], 피붙이[피부치], 붙임표[부침표]
   부사: 굳이[구지], 같이[가치], 낱낱이[난나치], 한결같이[한결가치]
(ㄴ) 조사 연결형
   주격조사: 끝이[끄치], 밑이[미치], 햇볕이[핻뼈치], 밭이[바치]
   서술격조사: 끝인데요[끄친데요], 끝입니다[끄침니다]
   접속조사: 논이랑 밭이랑[바치랑], 코끝이랑[코끄치랑]

---

11) 어떤 교재에서는 심지어 '뎌〉져〉저, 부텨〉부쳐〉부처' 등의 예를 들면서 역사적인 구개음화마저도 설명하는데 발음 교육에서는 전혀 필요 없다.

(ㄷ) 용언의 어간 내 어근과 접미사의 연결

　　붙이다[부치다], 붙여요([부처요]←[부쳐요])

　음성학적으로 혹은 형태음운론적으로 구개음화를 이론적으로 깊이 파고 들면 매우 어렵고 그 체계도 간단하지 않다. 그러나, 한국어 발음 교육을 위해서는 이론적으로 너무 깊이 접근하는 것은 바람직하지 않다. 위의 예 14에서 보이는 구개음화의 예 가운데 (ㄱ)은 그 숫자도 많지 않으므로 오히려 빈도가 높은 단어들부터 시작해서 구개음화가 일어나는 단어들의 발음을 학습자들에게 외우도록 하는 것이 오히려 바람직할 정도이다. (ㄴ)의 조사 연결형은 그와는 약간 다르다. 'ㄷ, ㅌ' 받침이 '이'로 시작하는 조사와 만나면 언제나 [ㅈ], [ㅊ]로 발음된다는 규칙은 반드시 설명을 해야 한다. (ㄷ)은 조금 더 복잡한 설명이 필요하다. '붙이다, 붙여요'는 용언 어간에서 구개음화가 일어나는 것인데, '붙이다'는 받침의 'ㅌ'이 뒤에 있는 사동 접미사 '-이-'와의 연결에서 구개음화가 일어나서 [부치다]가 되는 것이고 활용형인 '붙여요'는 'ㅕ' 앞에서 구개음화가 일어나서 [부쳐요]가 되는 것인데, 'ㅕ'는 사동접미사 '-이-'와 어미 '-어'의 축약형으로서 [여]를 발음하기 위해 피치 못하게 [이]를 거쳐야 하므로 구개음화가 일어나는 것이다. 이후, [부쳐요]는 '용언의 활용형에서 나오는 '겨, 쳐, 쪄'는 모두 단모음화 되어 [저], [처], [쩌]로 발음한다'는 규정12)에 따라 최종적으로 [부처요]로 발음된다.

2) 구개음화 2: '닫히다, 부딪히다'의 구개음화

　구개음화 2는 표기상 'ㄷ, ㅈ'이 '-히-'에 연결되어 뒤에 이어진 'ㅎ'과 함께 [ㅊ]로 발음되는 규칙이다. 구개음화가 적용되기 전에 반드시 격음화가 적

---

12) 표준 발음법 제2장 제5항에 나와 있는 규정이다.

용된다는 점에서 구개음화 1과 다르다. 구개음화 2를 유발하는 '-히-'는 피동접미사 혹은 사동접미사 중의 하나이며 접미사라는 점에서 구개음화 1과 동일하다.

예 15: 구개음화 2의 예

(ㄱ) 닫히다[다치다], 묻히다[무치다], 걷히다[거치다], 굳히다[구치다]
(ㄴ) 부딪히다[부디치다], 잊히다[이치다], 맺히다[매치다], 꽂히다[꼬치다]
　　 앉히다[안치다], 얹히다[언치다]

예 15 (ㄱ)의 '닫히다'는 '닫-'이라는 어근에 피동 접미사 '-히-'가 붙은 것이다. 받침의 'ㄷ'은 'ㅎ'과 만나서 먼저 [ㅌ]로 소리가 나게 된다. 예를 들어, '맏형[마텽]'이 그 예인데 실제로 'ㄷ'뿐 아니라 2그룹에 속하는 모든 자음들은 'ㅎ'이 뒤에 있으면 종성 규칙을 거쳐 [ㅌ]로 소리가 나게 된다. 이는 격음화에서 따로 설명할 것이나 구개음화 적용 전에 필연적으로 나오는 과정이라 미리 간단히 언급하는 것이다. 그리하여, '닫+히+다→[다티다]'가 되는데 여기서 그치지 않고 [티]의 [ㅌ]가 사동접미사 '-히-'의 [이] 앞에서 구개음화가 적용되어 [다치다]로 최종적으로 발음이 되는 것이다. 활용형인 '닫혀요'도 마찬가지로서 [다텨요]→[다쳐요]→[다처요]와 같은 과정을 거쳐서 최종적인 발음이 나오는 것이고, 그 안에서 [다텨요]가 [다쳐요]로 되는 것이 구개음화의 적용이다. 구개음화1에서 'ㄷ'은 [ㅈ]로 발음되지만 구개음화2에서 'ㄷ'은 [ㅊ]으로 발음된다는 사실을 학습자들에게 알려주어야 한다. '닫히다'의 발음이 되어 나오는 과정을 다시 표로 보이면 다음과 같다.

〈표 9〉 '닫히다'에 관련된 발음 규칙 및 적용 순서
닫히다 → [다티다] : 격음화
　　　 → [다치다] : 구개음화

예 15(ㄴ)의 '부딪히다'는 조금 더 복잡하다. 먼저, '부딪–'의 종성 'ㅈ'은 '–히–'(피동접미사)의 'ㅎ' 앞에서 종성 규칙이 적용되어 [ㄷ]가 되고 다시 그 [ㄷ]와 [ㅎ]이 만나서 격음화가 일어나서 축약되어 [ㅌ]가 된 후 거기에 구개 음화가 적용되어 [ㅊ]가 되는 것이다. 이런 복잡한 과정을 학습자들에게 설명 할 필요는 없다. 그러나, 표기에 너무 집중하여 '부딪히다[부디치다]'의 발음 을 'ㅈ+ㅎ→[ㅊ]'와 같은 설명을 피해야 한다. 왜냐하면 뒤에 기술될 격음화 의 예를 보면 '낮하고[나타고], 젖형제[저텽제]'처럼 표기상 'ㅈ+ㅎ'은 [ㅌ]으 로 발음되는 것이 일반적이기 때문이다. 학습자들에게 표기에 맞추어 설명을 하고 싶으면 'ㅈ'과 '–히–'가 만나면 그것이 피동접미사이든 사동접미사이든 그 둘은 언제나 [치]로 발음된다는 사실을 알려주면 된다.

'부딪히다'가 발음되어 나오는 과정은 다음과 같다.

〈표 10〉 '부딪히다'에 관련된 발음 규칙 및 적용 순서
부딪히다 → [부딛히다] : 종성 규칙
　　　　 → [부디타다] : 격음화
　　　　 → [부디치다] : 구개음화

'닫히다, 부딪히다'에 관련된 발음 규칙을 보면, 격음화가 등장하는데, 격 음화는 'ㅎ'이 관련되어 일어나는 발음 규칙이다. 그에 대해서는 '격음화' 부 분에서 자세히 설명하기로 하겠다. 그런데, 학습자에게 '닫히다' 같이 격음화 와 구개음화를 같이 설명해야 할 때는 순서를 고려하여 교안을 마련해야 한 다. 격음화와 구개음화를 가르치는 순서에 상관없이 '닫히다'와 같은 예는 나 중에 격음화와 구개음화를 다 배운 다음 언급하는 것이 바람직하다. 결국, 교사들은 '닫히다'와 같이 두 개 이상의 발음 규칙이 적용되어 발음되는 예들 을 잘 기억해 두었다가 적절한 시기에 제시해야 한다는 것이다. 예를 들어, 어떤 교재에서 구개음화를 격음화보다 먼저 가르치게 되어 있다면, '닫히다 [다치다], 부딪히다[부디치다]'처럼 격음화가 선행되는 용언의 기본형 및 활

용형에 나오는 구개음화의 예는 나중에 격음화를 공부한 다음에 제시하는 것이 바람직하다는 것이다. 대부분의 교재에서는 '같이'라는 단어 혹은 '끝이, 밑이'라는 주격 조사 연결형이 먼저 제시되고, '닫히다, 붙이다' 같은 용언의 피·사동형은 뒤에 나오는 것이 대부분이므로 먼저 단어에 적용되는 간단한 구개음화 1을 먼저 설명한 뒤, 격음화 교육이 끝난 후 다시 용언의 피·사동형에 나오는 구개음화 2를 설명하는 것이 좋다.

4. ㅎ탈락(ㅎ 脫落, ㅎ 없애기, ㅎ deletion)

'ㅎ탈락'은 'ㅎ'이 표기에는 있지만 발음에는 전혀 반영되지 않는 발음 규칙이다.

1) 홑받침에서의 ㅎ탈락

'ㅎ종성어간용언' 가운데 빈도가 높은 것들로는 '좋다, 넣다, 놓다, 낳다, 쌓다, 닿다' 등이 있다. 이러한 'ㅎ종성어간'에 모음 어미 혹은 모음 접미사가 이어지면 'ㅎ'은 예외 없이 발음이 되지 않는다.

예 16: ㅎ탈락 (ㅎ종성어간과 모음 어미의 결합에서)

좋다: 좋아요[조아요], 좋으면[조으면]
놓다: 놓아요[노아요], 놓으면[노으면], 놓이다[노이다]
넣다: 넣어요[너어요], 넣으면[너으면]
낳다: 낳아요[나아요], 낳으면[나으면]
쌓다: 쌓아요[싸아요], 쌓으면[싸으면], 쌓이다[싸이다]
닿다: 닿아요[다아요], 닿으면[다으면]

모음 어미는 '어/아'로 시작하는 것과 '으'로 시작하는 것 두 종류가 있으므로 각각 하나씩만 대표적으로 예를 들었으며, '놓이다, 쌓이다'는 피동접미사 '-이-'가 'ㅎ' 뒤에 이어진 형태이다.

2) 겹받침에서의 ㅎ 탈락: ㅎ 탈락 후 연음화

'많다, 않다, 끊다, 잃다, 옳다, 끓다' 등 'ㅎ'이 오른쪽에 있는 겹받침('ㄶ, ㅀ')에도 'ㅎ'이 모음 어미 혹은 모음 접미사와 이어지는 예가 있다. 이러한 겹받침의 'ㅎ'도 뒤에 모음 어미 및 모음 접미사가 연결되면 'ㅎ'은 탈락되며, 'ㅎ탈락' 후 자연스럽게 남는 나머지 자음 하나는 뒤에 모음이 이어지게 되는데, 그럴 경우, 예외 없이 연음화가 진행된다. 이렇듯, 겹받침의 'ㅎ'이 탈락된 후, 연음화가 이어지는 것을 'ㅎ탈락 후 연음화'라 이름 붙일 수 있다.

예 17: ㅎ탈락 후 연음화('ㄶ, ㅀ겹받침' 뒤에 모음이 이어지는 경우)

많다: 많아요[마나요], 많으면[마느면], 많이[마니]
않다: 않아요[아나요], 않으면[아느면]
끊다: 끊어요[끄너요], 끊으면[끄느면]
싫다: 싫어요[시러요], 싫으면[시르면]
옳다: 옳아요[오라요], 옳으면[오르면]
뚫다: 뚫어요[뚜러요], 뚫으면[뚜르면]
앓다: 앓아요[아라요], 앓으면[아르면]
닳다: 닳아요[다라요], 닳으면[다르면]
끓다: 끓어요[끄러요], 끓으면[끄르면], 끓이면[끄리면], 끓여요[끄려요]
잃다: 잃어요[이러요], 잃으면[이르면], 잃어버려요[이러버려요]
곯다: 곯았어요[고라써요], 곯으면[고르면], 곯아서[고라서]

겹받침 용언 'ㄶ, ㅀ'의 'ㅎ탈락 후 연음화'가 일어나는 과정에 대해서는 입문반부터 자세히 언급할 필요는 없다. 다만, '많이[마니], 않아요[아나요], 싫어요[시러요]'와 같이 한국어 학습 초기 단계에서 나오는 어형에 대해서는 그 어형의 발음을 특별히 제시해서 교육한 후, 나중에 'ㅎ종성용언'의 활용형을 공부할 때 같이 설명하는 것이 바람직하다.

'ㅎ탈락'은 'ㅎ종성어간'만의 특이한 발음 규칙이고 표준 발음이므로 반드시 학습자들에게 교육해야 하는 항목이라는 점에서 두 모음 사이, 비음과 모음 사이, 유음과 모음 사이에서 'ㅎ'의 발음이 약화되거나 탈락되는 것과는 차별을 두어야 한다. '여행, 안녕하세요, 불행' 등을 발화할 때 'ㅎ'이 약화되거나 심지어 탈락되기도 하는데 그것은 절대적인 규칙이 아니라는 점에서 또 그렇게 'ㅎ'이 약화되거나 탈락된 발음이 표준 발음이 아니라는 점에서 절대적인 규칙이며 표준 발음으로 규정된 'ㅎ종성어간'의 'ㅎ탈락'과 구분해야 한다.

어떤 교재에서는 '빨갛+아요→빨개요'와 같은 예를 들어서, 'ㅎ탈락'과 함께 소개하는 경우가 있는데 '빨갛다'의 활용형이 '빨개요'로 되는 것은 표기에서 'ㅎ'이 사라지는 것이므로 발음 규칙과는 아무런 관련이 없다. 'ㅎ종성어간'의 'ㅎ'이 모음 어미와의 활용형에서 'ㅎ'이 없어진 채로 표기되는 것들을 'ㅎ변칙용언'이라고 한다. 반대로, 비록 발음은 되지 않지만 'ㅎ'이 표기가 되는 것을 정칙용언이라고 한다.

> ㅎ변칙용언의 모음 어미 활용형: 하얘요, 까매요, 파래요, 어때요
> ㅎ정칙용언의 모음 어미 활용형: 좋아요, 넣어요, 놓아요, 낳아요, 닿아요

어떤 'ㅎ종성어간' 용언이 변칙용언인지 정칙용언인지에 대한 교육을 하는 것은 용언의 활용형 교육 부문에서는 매우 중요한 교육 과정이지만, 활용하는 과정에서 생기는 'ㅎ탈락'과 발음 규칙의 'ㅎ탈락'은 엄격히 구분해야 한다. 발음 규칙의 'ㅎ탈락'은 모음 어미 활용형에도 종성 자리에 'ㅎ'이 표기되는 'ㅎ정칙용언'의 어간하고만 관련이 있다.

5. ㄴ첨가(ㄴ 添加, ㄴ insertion, ㄴ덧나기)

ㄴ첨가는 표기상으로는 'ㄴ'이 전혀 나타나지 않지만 [ㄴ]이 첨가되어 발음되는 발음 규칙이다.

1) 표준 발음법에서의 ㄴ첨가와 '학습자들을 위한 ㄴ첨가 규칙'

표준 발음법에서는 아래와 같이 규정하고 있다.

〈표준 발음법에서의 ㄴ첨가 규정〉

> 합성어 및 파생어에서, 앞 단어나 접두사의 끝이 자음이고 뒤 단어나 접미사의 첫음절이 '이, 야, 여, 요, 유'인 경우에는, 'ㄴ' 음을 첨가하여 [니, 냐, 녀, 뇨, 뉴]로 발음한다. (표준 발음법 제7장 음의 첨가 제29항) (이후, '규정 7-29')

이러한 규정에 맞는 예는 아주 많은데, 파생어보다는 주로 합성어 내부에서 [ㄴ]이 덧나는 현상을 볼 수 있으며, 사전에도 물론 표준 발음으로 등록되어 있다: 신촌역[신촌녁], 솜이불[솜니불], 난방열[난방녈], 눈약[눈냑], 업신여기다[업씬녀기다], 눈요기[눈뇨기]

그런데, 실제로 한국어 학습자들에게 ㄴ첨가를 교육하기 위해서 위와 같은 〈표준 발음법에서의 ㄴ첨가 규정〉을 제시하는 것은 효과적이지 않다. 왜냐하면, 파생어, 합성어, 앞 단어, 뒤 단어, 접두사, 접미사 등 일반 한국어 학습자들이 쉽게 이해하기 힘든 전문 용어가 들어 있기 때문이다. 게다가, 한국어 체계 내에서의 접두사, 접미사를 이해한다는 것은 한국어 모어 화자들에게도 쉬운 일이 아니다. 이러한 어려움을 피하여 학습자들에게 다음과 같은 방법으로 ㄴ첨가를 제시할 수 있다. 합성어, 파생어라는 표현 대신에 각각 자신의 의미를 지닌 별개의 단위가 두 개 이어져 있음을 보이기 위하여 AB를 이용하는 방법이다. 예를 들어, '신촌역'이라는 단어를 제시[13]한다면 '신촌'이 A이고 '역'이 B이다. 이러한 A와 B는 별개의 의미를 지닌 언어 단위이므로 일반 학습자들도 쉽게 이해할 수 있다. AB가 결정되었다면 거기에 다음과 같은 세 가지 조건을 준 후 [ㄴ]이 첨가되는 현상을 설명한다.

〈학습자들을 위한 ㄴ첨가 규칙〉

AB가 있다. '신촌역'을 예를 들면, '신촌'이 A, '역'이 B이다.

조건
① B는 명사, 대명사, 수사, 동사, 형용사, 부사[14] 가운데 하나이다.
② B는 '이, 야, 여, 요, 유, 예, 얘' 가운데 하나로 시작한다.
③ A의 끝에는 받침이 있다. (이후, A의 받침)

ㄴ첨가 규칙
조건 ①, ②, ③이 모두 충족되면 B의 맨 앞에 [ㄴ]을 첨가하여 발음한다.

---

13) '신촌역'보다 더 널리 알려진 단어도 괜찮지만 '서울역[서울력], 한국요리[한궁뇨리]'처럼 ㄴ첨가 이후에 또 다른 발음 규칙이 적용되는 것은 처음에는 피해야 한다.
14) '동생 역시 나하고 같은 생각이에요'에서 밑줄 그은 부분이 [동생녁씨]로 발화되기도 하는데 이는 부사에 ㄴ첨가가 적용된 것이다. '여전히, 약간, 요행히' 등도 앞에 있는 말에 따라 ㄴ첨가가 일어날 가능성이 있는 부사들이다.

2) A의 받침에 따른 ㄴ첨가 분류: ㄴ첨가 1, ㄴ첨가 2, ㄴ첨가 3

앞에서 언급한 〈학습자들을 위한 ㄴ첨가 규칙〉의 세 번째 조건에서 A의 받침이 무엇이냐에 따라서 ㄴ첨가는 다음과 같은 세 가지 모습을 보인다.

A의 받침에 따른 세 가지 ㄴ첨가: ㄴ첨가 1, ㄴ첨가 2, ㄴ첨가 3

ㄴ첨가 1: A의 받침이 비음이면 단순히 [ㄴ]을 첨가하여 발음한다.
예) 신촌역[신촌녁], 지금 여기[지금녀기], 천육백[천늌빽], 업신여기다[업씬녀기다]

ㄴ첨가 2 : A의 받침이 평음, 격음, 경음이면 첨가된 [ㄴ]에 의해 비음화가 일어난다.
예) 소독약[소동냑], 늦여름[는녀름], 꽃잎[꼰닙], 첫여름[천녀름]

ㄴ첨가 3 : A의 받침이 'ㄹ'이면 첨가된 [ㄴ]은 유음화가 적용되어 [ㄹ]로 소리난다.
예)서울역[서울력], 잠실역[잠실력], 물약[물략], 알약[알략], 볼일15)[볼릴]

첫 번째로 예를 든 '신촌역'을 〈학습자들을 위한 ㄴ첨가 규칙〉의 조건에 맞추어 다시 설명해 보자. '신촌역'에서 '신촌'은 A에, '역'은 B에 해당된다. B의 '역'은 명사이고 또 '여'로 시작되므로 조건 ①, ②를 충족한다. 또 '신촌'의 끝음절에는 'ㄴ'이라는 받침이 있으므로 조건 ③도 충족하고 있다. 이렇게 세 가지 조건을 모두 충족하므로 B의 맨 앞에 [ㄴ]을 첨가하며 이어서 A의 받침이 비음이므로 ㄴ첨가 1 규칙에 따라서 발음은 [신촌녁]이 된다.

이러한 설명은 일반 학습자들에게도 그리 큰 어려움이 없다. 조건 ①의 '명사, 대명사, 수사, 동사, 형용사, 부사'는 실질 형태소 대신에 쓴 것이다. 수사의 경우에는 '육'이 ㄴ첨가가 자주 일어나는 단어이고 빈도도 높기 때문에

---

15) '볼일'은 표준국어대사전에 한 단어로 등재되어 있다.

포함하였다. 조건 ②와 조건 ③은 별다른 설명이 없어도 이해할 만한 수준이 므로 학습자들이 ㄴ첨가의 조건 및 현상을 이해하는 데 큰 어려움을 겪지 않을 것이다. 다만 ㄴ첨가 규칙 2와 3은 비음화 및 유음화를 먼저 배워야만 이해할 수 있는 것이므로 교육 과정에서의 발음 규칙 제시 순서는 적절히 조절해야 한다.

그런데, 표준 발음법의 규정 7-29에는 ㄴ첨가가 되는 모음에 '예, 얘'가 빠져 있다. 그러나 실제 발음을 보면, '먼 옛날'은 [먼녠날]로 '재미있는 얘기'는 [재미인는내기]가 된다. 비록 'ㅖ, ㅒ'의 구분은 희미해졌지만 'ㄴ'이 첨가되는 것은 확실하다. 게다가 '기본예절[--녜-], 문학예술[-항녜-], 신예술[-녜-], 비행예보[--녜-], 위임예식[--녜-], 전관예우[--녜-]' 등과 같이 위의 7-29규정으로는 [ㄴ]이 덧날 수 없는 단어들의 발음이 표준국어대사전에서는 [ㄴ]을 첨가해서 표준 발음으로 제시하고 있다. 규정에 대한 수정이 불가피하다.

3) ㄴ첨가의 제한성 및 수의성

학습자들에게 ㄴ첨가를 교육할 때 어려운 점은 위의 ㄴ첨가 조건에 딱 들어맞음에도 불구하고 ㄴ첨가가 일어나지 않는 단어 및 구가 많다는 것이다. 대표적인 예로는 '일요일, 맛있다'를 들 수 있다. 두 단어 모두 표준국어대사전에는 합성어로 처리되어 있으며 규정 7-29에 딱 들어맞는 조건을 갖추고 있으므로 ㄴ첨가가 반드시 일어나야 하는 단어들이다. 그러나, 표준국어대사전의 발음란은 ㄴ첨가가 일어난 [일료일], [만닏따]를 표준 발음으로 인정하지 않는다. 그런데, 더 어려운 것은 어떤 한국어 모어 화자는 '일요일'을 ㄴ첨가 후 유음화가 적용된 [일료일]로 발음한다는 것이다. 뿐만 아니라, '월요일, 목요일, 금요일'16)도 각각 'ㄴ첨가 3, ㄴ첨가 2, ㄴ첨가 1'을 적용하여 [월료일], [몽뇨일], [금뇨일]로 발음을 하고 있으니 문제는 점점 더 심각해진다. 앞에 든 '일요일, 월요일, 목요일, 금요일'은 모두 ㄴ첨가가 적용되지 않고, 연음화가 적용된 발음이 표준 발음으로 되어 있다. 이런 상황이므로 한국어 학습자들에게는 [ㄴ]이 첨가되기도 하고 안 되기도 하는 것에 대해서는 두 가지 발음을 모두 가르치되, 발화시에는 사전에 나와 있는 표준 발음으로 발음하도록 교육을 하고, 듣고 이해하기 측면에서는 두 가지 발음을 모두 듣고 이해할 수 있도록 특히 강조해야 한다. 그러나, '맛있다'를 [만닏따]로 발음하는 사람은 없으니 그것에 대한 듣기 교육을 할 필요는 없다.

그런데, 또 한 가지 짚고 넘어가야 할 것은 사전에는 [ㄴ]이 첨가된 것이 표준 발음인데 그것을 지키지 않는 경우도 있다는 것이다. '눈약'의 경우, 표준 발음은 [눈냑]이지만 많은 사람들은 [누냑]으로도 발음한다. 이런 형편이므로 [ㄴ]이 첨가된 발음이 표준 발음으로 되어 있는 단어의 경우에는 [ㄴ] 첨가의 절대성과 수의성을 기준으로 단어를 나누어 기록해 둘 필요가 있으며, [ㄴ]이 첨가된 발음이 표준 발음으로 되어 있지 않은 단어들도 [ㄴ] 불첨가의 절대성과 수의성으로 단어를 나누어 기록해 둘 필요가 있다. '신촌역, 눈약, 맛있다. 일요일'을 대상으로 표준 발음과 ㄴ첨가의 절대성 및 수의성을 정리하면 다음과 같다. 먼저, '신촌역, 눈약'은 ㄴ첨가가 적용된 [신촌녁], [눈냑]이 표준 발음인데, '신촌역'은 언제나 [신촌녁]으로 발음이 되고, '눈약'은 [눈냑] 혹은 [누냑]으로 발음된다. 즉, '신촌역'은 [ㄴ] 첨가가 절대적인 반면, '눈약'은 [ㄴ] 첨가가 수의적이다. 다음으로, '맛있다. 일요일'을 보자. 두 단어 모두 규정 7-29에 의해서 ㄴ첨가가 있어야 하나, 사전에서는 ㄴ첨가가 적용되지 않은 [마딛따/마싣따], [이료일]을 표준 발음으로 규정하고 있다. 그런데, '맛있다'는 ㄴ첨가가 적용되는 [만닏따]가 절대로 실현되지 않는 반

---

16) 표준국어대사전에는 이 세 표제어의 발음란이 비어 있는데 이는 세 단어들의 표준 발음이 연음화가 적용된 [워료일], [모교일], [그묘일]임을 의미한다.

면에 '일요일'은 종종 [일료일]로 ㄴ첨가 후 유음화가 적용된 발음이 실현된다. 즉, '맛있다'는 ㄴ첨가가 절대적으로 적용되지 않는 반면, '일요일'은 [ㄴ]첨가가 수의적으로 실현된다고 할 수 있다.

위에 기술한 내용을 토대로 ㄴ첨가가 적용될 수 있는 조건을 지닌 단어들을 네 가지 유형으로 분류할 수 있다.

〈ㄴ첨가 관련 단어 유형〉

유형 1: [ㄴ]이 첨가된 발음이 표준 발음이면서 ㄴ첨가가 필수적인 단어
[ㄴ]이 첨가된 발음이 표준 발음이고 현실적으로 반드시 적용되는 단어들이다. '꽃잎[꼰닙], 맨입[맨닙], 한여름[한녀름], 막일[망닐], 서울역[서울력], 알약[알략]' 등이 있다.

유형 2: [ㄴ]이 첨가된 발음이 표준 발음이나 ㄴ첨가가 수의적인 단어
[ㄴ]이 첨가된 발음이 표준 발음이나 현실적 ㄴ첨가가 수의적인 단어들이다. '눈약, 불이익'은 [눈냑], [불리익]'이 표준 발음이지만 현실적으로 [누냑], [부리익]으로 발음되기도 한다.

유형 3: [ㄴ]이 첨가되지 않은 발음이 표준 발음이면서 ㄴ첨가가 절대적으로 적용되지 않는 단어
[ㄴ]이 첨가되지 않은 발음이 표준 발음이고 현실적으로도 ㄴ첨가가 절대로 적용되지 않는 단어들이다. '맛있다, 멋있다, 뜻있다, 값있다, 독약, 신약(新藥)[17], 첫인사' 등이 있는데 표준 발음에도 ㄴ첨가가 전혀 적용되지 않으며 발화시에도 절대로 [ㄴ]이 덧나지 않는다.

유형 4: [ㄴ]이 첨가되지 않은 발음이 표준 발음이나 ㄴ첨가가 수의적인 단어
[ㄴ]이 첨가되지 않은 발음이 표준 발음이나 현실적으로 [ㄴ]이 첨가되기도 하는 단어들이다. '일요일, 월요일, 목요일, 금요일' 등이 있다. '일요일'의 표준 발음은 ㄴ첨가가 적용되지 않은 [이료일]이나 현실적으로 발화자에 따라 [일료일]로 발음될 때가 있다. '월요일, 목요일, 금요일'도 모두 마찬가지이다.
단어를 넘어선 구 단위도 위와 같이 분류할 수 있으나 사전에 발음이 기재되어 있지 않으므로 표준 발음의 여부를 알 수 없을 뿐 아니라 ㄴ첨가가 절대적인지

수의적인지에 대한 판단을 개인적18)으로 할 수 없기 때문에 기술하지 않았다. 그러나 교실 현장에서는 교사 나름대로 목록을 작성하여 발음 교육에 활용할 수 있다.

4) 한 형태소 및 첩어에서의 ㄴ 첨가

한 형태소 및 일부 국한된 첩어 안에서 [ㄴ]이 덧나는 것들도 있는데 '작열[장녈], 금융[금늉/그뮹], 검열[검녈/거멸], 야금야금[야금냐금/야그먀금]' 등이 그 예이다. '작열'은 연음화가 적용된 [자결]을 표준 발음으로 인정하지 않는 단어이며 '금융, 검열'의 원칙적인 표준 발음은 [ㄴ]이 첨가된 [금늉], [검녈]이며, 허용 발음은 연음화가 진행된 [그뮹], [거멸]이다. '야금야금'은 동일한 어형이 반복되어 구성된 한 단어인데 그 안에서 [ㄴ]이 첨가된 발음인 [야금냐금]을 원칙적인 표준 발음으로 인정하고 있다. [ㄴ]이 첨가된 다음에 그 [ㄴ]으로 인해서 비음화 및 유음화가 적용되는 예들도 있다. '여릿여릿[여린녀릿/여리뎌릿], 이글이글[이글리글/이그리글]' 등이 그 예인데 '여릿여릿[여린녀릿]'은 [ㄴ]의 첨가 이후, 비음화가 적용된 것이고 '이글이글[이글리글]'은 [ㄴ]이 첨가된 다음, 앞에 있는 'ㄹ'의 영향으로 첨가된 [ㄴ]이 [ㄹ]로 발음되는 단어이다. '야물야물[야물랴물], 유들유들[유들류들]'도 '이글이글'과 같은 부류이다. '요산요수[요산뇨수]'는 완전히 같은 어형이 반복된 것도 아니고, 다른 첩어들처럼 의성의태어도 아니지만 단순어 내에서 [ㄴ]이 덧나는 단어

---

17) '물약[물략], 알약[알략], 눈약[눈냑](혹은 [누냑]), 안약[안냑](혹은 [안냑])' 등에서는 [ㄴ]의 첨가가 절대적이거나 최소한 수의적으로 나타나는데, '독약, 신약(新藥)'에서는 ㄴ첨가가 절대로 적용되지 않는다. '독약은 사용 빈도가 높은 단어이므로 발음이 [동냑]이 아니라 [도갹]이라는 것을 반드시 교육해야 한다.

18) 유형 분류를 위한 ㄴ첨가의 필수적/수의적 적용에 대한 판단 역시 개인적이다.

이다. 그런데, 이렇게 단순어 안에서 [ㄴ]이 덧나는 것을 왜 표준 발음으로 인정하는지에 대한 이유는 알 수 없다. 그러나, 한국어 발음 교육에서 학습자들에게 '작열, 금융, 검열'의 세 단어와 함께 ㄴ첨가가 일어나는 첩어들의 발음은 반드시 교육해야 한다.

위에 언급된 단어들 가운데, '작열, 요산요수'는 [ㄴ]이 첨가된 발음이 표준 발음이나 그 적용에 개인차가 있는 바, 바로 앞에서 다룬 〈ㄴ첨가 관련 단어 유형〉 가운데 〈유형 2〉에 포함된다. 그외에 '금융, 검열, 야금야금, 이글이글, 야물야물, 유들유들, 여릿여릿' 등은 ㄴ첨가가 적용된 것과 그렇지 않은 것이 함께 표준 발음으로 규정되어 있는 특이한 단어들로서 〈ㄴ첨가 관련 단어 유형〉의 새로운 유형인 〈유형 5〉로 세울 수 있다. 특별히 '여릿여릿'의 발음 [여린녀릳 / 여리더릳] 가운데 [여리더릳]은 ㄴ첨가가 적용되지 않고 '절음 후 연음화'가 적용된 발음인데 이에 대해서는 뒤에 이어지는 '6. 절음 후 연음화'에서 상세히 기술한다.

5) 특이한 ㄴ첨가: B가 접미사인데 [ㄴ]이 첨가되는 경우

ㄴ첨가 조건에 의하면 AB에서 [ㄴ]이 첨가되는 B는 실사인 명사, 대명사, 수사, 동사, 형용사, 부사로 한정되어 있다. 그런데, 특이하게도 몇몇 접미사는 실사가 아닌데도 연음화 대신 [ㄴ]이 첨가되어 발음되는 경우가 있다.

〈[ㄴ]이 첨가되어 발음되는 접미사 연결형〉

-양[1](嬢): 교환양[교환냥]
-양[2](洋): 태평양[태평냥], 남극양(南極洋)[남긍냥][19],
-용(用): 가정용[가정농], 공공용[공공농], 공업용[공업농], 관광용[관광농],
　　　　관상용[관상농], 무선용[무선농], 민간용[민간농], 보신용[보신농],

비상용[비상뇽], 산업용[사넘뇽], 선전용[선전뇽], 아동용[아동뇽],
애완용[애완뇽], 여행용[여행뇽], 연습용[연습뇽], 영업용[영엄뇽],
외출용[외출룡], 음식용[음싱뇽], 일반용[일반뇽], 호신용[호신뇽]
-유(油): 식용유[시굥뉴], 고급유[고금뉴], 휘발유[휘발류]

'-양¹(孃), -양²(洋), -용(用), -유(油)'는 모두 사전에서 접미사로 분류되
어 있으나 위의 예에서 보는 바와 같이 [ㄴ]을 첨가해서 발음하는 것이 보통
이며 사전에도 그러한 발음을 표준 발음으로 제시하고 있다. 이러한 단어들
은 모두 〈ㄴ첨가 관련 단어 유형〉의 〈유형1〉에 속한다.

'-양¹(孃)'과 모양은 같지만 의미가 다른 '결혼하지 않은 여자를 이르거나
부르는 말'인 '양(孃)'은 의존명사로서 '김 양, 김민정 양'처럼 띄어 쓰게 되어
있으나 발음은 같이 붙여서 하는 것이 일반적이고 그럴 경우, ㄴ을 첨가해서
발음하는 것이 보통이다. '김 양[김냥], 김민정 양[김민정냥]' 등의 예가 있다.
'남극양[남긍냥], 산업용[사넘뇽], 음식용[음싱뇽], 고급유[고금유]'는 [ㄴ]이
덧난 이후에 그 [ㄴ] 때문에 다시 비음화가 일어난 예이고 '외출용[웨출룡],
휘발유[휘발류]'는 덧난 [ㄴ]이 앞에 있는 [ㄹ]로 인해 [ㄹ]로 발음되는 유음
화가 적용되는 단어들이다.

앞서 언급한 7-29규정에 의하면, 어근에 접미사가 연결되는 경우에도
[ㄴ]이 덧날 수 있으며 그 규정의 예로, '영업용[영엄뇽], 식용유[시굥뉴], 휘
발유[휘발류]'를 들고 있다. 그러나, 단순히 어근에 접미사가 연결되는 경우
에도 [ㄴ]이 덧날 수 있다고 간단히 규정해 버리면, '굳이, 같이, 맏이, 높이,
길이, 잡이, 먹이' 등과 같이 동일한 조건 하에서 ㄴ첨가가 절대로 적용되지
않는 것들은 설명할 수 없다. 게다가, 뒤에 있는 접미사가 '-이'인 경우에

---

19) '남극양[남긍냥]'은 [ㄴ]이 덧난 후에 다시 그 [ㄴ] 때문에 비음화가 일어난 예이다.

[ㄴ]이 첨가되지 않는 파생어들은 수도 없이 많다. 그러므로, 규정을 올바로 고치려면, 파생어 가운데 ㄴ첨가가 적용되는 것은 '접두사+어근' 구조의 파생어로 한정해야 한다. '신여성[신녀성], 군일[군닐], 막일[망닐], 잡일[잠닐], 짓이기다[진니기다], 풋윷[푼뉻], 맨이름[맨니름]'의 예들처럼 접두사가 붙어 있는 실질형태소의 어두 초성 자리에 [ㄴ]이 덧나는 것은 보통이기 때문이다. 그리고 거기에다가 '-양¹, -양², -용, -유'와 같은 몇몇 접미사에 [ㄴ]이 덧나는 것을 예외로 처리해야 한다.

6) 구에서 일어나는 ㄴ첨가

ㄴ첨가는 파생어 및 합성어 같은 한 단어 내에서만 일어나는 것이 아니다. 단어의 경계를 넘어서 구에서도 일어나며 첨가된 [ㄴ]에 의해서 비음화가 일어나거나 첨가된 [ㄴ]이 [ㄹ]로 발음되는 것도 같다.

구에서 일어나는 ㄴ첨가의 예

ㄴ첨가 규칙 1: 순수한 ㄴ첨가의 예(A의 받침이 비음일 경우)

일본 요리[일본뇨리], 이번 역[이번녁], 다음 역[다음녁], 서양 여성[서양녀성], 어제 들은 얘기[드른내기], 어제 만난 여자[만난녀자]

ㄴ첨가 규칙 2: ㄴ첨가 후 비음화의 예(A의 받침이 장애음일 경우)

한국 요리[한궁뇨리], 중국 여행[중궁녀행], 유럽 여행[유럼녀행]

ㄴ첨가 규칙 3: ㄴ첨가 후 유음화의 예(A의 받침이 'ㄹ'일 경우)

오늘은 할 얘기가[할래기가] 아주 많아요.
아직도 그 사람을 만날 일이[만날리리] 있어요?

구에서 ㄴ첨가가 발생한다는 것은 규칙의 적용 범위가 예상할 수 없을 만큼 크다는 것을 의미한다. 한국어 모어 화자들은 [ㄴ]이 첨가되었음을 느낄 수 없을 만큼 자연스럽게 발화할 수 있으나, 학습자들에게는 큰 골칫거리가 아닐 수 없다. 사전이라든가 어떤 참고할 만한 목록이 있으면 좋겠지만 아직은 그러한 내용의 연구 결과는 없다. 어떤 사전에서도 구 표제어의 발음 정보는 전혀 제시하지 않으며 혹시 특별히 어떤 사전에서 구 표제어에도 발음을 넣어 준다고 하더라도 수도 없이 많이 생성되는 구를 모두 표제어로 할 수는 없기 때문에 사전을 이용한 교육 및 학습은 효과가 없다. 그렇다면 목록을 작성하여 참고할 수밖에 없는데 완전한 목록을 작성하는 것은 불가능하므로 빈도가 높은 표현들을 모아 두었다가 학습자의 수준에 맞춰서 제시하는 것은 좋은 방법이다.

7) 관형사형 전성어미와 ㄴ첨가

구 차원에서 일어나는 ㄴ첨가 가운데 대표적인 유형은 관형사형 전성어미와 피수식명사 사이에서 [ㄴ]이 덧나는 것이다. 관형사형 전성어미 '-은, -는, -을, -던'은 시제 및 상적인 의미에 상관없이 모두 ㄴ 혹은 ㄹ 받침으로 끝난다. 그리고 그 뒤에는 수식을 받는 체언이 이어지는데 그 체언이 ㄴ첨가의 조건①, ②에 들어맞으면 ㄴ첨가가 일어나게 된다. 물론 '-을' 뒤에 첨가된 [ㄴ]은 유음화에 의해 [ㄹ]로 바뀐다. 그런데, ㄴ첨가의 조건 ①, ②에 맞는 명사들은 '일, 약속, 역, 여행, 약, 여자, 이야기…'처럼 수도 없이 많다. 그러므로, 명사를 대상으로 ㄴ첨가를 교육할 수는 없다. 그보다는 관형사형 전성어미를 가르치는 교과 과정에서 ㄴ첨가가 적용되는 단어들 가운데 빈도가 높은 단어들을 학습자의 수준에 맞춰 제시하면서 ㄴ첨가라는 발음 규칙을 같이 가르치는 것이 바람직하다.

관형사형 전성어미 뒤에서 일어나는 ㄴ첨가의 예

① 한국어 공부는 정말 힘든 일[힘든닐]이에요.
② 하던 일은[하던니른] 마저 해야지.
③ 먹는 일이[멍는니리] 제일 급한 일이지[그판니리지].
④ 할 얘기가[할래기가] 있으면 빨리 해.
⑤ 할 일, 만날 약속, 지나가는 역, 갔던 여행, 좋아하는 여자, 어떤 이야기

위에서는 몇몇 명사만 예를 들어서 관형사형 전성어미 뒤에서 [ㄴ]이 덧난다고 하였는데 그러한 목록을 학습자들의 수준을 고려해서, 초급용, 중급용, 상급용으로 준비해 놓는다면 효율적인 수업을 이끌어 나갈 수 있을 것이다.

그런데, 어떤 경우에는 관형사형 전성어미가 붙어 있는 관형절의 길이가 상당히 길어서 ㄴ첨가의 적용에 영향을 준다. 다음의 예 18과 두 가지 읽기 (읽기1, 읽기2)를 보자. '#'는 그 자리에 휴지(休止, pause)가 있다는 뜻이다.

예 18: 겨울답지 않게 비가 많이 오는 일요일 밤이었습니다.

〈읽기1〉 겨울답지 않게 비가 많이 오는#일요일 밤이었습니다.
〈읽기2〉 겨울답지 않게#비가 많이 오는 일요일 밤이었습니다.

위의 예 18의 〈읽기1〉과 같이 발화를 보면 관형사형 전성어미가 붙은 '오는'과 수식을 받는 '일요일 밤' 사이에 휴지가 있다. 그리고 보통 그렇게 발화를 한다. 이렇게 두 요소 사이에 휴지가 일어나게 되면 표기상으로는 ㄴ첨가가 일어날 수 있는 모든 조건을 충족하였다 하더라도 절대로 [ㄴ]을 첨가해서 발화하지 않으므로 ㄴ첨가가 적용되기 위해서는 두 요소 사이에 절대로 휴지가 있어서는 안 된다는 규칙을 세워야 한다. 그런데, 문제는 위의 문장을 〈읽기2〉처럼 '겨울답지 않게' 다음에 휴지를 두고, ㄴ첨가가 일어날 수 있는 '오는'과 '일요일' 사이에는 휴지 없이 이어서 발화할 수도 있다는 것이다. 그렇게 되면 다시 [ㄴ]이 첨가되어 [오는니료일]로 발음된다. 한국어 교육상, 학

습자들에게는 어느 위치에서 언제 휴지를 두어야 한다고 철저하게 교육할 수는 없다. 다만, 휴지가 있게 되면 [ㄴ]을 첨가해서는 안된다는 것만 교육하면 된다. 그렇지만, ㄴ첨가를 연구하는 연구자의 입장에서는 운율적인 연구를 통해서 말의 빠르기와 음절수 등을 고려하여 언제 휴지가 발생하는지에 대한 고찰이 필요하다.

8) 필연적 휴지와 ㄴ 첨가

관형사형 전성어미와 수식을 받는 체언 사이의 휴지가 말의 빠르기 및 음절수에 의해서 수의적으로 나타날 수 있다면 다음과 같은 예문은 휴지가 필연적이어서 ㄴ첨가가 적용되지 않는다.

예 19: 말하자면, 이런 일은 다시 일어나지 않도록 해야 한다는 것입니다.
예 20: 즉, 유럽은 아시아보다는 서쪽에 있다는 뜻입니다.
예 21: 막, 일은 마치고 일어나려던 참이에요.

필연적 휴지를 표기상으로는 쉼표(,)로 나타낼 수 있다. 위와 같은 부사어구 '말하자면, 즉, 막' 다음에는 억양의 상승과 함께 휴지가 나타나는데, 그러한 휴지 뒤에서는 절대로 [ㄴ]을 첨가해서 발화하지 않는다. 위 예 19~예 21의 밑줄 그은 부분은 절대로 ㄴ첨가를 적용하면 안 된다. 한국어 교육을 위해서는 휴지가 나타나야 자연스러운 발화가 되는 부사어구의 목록을 정리해서 학습자들에게 제시하는 것이 바람직하다.

9) 외래어와 ㄴ첨가

외래어 및 외래어가 포함된 단어 중에 ㄴ첨가가 일어나는 항목은 그리 많지 않다. 사전에 등장하는 표제어만으로 제한해서 몇몇 제시하면 '컷인, 동유럽, 남유럽, 북유럽, 양이온, 음이온' 등을 들 수 있다. 그런데, 과연 '컷인'의 표준 발음은 무엇일까? 사전에는 발음이 표시되어 있지 않다. '컷인'의 '인(in)'은 명사이므로 [컨닌] 혹은 [커딘]이 예상된다. 만약에 '인(in)'이 사전에는 비록 명사로 올라 있지만 한국어 모어 화자들에게 명사로 인식되지 않는다면 발음은 [컨닌]이나 [커딘]이 아닌 [커신]이 되어야 한다. 그런데, 뚜렷한 이론적 근거 없이 대부분의 한국어 모어 화자들은 [커딘]으로 발음하므로 결국, [커딘]으로 교육을 해야 한다. ㄴ첨가가 일어날 만한 외래어가 포함된 합성어 '동유럽'을 보자. 현실 발음으로는 [동유럽]과 [동뉴럽], 둘 다 실현되고 있다. 이럴 경우, 둘 중의 어떤 것이 표준 발음인지 혹은 둘 다 표준 발음으로 인정되어야 하는 것인지를 개인적으로는 판단할 수 없다. '남유럽, 북유럽'이 모두 같은 처지임을 감안하면 사전에서 반드시 정리해 주어야 할 일이다. 다만, 어떤 경우라도 학습자들에게는 [ㄴ]이 첨가된 발음과 그렇지 않은 두 개의 현실 발음에 대한 설명을 하면서 발화시에는 둘 중에 어떤 것으로 발음을 해도 괜찮으며, 동시에 듣고 이해하는 입장에서는 어떤 쪽으로 들리든 같은 단어임을 지각할 수 있도록 교육을 해야 할 것이다. ㄴ첨가가 일어날 수 있는 조건을 갖춘 표준국어대사전의 표제어들 가운데 '양이온, 음이온'과 같은 '이온류'를 나열하면 다음과 같다.

복이온(複ion), 양이온(陽ion), 열이온(熱ion), 음이온(陰ion), 중이온(重 ion), 착이온(錯ion), 그램이온(gram ion), 사이안이온(cyan ion), 암모니움 이온(ammonium ion), 니트로니움 이온(nitronium ion), 히드로니움이온 (hydronium ion)

위의 단어들은 모두 '이온(ion)'이 들어간 외래어들이다. 실생활에서는 사용 빈도가 높지 않은 전문 용어로 분류될 만한 것들이지만 전문 용어에 [ㄴ]이 첨가될 수 없는 것은 아니다.

표준국어대사전에 ㄴ첨가가 적용될 만한 외래어 단어로는 '매직잉크, 은형잉크' 등을 겨우 찾을 수 있을 정도이다. 이 둘의 발음에 대한 개인적인 견해는 ㄴ첨가가 일어나지 않는다는 쪽이다. 어떤 이유로 '동유럽, 남유럽, 북유럽'은 ㄴ첨가에 대한 찬반이 반반이며 '매직잉크, 은형잉크'는 전혀 [ㄴ]이 덧나지 않을까에 대한 연구는 매우 다양한 각도에서 바라볼 필요가 있다. 한국어 발음교육학적 입장에서는 오로지 위 단어들의 올바른 표준 발음만을 기다릴 수밖에 없다.

10) ㄴ첨가와 위계

ㄴ첨가에 관련된 규칙으로 비음화와 유음화가 있다. 어떤 순서로 가르치는 것이 학습자들에게 효과적이고 효율적인가에 대한 고찰이 필요하다.

(1) 방안 1: ㄴ첨가 1 → 비음화 · 유음화 → ㄴ첨가 2

첫 번째 교육 방안은 ㄴ첨가 1을 먼저 교육하고 나중에 비음화와 유음화가 교육된 다음에 다시 ㄴ첨가 2와 ㄴ첨가 3을 제시하는 것이다. 즉, '신촌역, 신도림역, 역삼역, 안암역, 동경역' 등의 단어가 교재의 앞 부분에 나올 경우, ㄴ첨가 1을 먼저 교육하고 이후에 비음화와 유음화가 교육된 후에 다시 ㄴ첨가 2, 3을 가르치는 것이다. 예를 적절히 제시해야 하는 부담이 있어서, '서울역[서울력]'은 '신촌역, 동경역'과 같은 수업 시간에 제시할 수 없다는 단점이 있다. 같은 시간에 '서울역'을 굳이 넣어서 교육하려면, '서울역'의 발음은 일단 단어 차원에서 [서울력]으로 외우라는 식으로 할 수밖에 없다.

(2) 방안 2: 비음화 · 유음화 → ㄴ첨가 1, 2, 3

비음화와 유음화가 교육된 이후 ㄴ첨가를 한꺼번에 제시하는 방안이다. '신촌역'을 가르치면서 '서울역'도 설명할 수 있다는 점에서는 이 방안이 바람직하다. 그러나, 비음화 및 유음화가 교육되기 전에는 '신촌역, 한국 요리, 유럽 여행, 꽃잎, 서울역'과 같은 단어들이 교재에 나오지 말아야 한다는 제약이 생기며 피치 못하게 출현할 경우에는 ㄴ첨가에 대한 설명을 뒤로 미룬 채 특이한 단어의 발음으로 설명할 수밖에 없다는 단점이 있다.

6. 절음 후 연음화(切音 後 連音化)

1) '절음 후 연음화'의 정의

절음이란 일단 한 번 끊어서 발음을 하라는 뜻이다. 물론 그렇다고 해서 실제로 발음을 할 때 일부러 숨을 멈추었다가 하라는 뜻은 아니다. 그러나 마치 멈춘 것[20]처럼 하게 되면 자연스럽게 종성 자리가 형성되어 종성 규칙이 적용이 되는데. 그 후에 연음화를 적용하는 것을 '절음 후 연음화'라 한다. 결국, 절음이라고 하는 것은 연음화 이전에 종성 규칙을 적용시키기 위한 이론적인 단계일 뿐이다. 대표적인 예를 보자. '겉옷'의 발음은 단순히 연음화가 적용된 [거톤]이 아니다. 먼저, '겉옷'이라는 단어를 발음할 때 '겉'과 '옷' 사이에서 잠시 끊었다가 발음을 한다고 생각하면 종성 규칙이 적용되어 '겉'의 발음이 [걷]이 된다. 이후 연음화가 적용되면 최종적인 발음인 [거돋]이 되는 것이다.

> 겉옷 → 겉#옷 : 절음
>   → 걷 옷 : 종성 규칙
>   → 거돗 : 연음화
>   → 거돋 : 종성 규칙

이러한 내용에 대해서 표준 발음법에서는 제4장 받침의 발음 15항에서 다음과 같이 규정하고 있다.

---

20) 허웅(1985) 267쪽에는 "합성어의 둘째 말이 자립형식일 때에는, 소리 이음이 일어나기 전에 두 형태소 사이에 음절의 경계(+)를 미리 두었다가"로 되어 있다.

표준 발음법 제4장 받침의 발음 15항 (앞으로, 규정 4-15)

■ **제15항** 받침 뒤에 모음 'ㅏ, ㅓ, ㅗ, ㅜ, ㅟ'들로 시작되는 실질 형태소가 연결되는 경우에는, 대표음으로 바꾸어서 뒤 음절 첫소리로 옮겨 발음한다.

밭 아래[바다래]	늪 앞[느밥]	젖어미[저더미]	맛없대[마덥따]
겉옷[거돋]	헛웃음[허두슴]	꽃 위[꼬뒤]	

다만, '맛있다, 멋있다'는 [마싣따], [머싣따]로도 발음할 수 있다.

[붙임] 겹받침의 경우에는, 그중 하나만을 옮겨 발음한다.

넋 없대[너겁따]	닭 앞에[다가페]	값어치[가버치]	값있는[가빈는]

위의 규정에 들어 있는 내용은 학습자들에게 그리 어려운 것은 아니다. 그러나, ㄴ첨가에서 보여 주었던 방법과 비슷하게 규칙을 제시할 수 있다면 더욱 효율적일 것이다. 왜냐하면 '절음 후 연음화'와 ㄴ첨가는 규칙을 적용하기 위한 조건이 서로 비슷하면서 완전히 배타적이기 때문이다. 학습자들을 위한 '절음 후 연음화'가 적용되는 조건이라 할 수 있는데 그 내용은 다음과 같다.

〈학습자들을 위한 '절음 후 연음화'〉

AB가 있다. 예를 들어 '겉옷'이 AB인데, '겉'이 A, '옷'이 B이다

조건
① B는 명사, 대명사, 수사, 동사, 형용사 가운데 하나이다.
② B는 '이, 야, 여, 요, 유, 예, 얘'가 아닌 다른 모음으로 시작한다.
③ A의 끝에는 받침이 있다. (이후, A의 받침)

'절음 후 연음화' 규칙
이러한 조건이 모두 충족되면 A의 받침에 종성 규칙을 적용한 후, B의 첫음절의 초성 자리로 옮겨서 발음한다.
예) 겉옷[거돋], 헛웃음[허두슴], 웃옷[우돋]

'절음 후 연음화'의 조건에 맞추어서 '겉옷'을 다시 한 번 설명해 보자. '겉옷'의 '겉'이 A, '옷'이 B가 된다. '옷'은 명사이고 '오'로 시작되므로 ①번과 ②번의 조건을 만족한다. 또 '겉'에 받침이 있으므로 ③번 조건도 만족하게 되어 [거돋]이라는 발음이 도출된다. '절음 후 연음화' 규칙은 구에서도 적용이 된다. '옷 안[오단], 꽃 위[꼬뒤], 무릎 아래[무르바래]'를 예로 들 수 있다. 이처럼 구 단위에서도 적용되는 발음 규칙들의 예들은 사전에서 발음을 확인할 수 없기 때문에 교사는 특히 신경써서 교육할 필요가 있다. 또 학습자들의 말하기를 귀담아 들으면서 구 단위에서 규칙을 잘못 적용하거나 혹은 아예 적용을 하지 않으면 올바로 수정하는 피드백을 반드시 해 주어야 한다. 한국어 교사를 제외한 일반 한국어 모어 화자들과의 대화에서는 구 차원에서 일어나는 발음 규칙에 대한 피드백을 기대하기는 힘들기 때문이다.

2) '절음 후 연음화'와 ㄴ첨가의 배타적 적용 환경

ㄴ첨가와 '절음 후 연음화'는 AB에서 뒤에 있는 요소가 자립형식이며 A의 끝음절에 받침이 있다는 공통성과 함께 B의 첫음절 모음의 분포가 배타적이라는 관계가 있다. ㄴ첨가는 B의 첫음절의 모음이 반드시 'ㅣ 계모음'이어야 하나 '절음 후 연음화'는 'ㅣ 계모음 이외의 모음'이어야 한다. 학습자들은 '꽃 위[꼬뒤], 꽃 아래[꼬다래], 꽃 앞[꼬답], 꽃 오른쪽[꼬도른쪽], 꽃 왼쪽[꼬된쪽]'과 '꽃 옆[꼰녑]'에서 '꽃'의 발음이 같지 않은 것에 대해서 상당히 놀라면서 호기심을 갖게 된다. 학습자들에게는 '절음 후 연음화'의 조건은 ㄴ첨가가 적용되는 조건에 견주어 단지 조건 ②번만이 다르며 B의 시작 모음이 배타적이라는 내용을 강하게 인식시켜 줄 필요가 있다.

'절음 후 연음화'는 위의 조건이 만족되면 어떤 단어 및 구를 막론하고 모두 규칙이 적용된다. 그리고 규칙의 적용에 개인차도 없는 보편적이고 절대적인 규칙이다. ㄴ첨가가 단어에 따라서는 적용되지 않는 것도 있으면서 또 ㄴ첨가의 적용에 개인차도 있는 제한적이고 수의적인 규칙이라는 점에서 두 규칙은 큰 차이를 보인다. 학습자의 입장에서 '절음 후 연음화'는 복잡하지만 규칙만 익혀 두면 모든 단어 및 구의 적용에 어려움이 없는 반면 ㄴ첨가는 단어마다 적용 여부를 외어야 하는 부담이 있다. 덧붙여서 ㄴ첨가와 '절음 후 연음화'는 발음 규칙이 음성적 환경(phonetic context)만으로 결정되는 것이 아니라는 사실을 반드시 알려 주어야 한다. 두 발음 규칙의 동일한 적용 환경인 조건 1이 B의 품사에 관련된 것이기 때문이다.

3) '있다, 없다'와 '절음 후 연음화' 규칙

'맛없다[마덥따], 멋없다[머덥따], 덧없다[더덥따], 끝없다[끄덥따], 값없다 [가법따][21]'는 모두 '절음 후 연음화'가 일어날 수 있는 환경이고 아무 문제 없이 규칙이 적용되어 사용되고 있다. 문제는 '맛있다, 멋있다, 뜻있다, 값있 다[22]'이다. 이 단어들은 모두 ㄴ첨가가 적용될 수 있는 단어들이다. 그러나, 실제 발음은 ㄴ첨가가 적용되지 않으며 표준 발음 역시 '맛있다[마딛따/마신 따], 멋있다[머딛따/머신따], 뜻있다[뜨딛따], 값있다[가빕따]'로 규정되어 있 다. 사용 빈도가 높은 단어들이므로 발음을 특히 강조해서 교육해야 하는데 ㄴ첨가가 적용될 수 있는 조건을 만족하나 예외적인 단어라는 사실은 초급 학습자에게는 굳이 설명할 필요가 없다. 중급 혹은 고급 학습자가 질문을 했

---

21) '값없다'는 절음 규칙이 적용된 후 '값'의 'ㅄ' 겹받침 가운데 'ㅅ'이 탈락된다. 이는 종성 자리에서 겹받침 가운데 하나가 생략되는 '겹받침 줄이기'가 적용된 것이다. '겹받침 줄이기'에 대해서는 겹받침에서 다시 기술한다.

22) 표준국어대사전에 등재된 표제어 가운데 '~있다' 단어들 가운데 ㄴ첨가의 대상이 될 만한 단어는 위 세 개와 '빛있다'뿐이다. '빛있다' 역시 ㄴ첨가가 적용되지 않은 [비딛때가 표준 발음이나 사용 빈도가 낮아 각주에서 다룬다.

다면 규칙을 올바로 설명하고 예외적인 단어라는 설명을 해야 하는데 그러기 위해서도 교사는 한국어의 발음 규칙을 철저히 알아두어야 한다.

4) 종성 규칙, 연음화, '절음 후 연음화'

원래의 형태소가 'ㅂ, ㄷ, ㄱ' 중 하나의 자음으로 끝맺는 단어들이 문제가 된다. '한국'을 예로 들자. 주격 조사가 연결된 '한국이'는 [한구기]로 발음을 표시하게 된다. 학습자들에게는 아무런 거부감 없이 연음화라고 설명을 한다. 마치 '꽃이'를 [꼬치]라고 하는 것과 같다. 그런데, 문제는 '속옷'의 발음 과정이다. 먼저, '겉옷'의 발음 과정을 다시 보자. 합성어 내부에서 '절음 후 연음화' 규칙에 따라 절음 되어 종성 규칙이 적용된 후에 연음화가 적용된다: [겉#옫]→[거돋]. 그렇다면 같은 구성을 하고 있는 '속옷'의 발음이 도출되어 나오는 과정은 어떠한가? 대부분의 한국어 교재에서는 '속옷'의 발음을 [소곧]이라 기재하면서 연음화로 간단히 설명한다. 그러나, '속옷'과 '겉옷' 모두 B가 명사인 같은 AB구성을 하고 있다면, 발음이 도출되어 나오는 과정도 같아야 할 것이다. 그렇지 않고 '속옷'은 '겉옷'과 달리 연음화하고만 관련이 있다고 한다면 규칙의 설정에 복잡한 문제가 생긴다. '속옷[소곧]'에는 그냥 연음화가 적용된다는 것을 가설 1로 하고, '속옷'에도 '절음 후 연음화'가 적용된다고 하는 것을 가설 2로 한 후, 각각의 가설에 의해 설정되는 종성 자리를 보자.

가설 1: '속옷'에 '절음 후 연음화'가 적용되지 않는다.

1) '절음 후 연음화' 규칙에서 A의 받침이 'ㄱ'인 것은 제외한다.
2) 1)은 종성 규칙에서 받침 'ㄱ'은 해당되지 않음을 의미한다.
3) 그러면, '속옷[소곧]'은 연음화로 설명할 수 있다.
4) A의 받침이 'ㅂ, ㄷ'인 것도 마찬가지이다.

이럴 경우, 종성 자리에 대한 규정은 아래처럼 된다.

① 'ㅂ, ㄷ, ㄱ' 이외의 자음: ＿＿＿ ┌ #
                                        └ 실질형태소 첫음절의 'ㅣ 계모음' 이외의
                                           모음

② 'ㅂ, ㄷ, ㄱ': ＿＿＿ #

이런 과정을 거치면 A의 받침 'ㅂ, ㄷ, ㄱ'과 실질형태소의 시작 모음이 'ㅣ, ㅑ, ㅕ, ㅛ, ㅠ, ㅖ, ㅒ'가 아닌 모음의 연결은 연음화로만 설명할 수 있다. 즉, '속옷[소곧]'을 연음화로만 설명할 수 있다는 뜻이다. 왜냐하면 ②에 의해 'ㄱ'은 '＿＿＿ #' 자리, 즉, 뒤에 아무 소리도 없는 경우에만 종성 자리에 놓이게 되고 그 때에만 종성 규칙이 적용되기 때문이다. 그리고 ①에 의해 '절음 후 연음화'의 적용 대상이 되는 A의 받침은 'ㅍ, ㅌ, ㅅ, ㅆ, ㅈ, ㅊ, ㅋ, ㄲ'로 제한된다.

가설 2: '속옷'에 '절음 후 연음화'가 적용된다.

1) '속옷[소곧]은 '겉옷'과 마찬가지로 '절음 후 연음화'가 적용된다.
2) 즉, 'ㄱ'이 종성 자리에서 [ㄱ]으로 소리나는 것도 종성 규칙의 일부이다.
3) A의 받침이 'ㅂ, ㄷ'인 것도 마찬가지이다.

이럴 경우, 종성 자리에 대한 규정은 이렇게 된다.

모든 자음: ＿＿＿ ┌ #
                             └ 실질형태소 첫음절의 'ㅣ 계모음' 이외의 모음

이런 과정을 거치면 A의 모든 받침에 '절음 후 연음화'를 적용할 수 있다. 단, '속옷[소곧]'을 단순한 연음화로는 설명할 수 없다.

가설 1은 '속옷[소곧]'을 아무 거리낌 없이 연음화가 적용된 것이라고 설명할 수 있다. 그러나, 그럴 경우에는 종성 규칙이 적용되는 종성 자리에 대한 규정이 매우 복잡해진다. 'ㅂ, ㄷ, ㄱ'은 어말 자리(___#)만이 종성 자리이고, 그외의 'ㅍ, ㅌ, ㅅ, ㅆ, ㅈ, ㅊ, ㅋ, ㄲ'은 어말 자리와 함께 실질형태소 첫음절의 모음이 이어지는 자리도 종성 자리라고 설정해야 한다. 가설 2는 '속옷[소곧]'을 '절음 후 연음화'로 설명해야 한다. 직관적으로 연음화로 설명하고 싶지만 이론적으로 그럴 수는 없다. 대신, 모든 자음이 동일한 종성 자리에서 종성 규칙이 적용된다고 설명할 수 있다.

그러나, '절음 후 연음화'와 종성 규칙 그리고 종성 자리 사이의 관계를 학습자들에게 설명할 필요는 없다.

이제까지는 자음과 모음이 만나는 경우의 발음 규칙에 대해서 기술하였다. 다음으로는 자음과 자음이 만나서 일어나는 발음 규칙을 알아보자.

7. 경음화(硬音化, 된소리되기)

1) 경음화의 정의

경음화란 말 그대로 경음이 아닌 것을 경음으로 발음한다는 것이다. 한국어의 경음에는 'ㅃ, ㄸ, ㅆ, ㅉ, ㄲ'이 있고 그 각각의 평음 짝은 'ㅂ, ㄷ, ㅅ, ㅈ, ㄱ'이다. 한국어의 경음화는 평음으로 표기된 것들이 어떤 조건하에서 각각 자신들의 경음 짝으로 발음되는 것을 의미한다. 경음화는 규칙이 적용되는 음성적 환경(phonetic context)에 따라 경음화 1, 경음화 2, 경음화 3으로 구분된다. 경음화 1은 표기상 평음, 격음(-ㅎ)[23], 경음 뒤에서, 경음화 2

---

23) '격음(-ㅎ)'은 'ㅎ'을 제외한 격음이라는 뜻이다. 이론적으로 종성 자리에 /ㅎ/이 올 수는 없지만 한국어 교육을 위한 표기 중심의 발음 규칙이기 때문에 이런 조건이 가능하다.

는 표기상 비음, 유음, 모음 뒤에서, 경음화 3은 'ㅎ' 뒤에서 적용되는 경음화이다. 특히 경음화 3은 'ㅅ'과만 관련이 있는 경음화이다.

2) 세 가지 경음화

(1) 경음화 1: 평음, 격음(-ㅎ), 경음 뒤에서의 경음화(보편적 · 절대적 경음화)

형태음운론적 입장에서는 '평음, 격음(-ㅎ), 경음' 뒤에서의 경음화라는 것은 비논리적이다. 왜냐하면 일단 종성 규칙이 적용된 다음, /ㅂ/, /ㄷ/, /ㄱ/ 뒤에서 경음화가 적용된다고 분석하기 때문이다. 그러나, 학습자들에게 일차원적이고 직접적인 규칙의 모습을 보이기 위해 표기에서 발음으로 가는 규칙을 설정하였다. 다음 〈표 11〉에 학습자들에게 제시할 만한 경음화 1의 적용 과정을 제시하였다.

〈표 11〉 경음화 1의 적용 과정

표기	앞 음절의 종성 자리 자음			뒤 음절의 초성 자리 자음				
	ㅂ, ㅍ	ㄷ, ㅌ, ㅅ, ㅆ, ㅈ, ㅊ	ㄱ, ㅋ, ㄲ	ㅂ	ㄷ	ㅅ	ㅈ	ㄱ
	↓	↓	↓	↓				
발음	ㅂ	ㄷ		ㅃ	ㄸ	ㅆ	ㅉ	ㄲ

〈표 11〉에서는 앞 음절 종성 자리 자음들의 발음이 변화하는 모습과 함께 동시에 그 뒤에서 평음이 모두 제 경음의 짝으로 발음되는 모습을 보이고 있다. 이러한 제시 방법은 '평음, 격음(-ㅎ), 경음'이 평음과 만나면 모두 자기 그룹의 대표음으로 소리가 난다는 것을 다시 한 번 일깨울 수 있으며 그 이후, 뒤에 있는 평음은 예외 없이 경음의 짝으로 발음된다고 교육할 수 있다. 예를 들어, '옆자리'라는 단어는 첫음절과 두 번째 음절이 'ㅍ'과 'ㅈ'으로 연결되어 있다. 이때, 'ㅍ'은 자기 그룹의 대표음인 [ㅂ]가 되며 뒤에 이어지는

148

'ㅈ'은 경음의 짝인 [ㅉ]로 발음되어 결국 [엽짜리]가 된다. 현재 대부분의 한국어 교재에서는 '경음화 1'을 'ㅂ, ㄷ, ㄱ' 뒤에서 평음이 경음으로 발음된다는 간단한 규칙으로 제시한 다음, 느닷없이 '옷장[옫짱], 곶감[곧깜], 꽃집[꼳찝], 끝장[끋짱], 옆자리[엽짜리], 닭다가[닥따가]'와 같은 예를 제시하는데 이는 학습자들이 이미 종성 규칙을 모두 익히고 있음을 전제로 하는 기술로서 학습자들에게 적지 않은 부담이 될 수 있다.

경음화 1은 위에 언급한 조건만 주어지면 어떤 단어든 예외없이 적용되는 보편적인 규칙이며, 동시에 누구나 언제든지 적용해야 하는 절대적인 규칙이다. 경음화 1이 적용되는 예를 보이면 다음과 같다.

예 22: 경음화 1

(1) 대표음 [ㅂ] 뒤에서(표기상, 'ㅂ, ㅍ' 뒤에서)
압박[압빡], 갑자기[갑짜기], 잡지[잡찌], 접시[접씨], 옆자리[엽짜리], 입도[입또], 숲도[숩또], 입고[입꼬], 잡다가[잡따가], 춥지만[춥찌만]

(2) 대표음 [ㄷ] 뒤에서(표기상, 'ㄷ, ㅌ, ㅅ, ㅆ, ㅈ, ㅊ' 뒤에서)
숟가락[숟까락], 꽃다발[꼳따발], 옷장[옫짱], 낮잠[낟짬], 가겠습니다[가겓씀니다], 만났지만[만낟찌만], 못 가요[몯까요], 몇 달[멷딸], 몇 시간[멷씨간]

(3) 대표음 [ㄱ] 뒤에서(표기상, 'ㄱ, ㅋ, ㄲ' 뒤에서)
학교[학꾜], 숙제[숙쩨], 떡볶이[떡뽀끼], 복습[복씁], 책도[책또], 부엌도[부억또], 꺾고[꺽꼬], 닭다가[닥따가]

경음화 1은 단순어이면서 고유어인 단어에서도 볼 수 있다[24]: 걱정[걱쩡], 국수[국쑤], 깍두기[깍뚜기], 딱지[딱찌], 색시[색씨], 싹둑[싹뚝], 갑자기[갑

---

24) 단순어이면서 고유어인 단어 안에서는 '종성 규칙, 연음화, 격음화, 비음화, 유음화' 등이 적용되지 않는다는 점에서 경음화 1은 특이한 발음 규칙이다.

짜기], 법석[법썩], 몹시[몹씨], 접시[접씨]. 그러나, '단순어, 고유어'에 대한 언급을 학습자들에게 굳이 강조할 필요는 없다. 고유어이든 한자어이든 조건만 주어지면 예외 없이 경음화가 적용된다는 것을 강조하는 것이 중요하다.

평음으로 시작하는 조사(즉, 평음 조사)와 평음으로 시작하는 어미(즉, 평음 어미)는 '평음, 격음(-ㅎ), 경음' 뒤에서 예외 없이 경음화 1이 적용된다.

〈평음, 격음(-ㅎ), 경음 뒤에서 반드시 경음화가 일어나는 조사와 어미〉

평음 조사: 도, 부터, 보다, 밖에, 대로, 과, 조차, 들25)

평음 어미:

① ㄱ 어미: -겠-, -고, -거든, -게, -거나, -구나, -군, -거라, -기

② ㄷ 어미: -다가, -더니, -더라, -도록, -든지, -든가, -다, -더구나, -던

③ ㅅ 어미: -습니다, -습니까, -소, -세

④ ㅈ 어미: -자, -자마자, -지(부정)

(ㄱ어미는 ㄱ으로 시작하는 어미를 의미하며 ㄷ어미, ㅅ어미, ㅈ어미 모두 마찬가지이다.)

〈'압박'의 발음 표시는 [압빡]인가 [아빡]인가?〉

'압박'의 발음은 [압빡]인가, [아빡]인가? 귀로 들어서는 [압빡]과 [아빡]은 구분하기 힘들다. [아빡]을 발음하기 위해서는 [ㅏ]에서 시작하여 [ㅃ]를 발음하기 위해 두 입술을 막은 다음, 목구멍의 긴장과 함께 뒤에 오는 [ㅏ]를

---

25) 조사 '들'은 문장 속의 여러 문장 성분에 두루 붙어서 주어가 복수임을 보이는 기능이 있다. 예를 들면, '떡들 먹고들 있거라'라는 문장에는 '들'이 두 번 쓰였는데 문장 속에 드러나지 않은 주어가 복수임을 알 수 있게 해 준다.

발음하기 위해서, 막았던 두 입술을 세게 터뜨려야 하는데 그 과정은 [압빠]과 차이가 없다. 그 이유는 앞 음절 종성의 [ㅂ]와 뒤 음절 초성의 [ㅃ]가 조음 위치가 동일한 같은 그룹의 장애음이기 때문이다. 그러므로, '압박'의 발음 표시는 [아빡]으로 해도 괜찮다. 그러나, '압도[압또], 압승[압씅], 압정[압쩡], 압권[압꿘]'은 종성의 [ㅂ] 발음을 반드시 표시해야 하므로 그에 맞추어 경음화 1의 발음 표시를 규칙적으로 하기 위해서는 [압빡]으로 표시하는 것이 바람직하다. [ㅂ][ㅃ]의 연쇄뿐 아니라, [ㄷ][ㄸ], [ㄱ][ㄲ]도 마찬가지이다.

(2) 경음화 2: 유성음 뒤에서의 경음화(제한적 · 절대적 경음화)

경음화 2는 비음, 유음, 모음 뒤에서 평음이 경음으로 발음되는 현상이다. 이를 간단히 기호로 보이면 다음과 같다.

평음→경음/ [비음, 유음, 모음] ___ 모음

비음, 유음, 모음은 모두 유성음이므로 더 간단히 나타낼 수 있다.

평음→경음/ 유성음 ___ 유성음

즉 두 유성음 사이에서 평음이 경음으로 소리가 나는 것이다.

그런데 경음화 2는 경음화 1과 달리 그 규칙이 적용되는 단어가 따로 있다. 즉, 두 유성음 사이라는 동일한 음성적 환경에서 어떤 단어는 경음화가 적용되고 어떤 단어는 경음화가 적용되지 않는다는 것이다. 각각의 대표적인 예로 '물고기'와 '불고기'를 들 수 있다. 밑줄 친 부분을 보면 두 단어 안에서 모두 'ㄱ'이 'ㄹ'과 모음 사이에, 즉 두 유성음 사이에 있는 것을 볼 수 있다. 그런데 두 단어의 발음을 보면, '물고기'는 경음화가 적용되어 [물꼬기]이고

'불고기'는 경음화가 적용되지 않아 [불고기]이다. 경음화 1은 규칙을 알기만 하면 조건에 해당하는 단어에 모두 규칙을 적용할 수 있었지만 경음화 2는 사정이 달라지는 것이다. 이런 상황에서 한국어 학습자에게 큰 문제가 하나 생기는데 그것은 아직 경음화 2가 적용되는 일정한 규칙이 없기 때문에 학습자들은 단어마다 경음화가 적용되는지 아닌지를 외워서 알아두어야 한다는 것이다. 일단, 경음화 2를 학습자들에게 제시할 만한 표는 다음과 같다.

〈표 12〉 경음화 2의 적용 과정

표기	앞 음절의 종성 자리					뒤 음절의 초성 자리 자음				
	ㅁ	ㄴ	ㅇ	ㄹ	모음	ㅂ	ㄷ	ㅅ	ㅈ	ㄱ
	↓					↓				
발음	변화없음					ㅃ	ㄸ	ㅆ	ㅉ	ㄲ

표기상 비음, 유음, 모음 뒤에 있는 평음은 경음으로 발음하도록 하는 과정을 보이는 그림이다. 여기에 학습자들은 경음화 2가 적용되는 단어들을 따로 외워야 한다는 사실을 덧붙여야 한다. 경음화 2가 적용되는 예들을 간략히 보이면 다음과 같다.

예 23: 경음화 2의 예

ㅂ 경음화: 수법(手法), 심보, 산불, 냉방병, 발바닥
ㄷ 경음화: 걸림돌, 다음달, 돈독(-毒), 김장독, 발달, 갈등
ㅈ 경음화: 허점, 감점(減点), 한자, 상장(賞狀), 발전
ㅅ 경음화: 교자상(交子床), 귀염성, 객관성, 가능성, 출신
ㄱ 경음화: 사건(事件), 엄격, 안과(眼科), 성격(性格), 물고기

경음화 2에서는 특히 주의해야 할 단어들이 있다. 표기는 같은데 의미에 따라서 경음화가 적용되는 것과 그렇지 않은 것이 있기 때문이다. 예를 들어,

'감기'라는 단어를 보도록 하자. '바이러스로 말미암아 걸리는 병'을 뜻하는 단어라면 발음은 [감기]이지만, 동사 '감다'의 어간에 명사형 전성어미 '−기'가 첨가된 단어라면 발음은 [감끼]가 된다. 아래에 이와 같은 예들이 나열되어 있다.

예 24 표기는 같은데 발음이 다른 예들

사적(史蹟)[사적] − 사적(私的)[사쩍], 성적(成績)[성적] − 성적(性的)[성쩍]
지적(指摘)[지적] − 지적(知的)[지쩍], 대가(大家)[대가] − 대가(代價)[대까]
장기(臟器)[장기] − 장기(長技)[장끼], 산기(産期)[산기] − 산기(産氣)[산끼]

앞에서 잠시 언급한 바와 같이 경음화 2가 적용되는 단어를 찾아낼 수 있는 규칙은 없다. 즉, 학습자들은 별 도리 없이 단어별로 발음을 외울 수밖에 없는 것이다. 그런데, 그나마 어떤 어형에서는 경음화 2가 규칙적으로 적용되거나 적용되지 않는 경우를 찾을 수 있다. 학습자들에게 어느 정도 부담을 덜 수 있는 것들인데, 아래에 그 예가 있다.

〈경음화 2가 규칙적으로 적용되는 예〉

첫 번째, 관형사형 전성어미 어미 'ㄹ'+ 1음절 불완전 명사의 평음
할 수[쑤] 있다/없다, 할 줄[쭐] 알다/모르다, 할 것[껃] 같다

두 번째, 어미 내부의 'ㄹ'+평음
−을걸[을껄], −을게[을께], −을사[을싸]26), −을지[을찌],
−을밖에[을빠께], −을세라[을쎄라], −을수록[을쑤록], −을지니[을찌니],
−을진대[을찐대], −을지라도, −을지언정

세 번째, ㅁ어간, ㄴ어간+어미의 평음(ㄷ, ㅅ, ㅈ, ㄱ)

ㅁ어간과 ㄴ어간은 각각 끝음절의 종성 자리에 'ㅁ, ㄴ'이 있는 어간을 의미한다. 예를 들어, '감다, 담다, 삼다'의 어간은 ㅁ어간이고 '신다, 안다'의 어간은 ㄴ어간이다. 이러한 어간에 평음 어미가 이어지면 예외 없이 경음화가 적용된다. '(눈을) 감다, (신을) 신다, (색깔이) 검다'로 예를 보이면 다음과 같다.

예 25: '감다' 활용형의 경음화 2 발음 예

감고[감꼬],　　　　감거든[감꺼든],　　　　감거라[감꺼라],
감기[감끼],　　　　감겠어요[감께써요],　　감다가[감따가],
감더니[감떠니],　　감더라[감떠라],　　　　감도록[감또록],
감던[감떤];　　　　감습니다[감씀니다],　　감습니까[감씀니까],
감자[감짜],　　　　감자마자[감짜마자],　　감지[감찌] 마세요

예 26: '신다' 활용형의 경음화 2 발음 예

신고[신꼬],　　　　신거든[신꺼든],　　　　신기[신끼],
신거라[신꺼라],　　신겠어요[신께써요],　　신다가[신따가],
신더니[신떠니],　　신더라[신떠라],　　　　신도록[신또록],
신던[신떤];　　　　신습니다[신씀니다],　　신습니까[신씀니까],
신자[신짜],　　　　신자마자[신짜마자],　　신지[신찌] 마세요

예 27: '검다' 활용형의 경음화 2 발음 예

검고[검꼬],　　　　검거든[검꺼든],　　　　검구나[검꾸나],
검기[검끼],　　　　검다가[검따가],　　　　검더니[검떠니],
검더라[검떠라],　　검던[검떤],　　　　　　검습니다[검씀니다],
검습니까[검씀니까],　검지[검찌] 않아요

---

26) 예문으로 '외로울사 이내 몸은 뉘와 함께 돌아갈고'를 들 수 있다.

첫 번째, 'ㄹ어간' 뒤에 평음 어미가 이어질 경우에는 절대로 경음화가 일어나지 않는다. '살다'와 '길다'로 예를 들면 다음과 같다.

예 28: '살다' 활용형에 경음화가 적용되지 않는 발음의 예

살겠어요, 살고, 살거든, 살기, 살다가, 살더니, 살더라, 살도록, 살던, 살자, 살자마자, 살지 마세요

예 29: '길다' 활용형에 경음화가 적용되지 않는 발음의 예

길고, 길거든, 길기, 길다가, 길더니, 길더라, 길던, 길지만, 길지 않아요, 길잖아요

어간과 어미 경계에서 경음화 2가 일어나는 양상을 표로 보이면 다음과 같다.

〈표 13〉 어간과 어미 경계에서 경음화 2가 일어나는 양상

어간 끝자음 \ 어미 첫자음	ㄱ	ㄷ	ㅅ	ㅈ
ㅁ	O	O	O	O
ㄴ	O	O	O	O
ㄹ	X	X	·	X

O: 반드시 적용됨, X: 절대로 적용 안 됨, ·: 예가 없음

위 표에서 보이듯이, 이유는 알 수 없으나 어간 끝자음 'ㅁ, ㄴ' 뒤에서는 모든 평음에 경음화 2가 적용되고 반대로 어간 끝자음 'ㄹ' 뒤에서는 절대로 경음화 2가 적용되지 않는다.

두 번째, 평음 조사는 모두 경음화 2가 적용되지 않는다.
역시 이유는 알 수 없으나, 'ㅁ, ㄴ, ㅇ, ㄹ' 뒤에 이어지는 모든 평음 조사는 절대로 경음화 2가 적용되지 않는다. 학습자들에게는 이러한 획일적인 규칙은 환영할 것이므로 반드시 설명해 주어야 한다.

〈경음화 2는 제한적이고 필수적인 발음 규칙이다〉

경음화 1은 조건이 주어지면 예외 없이 모든 경우에서 경음화가 일어난다는 점에서 보편적이라고 한다. 그런데, 경음화 2는 동일한 음성적 조건하에서 어떤 것은 적용이 되지만, 어떤 것은 적용이 되지 않는다. 이러한 경음화 2의 특성은 적용되는 대상이 일부라는 뜻으로 제한적이라고 한다. 몇몇 교재에서 이러한 경음화 2의 특색을 임의적 혹은 수의적이라고 하는데 그것은 잘못이다. 임의적 혹은 수의적이라고 하는 것은 일정한 발음 규칙이 상황에 따라, 같은 단어에 적용되기도 하고 안 되기도 하는 것을 말한다. 예를 들어, 앞에 기술했던 ㄴ첨가에 있어서, '눈약'을 [눈냑]이라고 하는 사람도 있고 [누냑]이라고 하는 사람도 있다. '눈약'이라는 동일한 단어를 한국어 모어 화자들이 ㄴ첨가를 적용하기도 하고 적용하지 않기도 하는 것이다. 심지어 같은 화자도 혼동되어 때로는 적용하고 때로는 적용하지 않기도 한다. 이런 경우를 임의적 혹은 수의적이라고 한다. 그러나, 경음화 2가 적용되는 '물고기'는 언제든지 [물꼬기]이며, [불고기]는 언제든지 [불고기]이기 때문에 수의적 발음 규칙이라고 하는 것은 옳지 않다. '눈약'은 [눈냑]이든 [누냑]이든 의미 전달에 큰 문제가 없지만 '물고기[물꼬기]'를 [물고기]라고 하는 것은 큰 문제를 일으킬 수 있다. 경음화 2는 제한적이고 필수적이다.

(3) 경음화 3: ㅎ뒤 ㅅ의 경음화(보편적·절대적 경음화)

경음화 3은 'ㅎ'에 관련된 경음화이다. 어간과 어미의 연결 이외에 한 단어 내에서 경음화 3이 일어나는 경우는 없는데, ㅎ어간 뒤에서 ㅅ어미의 'ㅅ'이 경음으로 실현되는 것이 경음화 3이다. '좋다'의 자음 어미 활용형의 예를 보자.

좋다가[조타가], 좋습니다[조씀니다], 좋지만[조치만], 좋고[조코]

앞의 예에서 보듯이, 'ㅎ어간' 뒤에 'ㄱ, ㄷ, ㅈ'이 이어지면 경음화가 일어나지 않고 격음화가 일어난다. 다만, 격음의 짝이 없는 'ㅅ'만이 경음화의 대상이 되어 [ㅆ]로 실현된다. ㅎ어간용언인 '놓다, 낳다, 넣다, 닿다' 등도 모두 같다. '놓습니다[노씀니다], 낳습니다[나씀니다], 넣습니다[너씀니다], 닿습니다[다씀니다]' 등에 보인다. 그렇다면, 이때, 받침으로 쓰인 어간의 'ㅎ'은 어떻게 되는 것일까? 위의 예들을 보면, 어간의 'ㅎ'은 발음이 아예 되지 않는다. 국립국어원의 표준 발음법 12항에는 받침 'ㅎ'의 발음에 대해서 "ㅎ(ㄶ, ㅀ)' 뒤에 'ㅅ'이 결합되는 경우에는, 'ㅅ'을 [ㅆ]로 발음한다.'라고 되어 있고, 예로 '닿소[다쏘], 많소[만쏘], 싫소[실쏘]'를 들고 있다. 이러한 사실은 형태음운론적으로 변동 규칙을 기술하기가 매우 번거롭다. 간단히 기술하면, 'ㅎ+ㅅ'의 연결에서 뒤에 있는 'ㅅ'은 보편·필수적으로 [ㅆ]가 되고 앞에 있는 'ㅎ'은 발음되지 않는다고 할 수 있다. 그러나, 한국어 학습자들에게 그에 대한 세세한 설명을 할 필요는 없다. 다만, 경음화 3의 요인이 되는 어간의 종성 'ㅎ'은 뒤에 있는 'ㅅ'을 경음 [ㅆ]로 발음하게만 할 뿐 자신은 발음이 되지 않는다고 설명하면 충분하다. 'ㅎ'이 오른쪽에 쓰이는 겹받침 ㄶ용언, ㅀ용언도 마찬가지이다. '많다, 옳다, 싫다, 않다' 등을 보면 뒤에 'ㄱ, ㄷ, ㅈ'이 이어질 때는 격음화가 일어나고 'ㅅ'이 이어지면 '많습니다[만씀니다], 싫습니다[실씀니다], 않습니다[안씀니다]'처럼 경음화 3이 적용된다.

ㅎ명사[27]는 실제로는 존재하지 않는다. 다만 '히읗'이라는 명사 하나만이 있을 뿐인데 이마저도 뒤에 모음이 이어질 때는 ㅎ이 [ㅅ]으로 실현[28]된다. '히읗이[히으시], 히읗을[히으슬], 히읗은[히으슨]'에서 확인할 수 있다. 이는 '히읗'이라는 단어는 실제로는 '히읏'이라고 표기를 해야 한다는 것을 알려주는 사실인데, 이에 따라, '히읗' 뒤에 '밖에, 보다, 도, 조차, 과' 등과 같은

---

27) 'ㅎ'으로 끝나는 명사
28) 표준 발음법 제4장 받침의 발음 제15항

조사가 이어지면 '히읗밖에[히읃빠께], 히읗보다[히읃뽀다], 히읗도[히읃또], 히읗조차[히읃쪼차], 히읗과[히읃꽈]'처럼 모두 경음화가 일어난다. 한국어 학습자에게는 '히읗'이라는 명사 및 그와 관련된 어구의 발음을 알려줄 필요는 없지만, 굳이 원한다면 위의 단독형 및 조사 연결형만으로 충분하다.

경음화 3을 요약하면 다음과 같다.

1) ㅎ용언 어간의 경우, 'ㅅ어미'가 이어지면 경음화가 적용되어 'ㅅ'은 [ㅆ]로 실현된다. 그리고, 'ㅎ'은 전혀 발음되지 않는다. 참고로, 'ㅅ어미' 이외의 평음 어미가 이어지면 격음화가 적용된다.

2) ㅎ명사의 경우, 유일한 ㅎ명사인 '히읗'은 뒤에 평음이 이어지면 그 평음은 모두 경음으로 실현되며, 받침 'ㅎ'은 종성 규칙이 적용되어 대표음 [ㄷ]으로 실현된다. ➜경음화 1과 같은 모습이다.

8. 격음화(激音化, 거센소리되기)

1) 격음화의 정의

격음화란 사전적으로는 격음이 아닌 것이 격음이 된다는 뜻인데, 한국어의 변동 규칙에서는 'ㅎ'과 다른 평음들이 축약되어 하나의 격음으로 발음되는 것을 의미한다. 그러므로, 격음화의 주요 요인은 'ㅎ'이라 할 수 있는데 'ㅎ'의 위치가 평음의 앞이냐 뒤이냐에 따라 격음화가 일어나는 양상이 다르다. 평음 뒤에 'ㅎ'이 있는 것을 격음화 1(평음+ㅎ)이라 하고 평음 앞에 'ㅎ'이 놓인 것을 격음화 2(ㅎ+평음)라 하자. 그리고, 한국어 발음 교육에서 위계를 정하기 위해 따로 격음화 3을 설정하는 것이 좋은데 이는 뒤에 구개음화가 반드시 이어지는 격음화를 의미한다. 격음화 3은 '-히-'라고 하는 피동접미사 혹은 사동접미사와 연관된 격음화이다.

2) 세 가지 격음화

(1) 격음화 1: '평음, 격음, 경음+ㅎ'의 격음화

한국어에서는 평음 뒤에 'ㅎ'이 올 경우에는 평음과 'ㅎ'이 축약되어 그 평음의 격음짝으로 발음이 된다. 예를 들어, '입학'은 'ㅂ' 뒤에 'ㅎ'이 있는데 그럴 경우, 'ㅂ'과 'ㅎ'은 축약이 되어 'ㅂ'의 격음짝인 [ㅍ]로 소리가 난다.(입학[이팍]). 그러나, 표기상으로는 평음이 아닌 격음, 경음의 뒤에 'ㅎ'이 이어져도 격음화는 일어난다. 이를 이론적으로 설명하자면, 평음, 격음, 경음이 'ㅎ' 앞이라는 종성 자리에 놓이게 되어 종성 규칙이 적용되어 각각의 대표음인 [ㅂ], [ㄷ], [ㄱ]라는 평음으로 로 실현된 후 그것들이 'ㅎ'과 축약되어 각각 [ㅍ], [ㅌ], [ㅋ]로 소리가 나게 되는 것이다. 예를 들어, 'ㅍ'은 'ㅎ' 앞에서 종성 규칙이 적용되어 [ㅂ]가 되며 (실제로 [ㅂ] 소리는 나지 않는다) 다음에 그 [ㅂ]는 'ㅎ'과 축약이 되어 [ㅍ]가 되는 것이다. 이 과정을 간략히 보이면 다음과 같다.

앞하고
 → 압하고: 종성 규칙
 → 아파고: 격음화 1

이처럼 격음화 1을 이론적으로는 종성 규칙이 적용된 다음에 그 대표음과 함께 격음화가 일어난다고 설명할 수 있으나 학습자들에게 표기와 발음을 한 번에 설명하기 위해서는 전체 과정을 다음 〈표 14〉와 같이 요약할 수 있다. '표기, 발음, 예'로 이루어져 있는데, '표기'의 아래 앞 음절 종성글자와 뒤 음절 초성글자가 만났음을 보이고, 그 표기는 오른쪽에 있는 발음으로 소리되는 것을 보이고 있다. 그 옆에는 그 표기와 발음의 예가 있다.

〈표 14〉 학습자들에게 제시하는 격음화 1

표기		발음	예
앞 음절 종성글자	뒤 음절 초성글자	축약된 발음	
1그룹 ㅂ, ㅍ	ㅎ	[ㅍ]	입학[이팍], 잎하고[이파고]
2그룹 ㄷ, ㅌ	ㅎ	[ㅌ]	맏형[마텽], 겉하고[거타고]
ㅅ, ㅆ			옷하고[오타고]
ㅈ, ㅊ			낮하고[나타고], 꽃향기[꼬탕기]
3그룹 ㄱ, ㅋ, ㄲ	ㅎ	[ㅋ]	역할[여칼], 밖하고[바카고], 부엌하고[부어카고]

결국, 1그룹의 장애음 글자들은 모두 뒤에 오는 'ㅎ'과 더불어 [ㅍ]가 되고, 2그룹은 [ㅌ]가, 3그룹은 [ㅋ]가 되는 것이다. 격음화 1의 예를 더 보이면 다음과 같다.

예 30: 격음화 1의 예

① [ㅍ]로의 격음화(표기상, 'ㅂ, ㅍ'+'ㅎ')
입학[이팍],   접합[저팝],   잎하고[이파고],
옆하고[여파고],   높히다[누피다],   접히다[저피다],
씹히다[씨피다],   집 한 채[지판채]

② [ㅌ]로의 격음화(표기상, 'ㄷ, ㅌ, ㅅ, ㅆ29), ㅈ, ㅊ'+'ㅎ')
겉하고[거타고],   첫해[처태],   맏형[마텽],

---

29) 'ㅆ'+'ㅎ'의 결합은 예를 찾을 수 없으나, 이론적으로는 격음화 1이 적용된다.

꽃향기[꼬턍기], 이웃한테[이우탄테], 팥하고[파타고],
옷하고[오타고], 낮하고[나타고], 낫하고[나타고],
꽃하고[꼬타고] 옷 한 벌[오탄벌], 꽃 한 송이[꼬탄송이]

③ [ㅋ]로의 격음화
한국학[한구칵], 적합[저캅], 삼각형[삼가켱],
육학년[유캉년], 86학번[팔류칵뻔], 박 회장[바퀘장],
가족하고[가조카고], 서녘 하늘[서녀카늘], 부엌하고[부어카고],
밖하고[바카고], 친척한테[친처칸테], 딱 하나만[따카나만],
백 한 명[배칸명], 가격 하락[가겨카락], 수학 학원[수하카뤈],
꼭 하세요[꼬카세요], 반복 학습[반보칵씁], 죽 한 사발[주칸사발],
역사적 합의[역싸저카비], 경제적 효과[경제저쿄꽈]

한국어에는 '〜하다' 꼴의 합성용언이 매우 많다. 그런데 이 경우, '하다' 앞의 어근의 끝음절에 평음, 경음, 격음 받침이 있으면 예외 없이 격음화가 적용되어 발음된다. 이를 '하다 격음화'라 이름 붙이자. 아래에 예가 많이 있다.

예 31: '하다 격음화'의 예

① [ㅍ]로의 격음화
학습하다[학쓰파다], 섭섭하다[섭써파다], 간섭하다[간서파다],
면접하다[면저파다], 찝찝하다[찝찌파다], 억압하다[어가파다]

② [ㅌ]로의 격음화
이웃하다[이우타다], 잘못하다[잘모타다], 못하다[모타다],
풋풋하다[푿푸타다], 손짓하다[손지타다], 욋하다[유타다]

③ [ㅋ]로의 격음화
감격하다[감겨카다], 번역하다[버녀카다], 생각하다[생가카다],
씩씩하다[씩시카다], 끔찍하다[끔찌카다], 강력하다[강녀카다],
부족하다[부조카다], 만족하다[만조카다], 똑똑하다[똑또카다],
어색하다[어새카다], 착하다[차카다], 욕하다[요카다]

(2) 격음화 2: 'ㅎ+평음'의 격음화

격음화 2는 받침으로 표기된 'ㅎ' 뒤에 'ㅅ'을 제외한 평음이 이어질 경우의 격음화이다. '히읗'이라는 명사를 제외하고, 'ㅎ'이 받침으로 쓰이면서 뒤에 자음을 만나는 것은 'ㅎ 용언'뿐이므로 격음화 2는 모두 'ㅎ 용언'의 활용형에서 볼 수 있다. 예를 들어, '넣다'라는 동사의 활용형인 '넣다가, 넣자, 넣고'에서는 모두 격음화가 일어나서 [너타가], [너차], [너코]로 발음된다. 이렇듯 'ㅎ' 뒤에 'ㄷ, ㅈ, ㄱ'이 이어지면 격음화가 일어나서 각각 [ㅌ], [ㅊ], [ㅋ]로 발음이 되는 것이다. 격음어미, 경음어미는 존재하지 않기 때문에 'ㅎ' 뒤에 평음이 아닌 격음, 경음이 이어지는 어형은 없다. 그리고 다섯 개의 평음 가운데 'ㅅ'은 'ㅎ' 뒤에서 앞서 기술한 경음화 3이 적용되고, 'ㅂ'은 'ㅂ어미'가 없기 때문에 격음화 2와 관련이 없다. 결국, 'ㅎ' 뒤에서 격음화 2가 적용되는 대상은 'ㄷ, ㅈ, ㄱ'뿐이다.

격음화 2의 발음 과정을 표로 보이면 다음과 같다.

〈표 15〉 학습자들에게 제시하는 격음화 2

표기		발음	예
앞 음절 종성글자	뒤 음절 초성글자	축약된 발음	
ㅎ	ㄷ	[ㅌ]	넣다가[너타가]
	ㅈ	[ㅊ]	넣자[너차]
	ㄱ	[ㅋ]	넣고[너코]

격음화 2의 예를 더 보자.

예 32: 격음화 2의 예

넣다: 넣다가[너타가], 넣자[너차], 넣지[너치] 마세요, 넣고[너코]
놓다: 놓다가[노타가], 놓자[노차], 놓지[노치] 마세요, 놓고[노코]

찧다: 찧다가[찌타가], 찧자[찌차], 찧지[찌치] 마세요, 찧고[찌코]
닿다: 닿다가[다타가], 닿자[다차], 닿지[다치] 마세요, 닿고[다코]
낳다: 낳다가[나타가], 낳자[나차], 낳지[나치] 마세요, 낳고[나코]
좋다: 좋다가[조타가], 좋지[조치] 않아요, 좋고[조코]
빨갛다: 빨갛다[빨가타], 빨갛지[빨가치] 않아요, 빨갛고[빨가코]
하얗다: 하얗다[하야타], 하얗지[하야치] 않아요, 하얗고[하야코]
커다랗다: 커다랗다[커다라타], 커다랗지[커다라치] 않아요, 커다랗고[커다라코]
얄다랗다: 얄다랗다[얄다라타], 얄다랗지[얄다라치] 않아요, 얄다랗고[얄다라코]

그런데, 격음화 2에는 한국어 교육상 몇 가지 주의해야 할 것들이 있다.

첫째, 격음화 1의 'ㅈ+ㅎ'은 모두 [ㅌ]로 실현되나 격음화 2에서는 'ㅎ+ㅈ'이 [ㅊ]로 실현된다는 것이다. 음운론적으로는 여러 가지 설명이 있으나 한국어 교육의 측면에서 표기와 발음을 일차적으로 설명하기 위해서 위와 같이 설명하였으니 반드시 주의해야 한다.

둘째, 'ㅎ'과 'ㅂ' 사이의 관계이다. 이론적으로는 'ㅎ'과 'ㅂ'이 이어지면 [ㅍ]으로 발음이 될 것이나 한국어의 어미 체계에는 'ㅂ'으로 시작하는 어미가 없기 때문에 격음화 2에서는 [ㅍ]로의 격음화를 찾아볼 수 없다.

셋째, 'ㅎ'과 'ㅅ'의 이어짐이다. 격음의 짝이 없는 'ㅅ'은 'ㅎ 받침' 뒤에서 격음화가 적용되지 않고 경음화 3이 적용되어 'ㅅ'은 자신의 경음 짝인 [ㅆ]로 발음이 된다. 이때 'ㅎ'은 전혀 발음되지 않는다. '넣습니다[너쓰미다]'가 바로 그 예이다.

예 33: 'ㅎ 용언+ㅅ'의 경음화의 예 (경음화 3 관련)

놓습니다[노쓰니다],   놓소[노쏘],
넣습니다[너쓰니다],   넣소[너쏘],
좋습니다[조쓰니다],   좋소[조쏘],
하얗습니다[하야쓰니다],   빨갛습니다[빨가쓰니다]

<격음화 2의 이론적 설명>

음성학적으로는 /ㅎ/와 그 뒤에 있는 /ㄷ/가 축약되어 [ㅌ]가 될 수는 없다. 순서적으로 /ㄷ/ 뒤에 /ㅎ/가 결합되어야 그 둘이 축약되어, [ㅌ]([tʰ])가 되는 것이다. 그렇기 때문에 한국어 형태음운론에서는 이론적으로 'ㅎ+ㄷ'의 결합 순서를 'ㄷ+ㅎ'으로 바꾼다. 이를 '/ㅎ/ 끝소리 자리 바꾸기'(허웅, 1985: 265-266)라 하는데, 격음화 2는 모두 '/ㅎ/ 끝소리 자리 바꾸기'가 적용된 다음에 격음화가 적용된다고 설명하는 것이다. 예를 들어, '좋다'에 보이는 'ㅎ+ㄷ'의 결합 순서를 이론적으로 'ㄷ+ㅎ'으로 바꾼 다음, 격음화를 적용하여 [ㅌ]로 실현된다고 설명하는 것이다. 그런데, 여기서 'ㅎ+ㅈ' 결합의 경우에는 한 가지 예외적인 점이 있다. 예를 들어, '놓지 마세요'의 '놓지'를 보면 'ㅎ+ㅈ' 이 서로 자리를 바꾸면 'ㅈ+ㅎ'이 되는데 그 결과 'ㅈ'은 자연스레 종성 자리에 있게 되는데, 그럼에도 불구하고 'ㅈ'에는 종성 규칙이 적용되지 않고 곧바로 그 둘이 축약되어 격음화 2가 적용되는 것이다: 놓지[노치], 놓자[노차]. 그리고, 이러한 격음화 2는 'ㅎ'이 오른쪽에 있는 겹받침('ㄶ, ㅀ')의 경우에도 나타난다.

ㄶ: -지 않지만[안치만], 많지만[만치만], 끊자[끈차], 괜찮지만[괜찬치만]
ㅀ: 끓자마자[끌차마자], 싫지만[실치만], 뚫지[뚤치] 마세요, 옳지[올치] 않
   아요

이렇듯, ㄶ겹받침, ㅀ겹받침 뒤에 'ㅈ어미'가 이어지면 일단, 세 개의 자음이 이어지는 모습이 되는데 그럴 경우에도 겹받침 줄이기[30]에 의한 자음의 탈락이 일어나지 않고 일단 '/ㅎ/ 끝소리 자리 바꾸기'가 적용된 다음에 격음화가 이어진다. '많지만'으로 그 과정을 보이면 다음과 같다

많지만 → [만ㅈㅎㅣ만]: /ㅎ/ 끝소리 자리바꾸기
      → [만치만]: 격음화 2

그러나, 학습자들에게는 '/ㅎ/ 끝소리 자리바꾸기'와 같은 눈에 보이지 않는 이론적인 설명을 굳이 할 필요는 없다. 다만, 반드시 강조해야 할 것은 격음화

1의 'ㅈ+ㅎ'은 [ㅌ]로 실현되지만(낮하고[나타고]), 격음화 2의 'ㅎ+ㅈ'은 [ㅊ]로 실현된다(놓자[노차])는 것이다.

(3) 격음화 3: 구개음화가 필연적으로 이어지는 격음화

격음화 1에서 표기상 'ㄷ+ㅎ', 'ㅈ+ㅎ'은 모두 [ㅌ]로 축약되는데 그 'ㅎ'이 피동접미사 혹은 사동접미사인 '-히-'의 일부라면 최후의 발음은 격음화 이후 구개음화가 적용되어 [ㅊ]가 된다. 이때 적용되는 구개음화를 특히 구개음화 2로 따로 떼어 구분하였고 이 구개음화 2가 이어지는 격음화를 특별히 격음화 3으로 구분해 낼 수 있다. '닫히다[다치다], 부딪히다[부디치다]'에서 그 예를 찾을 수 있는데, 이때 무조건 'ㄷ+ㅎ→[ㅊ], ㅈ+ㅎ→[ㅊ]'로 교육해서는 안 된다. 격음화 1에 의하면 '맏형[마텽], 낮하고[나타고]'처럼 'ㄷ+ㅎ, ㅈ+ㅎ'은 모두 [ㅌ]로 축약되기 때문이다. '닫히다, 부딪히다'를 예를 들어, 격음화 3과 구개음화 2의 적용 순서를 보면 다음과 같다.

닫히다 → [다티다]: 격음화 3
　　　 → [다치다]: 구개음화 2

부딪히다 → [부디티다]: 격음화 3
　　　　 → [부디치다]: 구개음화 2

'닫히다'의 활용형 가운데 '닫혀요[다처요], 닫혀서[다처서], 닫혀도[다처도]' 등과 같이 어미와 축약된 형태에서도 구개음화가 일어난다. '닫히다, 부딪히다' 뿐만 아니라, '갇히다, 걷히다, 받히다, 꽂히다, 맺히다, 잊히다, 엊

---

30) 허웅(1985, 266쪽)에 "겹받침의 둘째 닿소리는 끝소리 자리에서 없어진다."고 되어 있다.

히다; 굳히다, 뻗히다, 젖히다, 바람맞히다, 알아맞히다, 앉히다' 등과 같이 피동 접미사와 사동 접미사로 쓰인 '-히-'와의 연결형에서는 모두 같은 현상이 벌어진다. 이러한 예에서 보듯이 '얹히다, 앉히다'와 같은 겹받침 용언 어간에도 '격음화 3→구개음화 2'의 순서는 그대로 적용됨을 알 수 있다. 이러한 '격음화 3→구개음화 2'가 연쇄적으로 일어나는 현상은 피동접미사 및 사동접미사의 교과 과정에서 반드시 짚고 넘어가야할 발음 규칙이다.

'ㄷ, ㅈ'과 'ㅎ'사이에 격음화로 얽힌 관계를 따로 정리하면 다음과 같다.

'ㄷ, ㅈ' + ㅎ → [ㅌ] :   격음화 1 적용 예) 맏형[마텽], 젖형제[저텽제]

'ㄷ, ㅈ' + 히_{피/사동} → [치]: 격음화 3→구개음화 2 적용 예) 닫히다[다치다],
부딪히다[부디치다]

ㅎ + ㄷ → [ㅌ]:   격음화 2 적용 예) 놓다가[노타가]

ㅎ + ㅈ → [ㅊ]:   격음화 2 적용 예) 놓지[노치] 마세요

166

9. 비음화(鼻音化, 콧소리되기)

1) 비음화의 정의

표기는 비음이 아닌데 발음은 비음으로 되는 것을 비음화라 한다. 비음화의 기폭제는 'ㅁ, ㄴ, ㅇ'과 같은 비음인데, 그 비음이 어디에 위치하는가에 따라서 그리고 무엇이 비음으로 실현되는가에 따라 비음화 1, 비음화 2로 나뉜다.

2) 두 가지 비음화

(1) 비음화 1: 평음, 격음, 경음의 비음화

비음화 1은 표기상 'ㅁ, ㄴ' 앞에 있는 '평음, 격음, 경음'이 모두 자기 그룹의 비음[31]으로 실현되는 보편·절대적인 발음 규칙이다. 즉, 뒤 음절 초성 자리의 'ㅁ, ㄴ' 앞에서 받침으로 쓰인 평음, 격음, 경음 글자들은 예외 없이, 1그룹은 [ㅁ]으로, 2그룹은 [ㄴ]으로, 3그룹은 [ㅇ]으로 발음된다.

한국어의 형태음운론적 체계로는 장애음이 비음 앞에서 일단 종성 규칙이 적용된 다음에 비음화가 일어나는 것으로 설명하는 것이 이론적이고 합리적이다. 이 과정을 'ㅈ어간용언'의 활용형으로 보자.

> 찢는다 → [찣는다]: 종성 규칙
>   → [찐는다]: 비음화

---

31) 'ㅎ'은 '학습자들을 위한 자음 체계'에서 일정한 자리가 없는 자음으로 취급되었으나 비음화 1에서는 2그룹의 자음들과 같이 /ㄴ/으로 실현된다.

이러한 과정을 하나하나 학습자들에게 설명하기 위해서는 비음화 앞에서 종성 규칙이 적용되어 장애음들은 대표음으로 소리가 나고 그 이후에 그 대표음 [ㅂ], [ㄷ], [ㄱ]가 비음화 된다고 해야 한다. 이미 앞에서 종성 규칙에 대해서 교육을 하였다면 그 과정을 다시 한 번 보이면서 비음화를 가르쳐도 큰 문제는 없을 것이다. 이와 다른 방법으로는 학습자들에게는 평음 글자, 격음 글자, 경음 글자 받침 뒤에 'ㅁ'이나 'ㄴ'이 이어지면 평음, 격음, 경음 글자들은 각각 자신이 속한 그룹의 비음으로 발음이 된다고 가르치는 것이다. 학습자들의 머릿속에 '한국어 학습자들을 위한 자음 체계'가 들어 있다면 대표음을 거치지 않고 직접 비음으로 갈 수 있는 것이니 형태음운론적 이론에는 맞지 않는다 해도 교육적으로는 간단하고 효과적일 수 있다. 말하자면, 위에 든 '찢는다'의 발음을 직접 [찐는다]로 가르치는 것인데, 'ㅎ'을 포함한 어떤 장애음에도 적용되는 과정을 보이면 다음과 같다.

〈표 16〉 학습자들에게 설명하기 위한 비음화의 과정 및 예

	앞 음절 종성글자			뒤 음절 초성글자
	1그룹	2그룹	3그룹	
표기	ㅂ, ㅍ	ㄷ, ㅌ ㅅ, ㅆ ㅈ, ㅊ ㅎ	ㄱ, ㅋ, ㄲ	ㅁ, ㄴ
↓	↓	↓	↓	↓
발음	[ㅁ]	[ㄴ]	[ㅇ]	변화없음
예	입만[임만] 입는다[임는다] 씹는[씸는] 앞만[암만] 짚는다[짐는다] 깊니[김니]	걷는다[건는다] 겉만[건만] 옷마다[온마다] 만났니[만난니] 낯말[난말] 꽃노래[꼰노래] 놓는다[논는다]	작년[장년] 식물[싱물] 부엌만[부엉만] 겪는다[경는다] 깎는[깡는] 꺾는[껑는]	

비음화가 일어나는 환경을 형태론적으로 나열해 보자. 'ㅁ'이나 'ㄴ'으로 시작하는 조사나 어미는 비음화를 일으킬 여지가 많다. 그러나, ㄴ조사로 분류되는 '는, 나, 나마'는 모음에만 연결되므로 비음화가 적용될 근거가 없고 'ㅁ어미32)'는 아예 존재하지 않으므로 비음화하고는 전혀 관련이 없다. 결국, 비음화가 자주 일어날 가능성이 있는 것은 'ㅁ조사'와 'ㄴ어미'로 좁혀진다. 그러나, 'ㅁ조사' 가운데에서도 '마는33)'은 '-다, -냐, -자, -랴, -지' 같은 모음으로 끝나는 종결 어미에만 연결되므로 비음화와 관련이 없으며 조사 '며'도 자음 뒤에서는 '이며'가 되므로 비음화 관련 조사 목록에서 제외된다. 비음화와 관련되는 ㅁ조사와 ㄴ어미의 예를 보면 아래와 같다.

〈비음화와 관련된 'ㅁ조사'와 'ㄴ어미'〉

> ㅁ조사: 만34), 마다, 마저, 만큼, 만치
> ㄴ어미: -는다, -니, -네, -는구나, -는, -느라고, -나, -내

이렇듯, 'ㅁ조사'나 'ㄴ어미'가 평음, 격음, 경음 받침이 있는 체언이나 어간 및 또 다른 어미의 끝에 이어지면 비음화가 일어난다. 그런데, 평음, 격음, 경음 받침이 있는 체언이나 어간 및 어미의 수는 매우 많으므로 그것들이 나올 때마다 학습자들에게 비음화를 강조할 수는 없다. 그보다는 'ㅁ조사'나 'ㄴ어미'가 등장할 때마다 비음화를 언급할 필요가 있다.

비음화를 유발하는 비음 [ㄴ]이 표기에 보이지 않는 비음화가 있다. 앞서

---

32) 자음 어미, 모음 어미는 '먹다' 동사의 활용형으로 결정된다. 그러므로 '가며, 가면서, 가면' 등의 '-며'는 '먹으며, 먹으면서, 먹으면'에서 보는 바와 같이 자음 어미 가운데 '으형어미'로 분류된다.
33) '가고 싶다마는, 가겠냐마는, 하고 싶지마는' 등인데 이 조사 '마는'의 준말인 '만도 마찬가지이다.
34) 조사 '만' 뒤에 다른 보조사가 이어질 수 있다. 예를 들어, '만은, 만으로, 만도' 등인데 이런 것들을 모두 나열하지는 않았다. 같이 제시된 '마다, 마저, 만큼, 만치'도 마찬가지이다.

나온 'ㄴ첨가 2'에서 언급한 바 있는데 '꽃잎[꼰닙], 색연필[생년필], 십육[심뉵], 잡일[잠닐], 한국 요리[한궁뇨리], 남극양[남궁냥], 교환양[교환냥], 학습용[학씀늉], 고급유[고금뉴]' 등은 모두 첨가된 [ㄴ]이 원인이 되어 그 앞에 표기된 평음, 격음, 경음이 비음으로 발음되는 비음화 1의 예들이다.

비음화는 결과적으로 장애음들이 [ㅁ], [ㄴ], [ㅇ]으로 발음되는 것인데 그에 따라 비음화가 적용되는 모습을 보자.

가) 비음화 1-1: [ㅁ]으로의 비음화

비음화 1-1은 그룹1의 'ㅂ, ㅍ'이 비음인 'ㅁ, ㄴ' 앞에서 어떤 경우를 막론하고 반드시 [ㅁ]으로 발음되는 규칙이다. 'ㅃ'은 받침으로 쓰이는 예가 없으므로 비음화의 대상에서 제외된다.

초급 교육 과정에 바로 나오는 '-습니다[슴니다], -습니까[슴니까], -입니다[임니다], -입니까[임니까]'에서 보이는 것이 모두 [ㅁ]으로의 비음화이다. 또, 'ㅂ용언, ㅍ용언'은 예외 없이 'ㄴ어미' 앞에서 비음화가 일어난다. '입는다[임는다], 입니[임니], 입네[임네], 입는구나[임는구나], 입는[임는]; 엎는다[엄는다], 엎니[엄니], 엎네[엄네], 엎는구나[엄는구나], 엎는[엄는]' 등의 예가 있다. 'ㅁ조사'인 '만, 마저' 등이 'ㅂ, ㅍ' 뒤에 이어질 경우에도, 앞에 있는 'ㅂ, ㅍ'는 예외 없이 [ㅁ]으로 발음된다. '집만[짐만], 집마저[짐마저], 잎만[임만], 잎마저[임마저]' 등의 예가 있다. 구 차원에서도 비음화가 일어난다. '옆 나라[염나라], 일곱 난쟁이[일곰난쟁이], 직접 만든[직쩜만든]' 등은 모두 구 차원에서 비음화가 적용된 예들이다.

나) 비음화 1-2: [ㄴ]으로의 비음화

비음화 1-2는 그룹2의 'ㄷ, ㅌ, ㅅ, ㅆ, ㅈ, ㅊ, ㅎ'이 'ㅁ, ㄴ' 앞에서 어떤 경우를 막론하고 반드시 [ㄴ]으로 발음되는 규칙이다. 'ㄸ, ㅉ'은 받침으로 실현되지 않으므로 비음화의 대상에서 제외된다.

시상형태소인 '-었-, -겠-'의 'ㅆ'은 ㄴ어미 앞에서 언제나 [ㄴ]으로 실현된다. 구체적으로 예를 보이면 '-었는데[언는데], -었니[언니], -었네[언네], 었나[언나], 었내[언내]; -겠는데[겐는데], -겠니[겐니], -겠네[겐네], -겠나[겐나], -겠내[겐내]'와 같다. 특히 시상형태소 '-었-'은 모음 어미이기도 하므로 연음화와도 관련이 깊다는 것을 학습자들에게 강조할 필요가 있다. '먹었는데[머건는데]'의 예를 보면 표기 형태인 '-었-'이 있던 둘째 음절 자리에 [건]이 들어와 있는데 이는 시각적으로 머릿속에 저장되어 있는 형태와 너무 다르기 때문에 주로 글로 쓰여진 교재를 통해서 한국어를 배우는 학습자의 입장에서 [머건는데]를 듣고 '먹었는데'의 의미를 이해하는 것이 그리 쉬운 일은 아니다. 더 나아가서, '만나다'의 활용형인 '만났는데'에서는 표기 상으로는 과거완료를 나타내는 부분 'ㅆ'이 '-었-'이라는 형태와 그나마 관련이 있지만 발음상으로는 [만난는데]가 되어 어느 부분도 '-었-'과의 연관성을 찾을 수 없다. 올바로 발음하는 것도 물론 중요하지만 그만큼 듣고 이해하는 연습도 필요하다.

'ㄷ어간, ㅌ어간, ㅅ어간, ㅈ어간, ㅊ어간'은 정칙, 변칙에 관계없이 ㄴ어미가 이어지면 비음화가 일어나며, '좋다'로 대표되는 'ㅎ정칙어간'은 ㄴ어미 앞에서 비음화가 적용된다. '하얗다'로 대표되는 'ㅎ 변칙어간'은 어떤 ㄴ어미 활용형에서 표기 자체가 '하야-'로 바뀌는데 이런 것들은 비음화하고는 아무런 관련이 없다. 예를 들어 '하야니까, 하야네' 등은 비음화와는 전혀 관련이 없다. 그러나, 어간의 'ㅎ'이 표기되는 ㄴ어미 활용형 '하얗니?[하얀니], 하얗네[35][하얀네], 하얗내[하얀내]'는 비음화가 적용된다. ㅎ변칙어간의 활용형

자체는 발음 교육의 대상이 아니지만 비음화가 일어나는 활용형은 비음화와 관련이 있으므로 발음 교육에서 책임져야 한다.

다) 비음화 1-3: [ㅇ]으로의 비음화

비음화 1-3은 그룹3의 'ㄱ, ㅋ, ㄲ'이 'ㅁ, ㄴ' 앞에서 어떤 경우를 막론하고 반드시 [ㅇ]으로 발음되는 규칙이다. 비음화 1, 2와 달리, 그룹 3의 평음, 격음, 경음은 모두 비음화의 대상이다.

ㄱ어간, ㄲ어간36)은 모두 비음화의 대상이 된다.

〈ㄱ어간과 ㄲ어간용언의 활용형에서 보이는 비음화〉

ㄱ어간의 비음화: 먹는대[멍는대], 먹니[멍니], 먹는구내[멍는구내], 먹는[멍는]
ㄲ어간의 비음화: 볶는대[봉는대], 볶니[봉니], 볶는구내[봉는구내], 볶는[봉는]

ㄱ명사와 함께, ㅋ명사와 ㄲ명사도 비음화의 대상이 된다. ㄱ명사는 숫자가 많으니 일일이 나열할 수 없으나, ㅋ명사와 ㄲ명사를 벌여보면 아래와 같다.

〈ㅋ명사와 ㄲ명사〉

ㅋ명사: 동녘, 남녘, 서녘, 북녘, 들녘, 윗녘, 부엌, 새벽녘, 저녁녘, 저물녘
ㄲ명사: 밖, 안팎

---

35) ㅎ변칙어간에 '-네'가 첨가될 경우에는 어간의 ㅎ이 탈락된 형태인 '하야네'와 어간이 변하지 않은 '하얗네'가 모두 표준 표기로 되어 있다.

36) ㄲ어간용언은 의외로 빈도가 높은 단어들이 많다: 겪다, 깎다, 꺾다, 낚다, 닦다, 묶다, 볶다, 섞다, 솎다, 엮다, 뒤섞다, 들볶다, 갈고닦다.

비음화 1은 자음과 자음이 만났을 때 일어나는 발음 규칙 가운데 가장 정형화된 것이다. 게다가 사용 빈도도 매우 높으므로 받침으로 쓰인 모든 평음, 격음, 경음은 비음 앞에서 필수적으로 자신들이 속한 그룹의 비음으로 발음해야 된다는 것을 학습자들은 반드시 익혀 두어야 한다.

(2) 비음화 2: 유음의 비음화(ㄹ의 /ㄴ/되기)

비음화 2는 비음 /ㅁ/, /ㄴ/, /ㅇ/ 뒤에 있는 유음 'ㄹ'이 /ㄴ/으로 실현되는 것이다. 그 가운데 'ㅁ, ㅇ' 뒤에서 실현되는 'ㄹ'의 비음화를 비음화 2-1이라하고 'ㄴ' 뒤에서 실현되는 'ㄹ'의 비음화를 비음화 2-2라 하자. 비음화 2-1은 보편·절대적인 규칙이고 비음화 2-2는 몇몇 단어에서만 적용되는 제한적37) 규칙이다. 비음화 2의 예는 아래와 같다.

가) 비음화 2-1: 'ㅁ, ㅇ' 뒤에서의 유음의 비음화

'ㅁ, ㅇ' 뒤에 'ㄹ'이 이어지면 보편적이고 절대적으로 뒤에 있는 'ㄹ'은 [ㄴ]으로 발음된다. 아래의 예들을 보자.

예 34: ㅁ+ㄹ에서 ㄹ의 ㄴ되기의 예

심리[심니], 삼라만상[삼나만상], 감량[감냥], 심란하다[심난하다], 남루[남누], 삼류[삼뉴], 염라대왕[염나대왕]

예 35: ㅇ+ㄹ에서 ㄹ의 ㄴ되기의 예

종로[종노], 정리[정니], 생략[생냑], 승리[승니], 청량리[청냥니], 장롱[장농]

---

37) 'ㄴ+ㄹ'은 /ㄹ//ㄹ/(난로[날로]) 혹은 /ㄴ//ㄴ/(생산량[생산냥])으로 실현된다.

나) 비음화 2-2: 'ㄴ' 뒤에서의 유음의 비음화

비음화 2-2는 'ㄹ'을 초성으로 가진 1음절 한자어가 자립성을 지닌 2음절 이상의 단어 끝음절의 'ㄴ'과 만났을 때 일어나는 발음 규칙이다. 먼저 다음의 예들을 보자.

〈비음화 2-2가 실현되는 1음절 한자어 및 단어 예〉

-란(亂): 임진란
-란(欄): 구인란, 통신란
-량(量): 생산량, 발전량
-력(力): 판단력, 견인력, 결단력, 계산력, 고탄력, 공권력, 공신력, 발전력
-령(令): 동원령(動員令)
-례(禮): 상견례
-로(爐): 용선로(鎔銑爐), 전환로(轉換爐), 혼선로(混銑爐)
-로(路): 신촌로, 강변로, 등산로, 전선로 전진로, 접근로, 횡단로
-록(錄): 견문록, 발언록
-론(論): 음운론, 낙관론, 다신론, 비관론, 독단론, 명분론, 모순론, 민권론
-료(料): 우편료, 입원료
-류(類): 생선류, 구근류
-리(里): 하안리, 일산리

대표적으로 '신촌로'는 '신촌'과 '-로(路)'로 구성된 단어인데, '-로'의 'ㄹ'이 앞에 있는 'ㄴ'의 영향으로 [ㄴ]이 되어 결국 [신촌노]로 발음된다.

위의 예에 나온 '발전력(發電力)[발쩐녁]'을 '전력(電力)[절력]'과 대조해 보자. '-력'이라는 접미사 앞에 '발전'이라는 자립적인 단어가 있을 경우에는 비음화 2-2가 적용되지만 '전력'이라는 한 단어 내에서는 거꾸로 'ㄴ'이 [ㄹ]로 실현된다. '-력' 앞의 단어가 자립성이 있어야 비음화 2-2가 적용됨을 알 수

있다. 다시, '선로(線路)[설로]'를 보자. '선(線)'은 자립적인 단어이지만 비음화 2-2가 적용되지 않는다. 이를 통해 '2음절 이상의 단어'라는 조건을 만족해야 비음화 2-2가 적용됨을 알 수 있다. 자립성이 있으나 1음절어이기 때문에 비음화 2-2 적용되지 않는 단어들은 더 있는데, '산류(酸類), 산림(山林)[38], 신력(神力)' 등이 그 예이다. 이 예들은 모두 표준국어대사전의 표제어이며 발음은 역시 'ㄴ'이 [ㄹ]로 실현된 것으로 기재되어 있다. 또, '대관령(大關嶺)'을 보면 '-령(嶺)'은 접미사이고 '대관'도 2음절이나 자립적으로 쓰이지 않기 때문에 비음화 2-2가 적용되지 않는다. '대관령'의 발음은 [대괄령]이다. '산신령[산실령]'은 '산'과 '신령'으로 분석되므로 비음화 2-2와 관련이 없다.

'~로(爐)' 구성 단어 중 '신선로(神仙爐)'는 비음화 2-2의 조건을 모두 갖췄음[39]에도 불구하고 발음은 [신선노]가 아니고 [신설로]이다. 표준국어대사전에서는 '신선-로'로 형태소 성분 분석이 되어 있지만 실제로 한국어 모어 화자의 머릿속에는 두 개의 형태소라는 개념이 없기(없어졌기) 때문에 비음화 2-2가 적용되지 않은 것일 수도 있다.

표준국어대사전에서는 거리를 나타내는 '리(里)'는 의존명사이고 행정 구역을 나타내는 '리(里)'는 명사이다. 둘 다 접미사가 아니다. 그러므로, 이러한 사전의 품사 처리에 따르면 한반도를 비유적으로 이르는 '삼천-리(三千里)'는 [삼철리]가 올바른 발음이며 지명인 '하안리, 일산리'도 [하얄리], [일살리]가 되어야 한다. 그러나, 실제 현실 발음에서 '하안리, 일산리'는 [하안니], [일산니]로 실현되는데 이로 미루어, 행정구역을 나타내는 '리(里)'는 사전적

---

38) 표준국어대사전에 '-림'은 접미사로 되어 있으며, '보관림, 자연림, 시원림, 보존림' 등은 모두 비음화 2-2가 적용된 [보관님], [자연님], [시원님], [보존님]이 표준 발음으로 기재되어 있다.

39) 표준국어대사전에 '신선-로'와 같이 형태소 분석이 되어 있으며 '신선'은 자립적으로 쓰이고 '-로'는 접미사이다.

으로는 명사이지만 접사의 성격이 강한 것으로 추정된다. 한국어 교육 측면에서는 빈도가 매우 높은 지명이라면 모르겠지만 모든 지명을 제시할 필요는 없으며 그보다는 한국을 비유적으로 나타내는 '삼천-리(三千里)'가 오히려 사용 빈도가 높은 단어이므로 그 단어의 발음만큼은 반드시 교육해야 한다.

앞에 든 예들은 지명(신촌로, 하안리, 일산리)을 제외하고는 모두 표준국어대사전의 표제어들이고 발음란에도 역시 비음화 2-2가 적용된 발음이 기재되어 있다. 이처럼 그 수가 적지 않은데, 한국어 모어 화자조차 의미 파악이 힘든 전문 용어 및 사용 빈도가 낮은 단어들이 있으므로 교사들은 학습자들의 수준에 맞춰서 적절한 단어를 제시하여야 한다. 단, 교재에 비음화 2-2가 실현되어야 하는 단어들이 출현하면 반드시 그 단어들의 발음을 다시 한 번 일깨워 줘야 한다. 그렇지 않으면 자칫 'ㄴ'을 /ㄹ/로 발음하는 오류를 범할 수 있기 때문이다.

위에 기술한 내용을 요약하여 학습자들을 위한 비음화 2-2 규칙을 세워 보면 다음과 같다.

〈표 17〉 학습자들을 위한 비음화 2-2 규칙

AB가 있다. 예를 들어, '생선'이 A이고 접미사 '-류'가 B이다.

조건
① A는 두 음절 이상의 명사이다.
② A의 끝에 'ㄴ' 받침이 있다.
③ B는 1음절 한자어 접미사로 초성 자리에 'ㄹ'이 있다.

규칙
초성 자리의 'ㄹ'은 [ㄴ]으로 발음된다.

〈능(陵), 태릉(泰陵), 정릉(貞陵), 선릉(宣陵)〉

능(陵)의 발음은 그 자체로는 그리 어렵지 않다. 한자인 '陵'의 발음은 [릉]이지
만 두음 법칙에 의해 '능'으로 표기되고 [능]으로 발음된다. 품사는 명사이다.
그러나, 두음의 위치가 아닌 위치에서의 표기는 '릉'이 된다. 그에 의한 표기인
'태릉'은 발음이 [태릉]이다. 그런데, '서삼릉, 정릉'의 '릉'은 각각 'ㅁ, ㅇ'
뒤에 있기 때문에 비음화 2 즉, 'ㄹ의 ㄴ되기'에 의해 발음은 [서삼능], [정능]이
된다. '선릉'은 '릉'이 접사가 아니기 때문에 또 '선'자체도 독립성이 있는
단어가 아니므로 비음화 2-2가 적용될 수 없다. 그러므로, '선릉'의 표준
발음은 [선능]이 아니라 [설릉]이 된다. 표준 발음은 이렇지만 현실 발음은
좀 복잡해진다. 단독형의 발음인 [능]과 '서삼릉, 정릉'에서의 '릉'의 발음인
[능]의 영향으로 '태릉, 선릉'도 [태릉], [설릉] 대신 [태능], [선능]이 되기
일쑤이다. 이런 예들은 발화 교육 측면에서는 정확한 표준 발음만 가르쳐도
문제가 없지만, 듣고 이해하기 교육 측면에서는 표준 발음과 함께 현실 발음도
가르쳐야 의사소통에 실패하지 않는다.

10. 유음화(流音化, 흐름소리되기)

1) 유음화의 정의

허웅(1985)에서는 한국어에서 한 형태소 내부에서 혹은 두 형태소 경계에
서 'ㄹ'과 'ㄴ'이 각각 제 음가를 가지고 이어질 수는 없다고 하고 있다.

(ㄴ) /ㄹ/ 첫소리는 /ㄹ/ 이외의 다른 끝소리에는 이어지지 않는다.
　　　　　　　　　　　(중략)
(ㄹ) /ㄴ/ 첫소리는 /ㄹ/ 끝소리에도 이어날 수 없다.

(허웅, 1985:241쪽)

앞 인용의 (ㄴ)은 /ㄹ/ 첫소리는 /ㄹ/ 끝소리 뒤에서만 소리가 난다는 뜻인데, 이는 형태소 경계에서 'ㄹ 이외의 자음 + ㄹ'의 순서로 만나면 둘 중의 하나 혹은 둘 다 소리가 바뀐다는 것이다. 또 앞 인용의 (ㄷ)은 형태소 경계에서 'ㄹ + ㄴ'의 순서로 만났을 때, 뒤에 있는 /ㄴ/ 첫소리가 무조건 /ㄹ/로 바뀌는 현상을 의미한다. 다른 자음은 일단 미뤄 두고 'ㄴ'과 'ㄹ' 사이에서 'ㄴ'이 'ㄹ'의 영향으로 [ㄹ]로 발음되는 것을 유음화라 한다. 그리고, 거꾸로 'ㄹ'이 [ㄴ]으로 발음되는 것은 앞서 언급한 비음화 2-2이다. 유음화는 'ㄴ'과 'ㄹ'의 위치에 따라 유음화 1과 유음화 2로 구분된다.

2) 두 가지 유음화

(1) 유음화 1(순행적 유음화): 'ㄹ+ㄴ'에서의 ㄴ의 유음화

유음화 1은 초성 자리의 'ㄴ'이 앞 음절 종성의 'ㄹ' 뒤에서 [ㄹ]로 발음되는 규칙이다. 유음화 1은 조건만 맞으면 모든 단어 및 구에서 반드시 적용되는 보편·필수적 규칙이다. 예를 보면 다음과 같다.

예 36: 유음화 1(순행적 유음화)

달나래[달라라],	설날[설랄],	칼날[칼랄],	설날[설랄],
말년[말련],	실내[실래],	별나다[별라다],	발 냄새[발램새],
일 년[일련],	말 놓으세요[말로으세요],		잘 녹는다[잘롱는다]

뒤에 있는 'ㄴ'이 앞에 있는 'ㄹ'의 영향을 받아 소리가 달라지는 것이므로 순행적이라 하는 것이고 유음이 아닌 'ㄴ'이 유음인 [ㄹ]로 소리가 나므로 유음화라 하는 것인데, '유음+비음' 즉 서로 다른 것끼리의 결합에서 '유음+유음' 즉 같은 것끼리의 결합으로 변하여 발음이 되므로 동화(同化, assimilation)라고 할 수 있다.

ㄹ변칙 어간은 ㄴ어미 앞에서 예외 없이 'ㄹ'이 탈락하기 때문에 유음화 1이 일어날 근거가 없다. ㄹ변칙 어간의 ㄴ어미 활용형을 보이면 다음과 같다.

예 37: ㄹ변칙 어간의 ㄴ어미 활용형('만들다'를 예로 들어서)

만들다 : 만드는, 만드니?, 만드네, 만드니까, 만드느라고, 만드는데, 만드냐고

이러한 ㄹ변칙 어간의 활용형은 발음 규칙의 교육 내용이 아니다. 그러나, ㄹ겹받침 어간의 경우는 사정이 다르다. ㄼ겹받침 어간(넓다, 짧다, 드넓다, 떫다, 얇다, 엷다) 가운데 하나인 '넓다'를 대표로 해서 ㄴ어미 활용형을 보자. '넓니? 넓네의 발음은 [널리], [널레]가 되는데 ㄼ겹받침의 일부인 'ㅂ'이 탈락된 후 'ㄹ+ㄴ'의 환경에서 유음화 1이 적용된 것이다. ㄼ겹받침형용사어간도 같은 과정으로 같은 발음 규칙이 적용된다. 또, ㄾ겹받침 어간(핥다)과 ㅀ겹받침 어간(옳다, 끓다, 잃다)도 마찬가지로 ㄴ어미가 어간에 붙으면 겹받침 가운데 ㄹ이 아닌 다른 자음이 탈락된 후 남은 ㄹ의 영향으로 유음화 1이 적용된다.

예 38: ㄹ겹받침 어간의 ㄴ어미 활용형 및 발음

넓다: 넓니?[널리], 넓네[널레]
핥다: 핥니?[할리], 핥네[할레], 핥는[할른]
끓다: 끓니?[끌리], 끓네[끌레], 끓는[끌른]

그런데, ㄼ겹받침어간용언 가운데 유일한 동사인 '밟다'는 다른 ㄼ겹받침용언과 다르게 발음 규칙이 적용된다. '밟다'의 ㄴ어미 활용형인 '밟는, 밟네, 밟니?'는 각각 [밤는][40], [밤네], [밤니]로 발음되는데 겹받침의 'ㄹ'과 'ㅂ' 가운데 'ㄹ'이 탈락된 후 비음화가 적용된 결과이다. 왜 '밟다'만 다르게 발음하

는지는 알 수 없으나, 사용 빈도가 높은 단어이므로 발음 교육을 반드시 해야만 하는 단어이다.

ㄴ첨가 3(A의 받침이 'ㄹ'인 ㄴ첨가)을 보면 첨가된 [ㄴ]이 앞 음절 종성의 'ㄹ'의 영향으로 [ㄹ]로 실현된다는 설명이 있다. '서울역'은 [서울녁](ㄴ첨가)을 거쳐 [서울력](유음화 1=순행적 유음화)이 되는 것인데 이 과정에서 유음화 1이 적용됨을 볼 수 있다. '물약, 알약. 잠실역; 할 일, 만날 약속' 등 사용 빈도가 높은 단어 및 구가 많으므로 반드시 학습자들에게 반복해서 교육해야 한다.

(2) 유음화 2(역행적 유음화): 'ㄴ+ㄹ'에서의 ㄴ의 유음화

유음화 2는 종성 자리의 'ㄴ'이 뒤 음절 초성 자리의 'ㄹ'의 영향으로 [ㄹ]로 발음되는 규칙이다. 뒤에 있어서 아직 나오지도 않은 'ㄹ'의 영향으로 앞서 나오는 'ㄴ'이 [ㄹ]로 발음되는 것은 마치 아버지가 아직 태어나지 않은 아들을 닮는 꼴이니 순리적으로 이해할 수 없는 규칙이기 때문에 역행적 규칙이라 하는 것이다. 예를 보면 다음과 같다.

예 39: 유음화 2(역행적 유음화)

원래[월래],	난로[날로],	진리[질리],	원료[월료],
혼란[홀란],	인류[일류],	신림동[실림동],	신라호텔[실라호텔],
곤란[골란],	대관령[대괄령],	권리[궐리],	전력[절력],
탄로[탈로],	난리[날리],	천리[철리],	권력[궐력],
진리[질리],	논리[놀리],	분량[불량],	한라산[할라산],
전라도[절라도]			

---

40) 표준국어대사전에는 '밟는[밤:-]'과 같이 장음 부호가 들어 있으나 여기서는 무시한다.

유음화 2는 고유어에서는 잘 보이지 않는다. 고유어 가운데 단순어에서는 'ㄴ+ㄹ'의 결합이 아예 없고, 또 'ㄹ'로 시작하는 단어도 없기 때문에 복합어에서도 'ㄴ+ㄹ'의 결합을 볼 수 없는 것이다. 게다가, ㄴ체언이나 ㄴ어간 뒤에 ㄹ조사나 ㄹ어미가 이어지는 경우도 없기 때문이다. 예를 들어 '로'라는 조사는 '손, 부산' 같은 ㄴ명사 뒤에서 '으로'가 되며(손으로, 부산으로), '-러, -려고' 같은 어미는 '안-, 신-' 같은 ㄴ어미 뒤에서 '-으러, 으려고'가 되기(안으러, 안으려고, 신으러, 신으려고) 때문이다. 그러므로 유음화 2는 주로 한자어 내부에서 흔히 보인다.

그런데, 'ㄴ+ㄹ'의 환경에서 모든 단어에서 유음화 2(역행적 유음화)가 적용되는 것은 아니다. 비음화 2-2에 나타난 바와 같이 뒤에 있는 초성 자리의 'ㄹ'이 /ㄴ/으로 실현되는 예(신촌로[신촌노], 생산량[생산냥] 등)가 있기 때문이다. 그런 관계로 유음화 2와 비음화 2-2는 둘 다 제한적 규칙이다.

유음화 1이든 유음화 2이든 유음화가 적용되었다는 것은 두 개의 [ㄹ]이 연이어서 발음된다는 것이다. 'ㄹ'의 종성 발음에서 언급한 바와 같이 그럴 경우에는 경구개 설측음 [ʎ][ʎ]으로 발음되는 것이므로 발음법에 대한 교육을 다시 한 번 할 필요가 있다.

'ㄴ+ㄹ, ㄹ+ㄴ'은 [ㄹ][ㄹ] 혹은 [ㄴ][ㄴ]으로 발음을 하는데 이러한 내용을 요약하면 다음과 같다.

'ㄴ+ㄹ'에서 'ㄴ의 ㄹ되기'(유음화 2): 신라[실라], 원래[월래],
전력[절력], 진리[질리]
'ㄴ+ㄹ'에서 'ㄹ의 ㄴ되기'(비음화 2-2): 신촌로[신촌노], 생산량
[생산냥],
발전력[발쩐녁]
'ㄹ+ㄴ'에서 'ㄴ의 ㄹ되기'(유음화 1): 달나라[달라라], 설날[설랄],
불놀이[불로리]
'ㄹ+ㄴ'에서 'ㄹ의 ㄴ되기': 없음

결국, 'ㄴ+ㄹ'의 연쇄는 유음화 2가 적용되어 [ㄹ][ㄹ]이 되거나 비음화 2-2가 적용되어 [ㄴ][ㄴ]이 된다. 그런데, 어떤 단어는 어떤 발음이 표준 발음인지 결정하기 힘든 경우가 있다. '원룸, 신라면'을 대표적인 예를 들 수 있는데 이 두 단어는 현재 한국어에서 사용 빈도가 매우 높은 단어들임에도 불구하고, 상품명 '신라면'은 표준국어대사전에 등재되어 있지 않고 '원룸'은 사전에는 등재되어 있으나 외래어로 구성된 단어이기 때문에 발음이 기재되어 있지 않다. 이런 상황에서 모든 한국어 모어 화자들이 압도적으로 '[월룸] 혹은 [원눔]', '[실라면] 혹은 [신나면]' 중의 하나로만 발음을 한다면 거기에 맞춰서 교육을 할 수 있지만 현실적으로는 발음에서 세대 차이가 나는 현상을 발견할 수 있기 때문에 한 개의 발음을 표준 발음이라고 교육하기가 힘들다. 다만, 표준어 규정에 의하면 [월룸], [실라면]이 표준 발음으로 될 것이므로 먼저, 이 두 발음을 교육하고 나머지 [ㄴ][ㄴ]으로 발음되는 [원눔], [신나면]도 부수적으로 가르쳐야 한다. [월룸], [실라면]만 교육한다면 학습자들은 [원눔], [신나면]으로 발음하는 적지 않은 숫자의 한국어 모어 화자의 말을 듣고 이해할 수 없게 되기 때문이다. 문제는 여기서 그치지 않는다. 젊은 세대의 경우에는 심지어 [ㄴ][ㄹ]의 연쇄를 어려움 없이 발음하여 [원룸], [신라면]으로 발음하는 것도 어렵지 않게 들을 수 있기 때문이다. 유음화 1보다 유음화 2의 교육이 더욱 복잡하고 어렵다는 것을 염두에 두고 교사들은 적절히 발음 교육을 해야 한다.

11. 겹비음화

평음, 격음, 경음 뒤에 'ㄹ'이 이어질 경우에는 예외 없이 'ㄹ'은 [ㄴ]으로 발음되고, 동시에 받침으로 쓰인 평음, 격음, 경음은 모두 자기가 속한 그룹

182

의 비음으로 발음된다. '합리'를 예를 들면, 'ㅂ+ㄹ' 연쇄를 볼 수 있는데 받침으로 쓰인 'ㅂ'은 [ㅁ]으로 발음되고 뒤에 이어진 'ㄹ'은 [ㄴ]으로 발음되어 결국, [함니]가 된다. 이를 더 확장하면, 장애음 뒤에 'ㄹ'이 이어질 경우에는 그 둘이 모두 자기가 속한 그룹의 비음으로 발음되는 것을 알 수 있다. 이렇듯 양쪽이 모두 비음으로 발음되기 때문에 겹비음화라고 이름 붙인 것이다. 이 과정을 표로 보이면 다음과 같다.

〈표 18〉 학습자들에게 설명하기 위한 겹비음화의 과정 및 예

표기	앞 음절 종성글자			뒤 음절 초성글자
	1그룹	2그룹	3그룹	
	ㅂ, ㅍ	ㄷ, ㅌ ㅅ, ㅆ ㅈ, ㅊ	ㄱ, ㅋ, ㄲ	ㄹ
	↓	↓	↓	↓
발음	[ㅁ]	[ㄴ]	[ㅇ]	[ㄴ]
예	합리[함니]	핫라인[한나인]	식량[싱냥]	
	섭리[섬니]	곶리도[곤니도]	극락[긍낙]	
	법률[범뉼]	통꽃류[통꼰뉴]	맥락[맹낙]	
	십 리[심니]	갈래꽃류[갈래꼰뉴]	책략[챙냑]	
	급락[금낙]		국력[궁녁]	
	협력[혐녁]		박력[방녁]	

1그룹의 'ㅂ'과 3그룹의 'ㄱ'은 한자어에서 받침으로 많이 쓰이므로 ㄹ초성 한자어와 만날 기회가 많기 때문에 예가 적잖이 생겨난다. 그러나, 1그룹의 'ㅍ'과 3그룹의 'ㅋ, ㄲ'은 한자음의 받침으로 전혀 쓰이지 않으므로 겹비음화의 예를 쉽게 찾을 수 없다. 'ㅍ+ㄹ, ㅋ+ㄹ, ㄲ+ㄹ'의 연쇄를 보이는 복합어도 표준국어대사전에서는 찾아볼 수 없다. 그러나, 만약에 '숲류, 부엌류, 밖

라인' 같은 단어들이 만들어진다면 겹비음화가 적용되어야 할 것이다. 2그룹의 자음 가운데 한자음의 받침으로는 위에 예를 든 '곶(串)'뿐이다. 그러는 중에 '곶리도'라는 지명이 사전에 등재되어 있어서 예를 들었으나 한국어 발음교육에서는 크게 다루지 않아도 될 만한 예이다. '통꽃류, 갈래꽃류'는 고유어와 한자어의 복합어로서 'ㅊ+ㄹ'의 표기상 연쇄가 보이는 단어이다. 표준발음은 물론 위에 적힌 대로 [통꼰뉴], [갈래꼰뉴]이지만 사용 빈도가 현격히 낮은 전문 용어이다. 역시 한국어 발음 교육에서는 크게 다루지 않아도 된다. '핫라인'은 사전에는 등재되어 있으나 외래어인 이유로 발음 표시가 없기 때문에 그 발음은 미루어 짐작할 수밖에 없다. '핫라인'은 겹비음화가 적용될 수 있는 두 자음의 연쇄(ㅅ+ㄹ)이므로 발음 규칙을 적용하면 [한나인]으로 발음이 된다. 외래어는 두음 법칙이 제대로 적용되지 않으므로 'ㄹ' 초성 단어가 많이 있고 또 앞으로도 생길 가능성이 있으며 그 단어들이 위의 1, 2, 3 그룹의 장애음들과 연결되어 새로운 단어가 생길 수 있다. 예를 들어, '짚라인(zipline)'이라는 놀이기구가 수입되면서 일부에서는 그 표기가 널리 쓰이고 있다. 물론 표준국어대사전에는 등재되어 있지 않고, 외래어 표기법의 용례 찾기에만 '집라인'으로 표기하도록 되어 있다. '짚라인-집라인'의 표기 갈등이 어떻게 결론이 될지 알 수 없으나, 발음은 겹비음화 규칙에 따르면 [짐나인]이 된다. 아직 사용 빈도가 낮은 '짚라인' 이외에 표준국어대사전에 등재되어 있는 '백라인, 조립 라인, 피켓 라인' 등도 모두 겹비음화가 적용될 조건을 갖춘 단어들이다. 그러나, 현실적으로 발음이 어떻게 되고 있는지는 아무도 알지 못하므로 한국어 발음 교육에서 어떻게 처리해야 하는가는 이후 처리해야 할 문제로 남는다.

겹비음화 규칙이 적용되는 순서는 다음과 같이 두 가지 가설이 가능하다.

가설 1. 'ㄹ의 ㄴ되기'가 먼저 적용이 되고 비음화가 나중에 적용된다.
합리 ➔ [합니] : ㄹ의 ㄴ되기[41]

→ [함니] : 비음화

가설 2. 비음화가 먼저 적용되고 'ㄹ의 ㄴ되기'가 나중에 적용된다.
　　합리 → [함리] : 비음화
　　　　 → [함니] : ㄹ의 ㄴ되기[42]

　가설 1과 가설 2는 각각 하나씩 새로운 규칙 적용의 환경을 설정해야 한다. 가설 1은 'ㅂ' 뒤에서 'ㄹ'이 [ㄴ]으로 발음되는 현상을 논리적으로 밝혀야 하며, 가설 2는 'ㅂ'이 'ㄹ' 앞에서 비음이 되는 과정을 설명해야 한다. 먼저 가설 1에서 'ㄹ'이 'ㅂ'의 영향으로 [ㄴ]이 된다는 것은 유성음 'ㄹ'이 무성음 'ㅂ'의 영향으로 비음이 된다고 설명할 수밖에 없는데 이는 일반적인 음운론 이론과는 거리가 멀다. 유성음이 무성음의 영향으로 무성음이 된다면 유성음의 무성음화[43]라는 일반적인 현상으로 어느 정도 설명 가능성이 있으나 'ㄹ'이 무성음의 영향으로 비음 [ㄴ]으로 된다는 것은 일반적인 언어현상으로 보기 힘들다. 반면에 가설 2에서는 'ㅂ'이 'ㄹ' 앞에서 [ㅁ]으로 되는 것인데, 무성음이 유성음 사이에서 유성음이 된다는 것으로 설명할 수 있으며 이는 동화의 방향으로 보더라도 소노리티(sonority, 울림도)가 낮은 쪽에서 높은 쪽으로 가는 일반적인 동화의 방향과도 일치한다. 이후 'ㅁ' 뒤에서 'ㄹ'이 [ㄴ]으로 발음되는 현상은 '심리, 침략, 감량' 등과 같이 한국어에서 흔히 볼 수 있으므로 이러한 논리에 근거하여 가설 1보다는 가설 2가 한국어의 겹비음화를 더 합리적으로 설명한다고 볼 수 있다. 이러한 설명 방법은 '합리'의 'ㅂ+ㄹ'

---

41) 이 'ㄹ의 ㄴ되기'는 앞에 나온 비음화 2와는 다르다.
42) 규칙의 적용 순서를 보면 이 'ㄹ의 ㄴ되기'는 비음화 2-1 즉, 'ㅁ, ㅇ' 뒤에서의 'ㄹ의 ㄴ되기'에 해당한다.
43) '축축하다, 식칼' 등과 같은 단어에서 '축축'의 'ㅜ'와 '식'의 'ㅣ'는 두 무성음 사이에서 흔히 무성음화 된다.

뿐만 아니라, '식량'의 'ㄱ+ㄹ', '핫라인'의 'ㅅ+ㄹ'도 마찬가지이다. 그러나, 이러한 이론적인 설명을 한국어 학습자들에게 굳이 이해시킬 필요는 없다. 한국어 19개의 자음 가운데 평음, 격음, 경음과 'ㄹ'이 이어지면 양쪽 모두 자기 그룹의 비음으로 발음해야 한다는 것을 가르치면 된다.

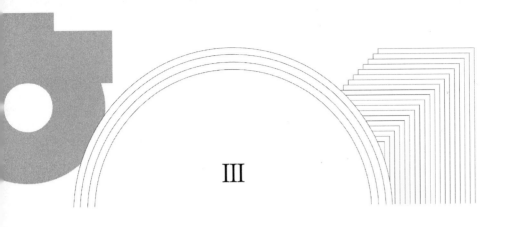

III

겹받침의 발음 규칙

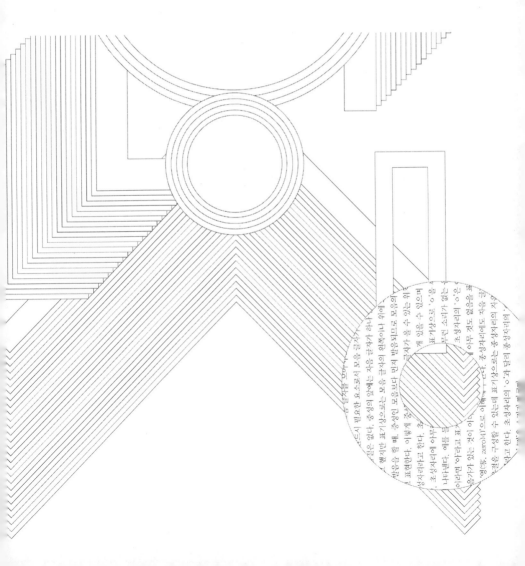

겹받침이란 종성 자리에 서로 다른 두 개의 자음이 표기되어 있는 것을 말한다. '삐, ㄲ'처럼 같은 자음자가 겹쳐 있는 받침은 쌍받침이라 한다. 한국어의 겹받침은 모두 11개이다. 먼저 겹받침 전체의 목록과 그것들이 사용된 단어의 예를 보자.

<겹받침의 종류 및 사용 예>

1. ㄳ: 삯, 몫, 넋
2. ㄵ: 앉다, 주저앉다, 앉히다, 얹다, 끼얹다
3. ㄶ: 않다, 많다, 많이, 끊다, 끊기다, 괜찮다, 귀찮다
4. ㄺ: 닭, 흙, 까닭, 늙다, 밝다, 읽다, 낡다
5. ㄻ: 삶, 앎, 곪다, 굶다, 닮다, 삶다, 옮다, 젊다
6. ㄼ: 여덟, 넓다, 밟다, 얇다, 짧다
7. ㄽ: 외곬
8. ㄾ: 핥다, 핥아먹다, 훑다, 훑어보다
9. ㅍ: 읊다
10. ㅀ: 끓다, 끓이다, 앓다, 뚫다, 싫다, 옳다, 잃다
11. ㅄ: 값, 없다, 가엾다

겹받침들은 모두 왼쪽과 오른쪽에 서로 다른 자음으로 이루어져 있는데, 왼쪽에 있는 자음의 이름을 이용하여 겹받침을 분류한다. 'ㄱ계 겹받침'은 'ㄳ' 하나뿐이고, 'ㄴ계 겹받침'은 'ㄵ, ㄶ' 두 개가 있으며 'ㄹ'부터 'ㅀ'까지 일곱 개는 모두 왼쪽에 ㄹ이 있는 'ㄹ계 겹받침'이다. 마지막으로 'ㅂ계 겹받침'으로 'ㅄ' 하나가 있다.

겹받침이 쓰인 단어는 명사, 동사, 형용사뿐이다. 그러므로, 명사는 단독형, 모음 연결형, 자음 연결형의 발음을 중심으로 살펴보고 동사, 형용사는 어간 내부에서 접미사가 이어지는 형태와 어간과 어미가 이어지는 형태로 구

분하여 각각 모음연결형과 자음연결형의 발음을 살펴보겠다.

겹받침으로 쓰인 두 개의 자음은 종성 자리에서는 '샀[삭], 닭[닥], 삶[삼], 여덟[여덜], 값[갑]'처럼 두 개 중 하나만 발음된다. 이렇게 종성 자리에서 겹받침 가운데 하나가 줄고 남은 하나만 발음이 되는 발음 규칙을 겹받침 줄이기라고 한다. 겹받침에 쓰인 두 개의 자음 가운데 어떤 것이 줄고 어떤 것이 남아서 발음되는지는 겹받침의 종류에 따라 그리고 같은 겹받침 안에서도 품사에 따라 다르다.

겹받침 뒤에 모음이 이어질 경우에는 대부분 연음화가 일어나서 겹받침의 두 자음 중 오른쪽에 있는 자음이 뒤 음절의 초성 자리로 가서 소리가 난다(읽어요[일거요]). 그런데, 그것이 'ㅎ'이면 그 'ㅎ'은 탈락되고 남아 있는 자음이 뒤 음절의 초성 자리로 가서 발음이 되며(ㅎ탈락 후 연음화: 많이[마니], 않으면[아느면]), 또 그것이 'ㅌ'이면 핥이다[할치다], 훑이다[훌치다]처럼 구개음화가 적용되기도 한다. 단, 이어지는 모음이 실질형태소의 일부분이라면 ㄴ첨가, '절음 후 연음화'가 적용된다(삯일[상닐], 값어치[가버치]).

겹받침 뒤에 자음이 이어지면 일단 세 개의 자음이 이어지는 모습을 보이는데 그럴 경우에는 두 가지의 양상을 보인다. 첫 번째는 겹받침 가운데 하나가 생략된 후 남아 있는 두 개의 자음이 조건이 맞는 발음 규칙이 적용되는 것이고(앉고[안꼬], 값만[감만], 여덟 나라[여덜라라]), 두 번째는 'ㅎ'이 작용이 되어 격음화가 일어나는 경우(않고[안코], 앉히다[안치다], 끓지만[끌치만])이다. 격음화가 적용되는 경우에는 겹받침 줄이기가 적용된 후에 격음화가 적용되는 것(닭하고[다카고], 삯하고[사카고])과 겹받침 줄이기 적용 전에 격음화가 적용되는 것(끓고[끌코], 옳지만[올치만], 밝히다[발키다])[1]이 있

---

1) '닭'과 '밝-'은 모두 ㄺ겹받침이 쓰인 단어인데 뒤에 'ㅎ'이 이어지면서 격음화가 적용되는 순서가 다르다. '닭하고'는 '겹받침 줄이기-격음화'의 순서로 적용되어 [다카고]로 발음되고 '밝히다'는 겹받침 줄이기 적용 없이 격음화가 적용되어 [발키다]로 발음된다.

다. 어떤 자음이 생략이 되는지 그리고 격음화가 일어나는 과정에서 어떤 것들이 겹받침 줄이기의 적용을 미리 받는지 아닌지 등에 대해서는 각 겹받침을 하나하나 기술하면서 상세히 보이겠다.

1. ᆪ 겹받침: 삯, 몫, 넋

ᆪ 겹받침은 명사에만 쓰인다.

1) ᆪ 겹받침 명사의 단독형의 발음

단독형일 때는 겹받침 줄이기가 적용되어 뒤에 있는 'ㅅ'이 없어지고 'ㄱ'만 발음된다.

예 40: 삯[삭], 몫[목], 넋[넉]

2) ᆪ 겹받침 명사의 모음 연결형의 발음

ᆪ 겹받침의 뒤에 모음 조사가 이어지면 'ᆪ'의 오른쪽에 있는 'ㅅ'이 뒤에 이어지는 음절의 첫소리 자리로 가게 되는데 이후, 자연스레 앞 음절 종성 자리에 남아 있는 'ㄱ'과 마주치게 되어 경음화 1이 일어난다.

'삯+이' → '삭+시' → [삭씨]

〈ᆪ겹받침이 모음 조사와 이어질 경우의 발음의 예〉

> 삯: 삯이[삭씨], 삯을[삭쓸], 삯은[삭쓴], 삯에[삭쎄]
> 몫: 몫이[목씨], 몫을[목쓸], 몫은[목쓴], 몫에[목쎄]
> 넋: 넋이[넉씨], 넋을[넉쓸], 넋은[넉쓴], 넋에[넉쎄]

그런데, 예는 많지 않지만, '이계모음 실사'가 이어지면 첨가 후, 겹받침 줄이기가 적용된 다음 비음화가 적용된다. '삯일[상닐]'이 그 예인데 발음되는 과정을 상세히 보이면 다음과 같다.

        삯일
→   [삯닐]: ㄴ첨가
→   [삭닐]: 겹받침 줄이기
→   [상닐]: 비음화

3) ᆪ겹받침 명사의 자음 연결형의 발음

ᆪ겹받침 뒤에 자음이 이어지면 일단, ᆪ겹받침의 'ㅅ'이 없어진 다음 'ㄱ'이 뒤 음절의 초성 자음과 함께 발음 규칙이 적용된다.

  예 41: ᆪ겹받침 명사의 자음 연결형 발음의 예
    ㅅ 탈락 이후 경음화: 삯도[삭또], 몫도[목또], 넋도[넉또]
    ㅅ 탈락 이후 격음화: 삯하고[사카고], 몫하고[모카고], 넋하고[너카고]
    ㅅ 탈락 이후 비음화: 삯만[상만], 몫만[몽만], 넋만[넝만]

2. ㄵ겹받침: 앉다, 주저앉다, 앉히다, 얹다, 끼얹다, 얹히다

ㄵ겹받침은 동사에만 쓰인다.

1) ㄵ겹받침의 모음 연결형의 발음

ㄵ겹받침의 뒤에 모음 어미가 이어지면 'ㅈ'은 뒤 음절의 첫소리가 된다. 그렇게 되면 자연스럽게 'ㄴ'과 'ㅈ'이 이어지게 되므로 경음화 2가 적용될 수 있는 환경이 된다. 그러나, 이렇게 이어진 'ㄴ'과 'ㅈ' 사이에는 절대로 경음화 2가 적용되지 않는다.

> **예 42: ㄵ겹받침 어간의 모음 어미 연결형의 발음의 예**
>
> (ㄱ) 앉다: 앉았어요[안자써요], 앉아서[안자서], 앉으면[안즈면],
> 앉으니까[안즈니까]
> (ㄴ) 얹다: 얹었어요[언저써요], 얹어서[언저서], 얹으면[언즈면],
> 얹으니까[언즈니까]

ㄵ겹받침뿐 아니라 뒤에 모음이 이어져서 연음화가 적용된 이후 경음화 2가 적용될 수 있는 음성적 환경이 만들어지는 겹받침에는 ㄺ겹받침, ㄼ겹받침, ㄽ겹받침이 있다. 이 가운데 ㄽ겹받침에만 경음화 2가 적용된다.

> **예 43: 연음화 이후 경음화 2가 일어나지 않는 발음의 예 (ㄺ겹받침, ㄼ겹받침)**
>
> (ㄱ) ㄺ겹받침: 읽어요[일거요], 읽으면[일그면], 닭이[달기], 흙을[흘글],
> 흙으로[흘그로]
> (ㄴ) ㄼ겹받침: 밟아요[발바요], 밟으면[발브면], 넓어요[널버요],
> 넓으면[널브면]

예 44: 연음화 이후 경음화 2가 일어나는 발음의 예 (ㄽ겹받침)

ㄽ겹받침: 외곬이[외골씨], 외곬으로[외골쓰로][2]

2) ㄵ겹받침의 자음 연결형의 발음

ㄵ겹받침에 자음이 연결되는 것은 형태론적으로는 두 가지가 있다. 첫 번째는 어간과 어미의 경계에서 연결되는 용언의 활용형이다. 즉, ㄵ겹받침 어간에 자음 어미가 연결된다는 뜻인데, 한국어의 자음 어미는 ㄱ어미, ㄴ어미, ㄷ어미, ㅅ어미, ㅈ어미뿐이므로 결국, ㄵ과 ㄱ, ㄴ, ㄷ, ㅅ, ㅈ이 연결될 때 발음이 어떻게 되는가만 살피면 된다.

ㄵ겹받침에 자음 어미가 연결되면 ㄵ겹받침의 'ㅈ'이 없어진 후 'ㄴ'과 뒤에 이어지는 자음 사이에서 발음 규칙이 적용된다. 'ㄱ, ㄷ, ㅅ, ㅈ'이 이어지면 경음화 2가 적용되며, ㄴ이 이어지면 아무런 발음 규칙이 적용되지 않는다. 원래, 경음화 2는 제한적인 규칙이지만, ㄵ겹받침에서 'ㅈ'이 탈락된 다음에 남은 'ㄴ' 뒤에 평음이 이어지면 예외 없이 경음화 2가 적용된다.

예 46: ㄵ겹받침의 ㅈ탈락 후 경음화 2가 적용되는 발음의 예

(ㄱ) 앉고[안꼬], 앉다가[안따가], 앉습니다[안씀니다], 앉자[안짜], 앉지[안찌] 마세요

(ㄴ) 얹고[언꼬], 얹다가[언따가], 얹습니다[언씀니다], 얹자[언짜], 얹지[언찌] 마세요

예 47: ㄵ겹받침의 ㅈ탈락 후 ㄴ과 ㄴ이 이어져서 발음되는 예

(ㄱ) 앉는다[안는다], 앉니[안니], 앉네[안네], 앉는[안는]

(ㄴ) 얹는다[언는다], 얹니[언니], 얹네[언네], 얹는[언는]

---

2) 외곬이[외골씨], 외골으로[외골쓰로]가 표준 발음이지만 [ㄹ] 뒤의 [ㅅ]와 [ㅆ]는 매우 구분하기 어렵다.

두 번째는 어근과 접미사를 경계로 연결되는 조어법에 관련된 형태이다. 구체적으로는 '-히-'라는 피동 접미사 혹은 같은 형태의 사동 접미사가 연결된다. 그러나, 피동이든 사동이든 발음은 같다. ㅉ겹받침 뒤에 'ㅎ'이 이어지면 'ㅉㅎ' 세 개의 자음이 이어지므로 겹받침의 'ㅈ'이 생략되는 것이 이론적으로는 옳지만 실제로 ㅉ겹받침의 ㅈ은 생략되지 않고 뒤에 이어진 ㅎ과 축약되어 [ㅊ]로 발음되며, 겹받침의 일부인 'ㄴ'은 그대로 발음되어 결국 [ㄴ]과 [ㅊ]이 이어진다.

예 48: ㅉ겹받침의 ㅎ연결형의 발음의 예

(ㄱ) 앉히다[안치다](사동접미사 -히- 연결형)
(ㄴ) 얹히다[언치다](피동접미사 -히- 연결형)

3. ㄶ 겹받침

ㄶ겹받침은 동사와 형용사에 쓰이는데 형용사에 그 예가 많이 있다. ㄶ겹받침이 쓰인 명사는 없다.

〈ㄶ겹받침 용언의 예〉

동사: 끊다, 않다
형용사: 많다, 않다[3], 괜찮다, 귀찮다, 언짢다, 적잖다, 점잖다, 편찮다,
　　　　하찮다, 만만찮다, 시답잖다, 시원찮다, 어줍잖다, 얼토당토않다

---

3) 부정의 '-지 않다'의 '않다'는 '-지'가 연결되는 용언에 따라 동사 활용(먹지 않는다) 혹은 형용사 활용(좁지 않다)을 하기 때문에 같은 형태로 두 품사로 분류된다.

1) ㄶ 겹받침의 모음 연결형의 발음

ㄶ겹받침 어간 뒤에 모음 어미와 이어지면 겹받침 ㄶ 에서 'ㅎ'이 없어진 후 연음화가 적용되어 'ㄴ'이 모음 어미의 첫음절의 첫소리로 발음된다. 즉, 'ㅎ탈락 후 연음화'가 적용된다.

예 49: ㄶ겹받침이 모음 어미와 이어질 경우의 발음의 예

(ㄱ) 끊다: 끊어요[끄너요], 끊었어요[끄너써요], 끊으면[끄느면], 끊으니까[끄느니까]

(ㄴ) 많다: 많아요[마나요], 많았어요[마나서요], 많으면[마느면], 많으니까[마느니까]

(ㄷ) 않다: 않아요[아나요], 않았어요[아나써요], 않으면[아느면], 않으니까[아느니까]

모음으로 시작하는 접미사가 이어져도 마찬가지이다.

예 50: ㄶ겹받침이 모음 접미사와 이어질 경우의 발음의 예

많이[마니], 적잖이[적자니], 끊임없이[끄니멉씨]

2) ㄶ 겹받침의 자음 연결형의 발음

자음이 이어질 경우, 그 자음이 'ㄱ, ㄷ, ㅈ'이면 그 자음들은 ㄶ겹받침의 'ㅎ'과 함께 격음화가 일어나는데, 이 때 겹받침의 'ㅎ'과 'ㄱ, ㄷ, ㅈ'은 서로 자리를 바꾼 후(끝소리 자리 바꾸기) 격음화가 적용된다. 이렇게 끝소리 자리 바꾸기 이후에는 절대로 종성 규칙이 적용되지 않고 격음화가 적용되기 때문에, 각각, [ㅋ], [ㅌ], [ㅊ]로 축약되어 발음된다. 자음 어미뿐 아니라 자음접사에도 똑같이 적용된다. 예를 들어, '끊-'에 '-기-'라는 피동접미사가 이어지면 '끊-'의 'ㅎ'과 '-기-'의 'ㄱ'이 자리를 바꾼 후 [ㅋ]로 축약되어 결국, [끈키다]로 발음된다. 그런데, 뒤에 'ㅅ'이 이어지면 겹받침의 'ㅎ'이 탈락되고 남아 있는 'ㄴ'에 의해 뒤에 이어지는 'ㅅ'에는 경음화 2가 적용되어 [ㅆ]가 된다. 그리고, 뒤에 'ㄴ'이 이어지면 겹받침 줄이기가 적용되어 ㄶ겹받침의 'ㅎ'이 없어진 후 두 개의 'ㄴ'이 이어진다.

예 51: ㄶ겹받침이 자음과 연결되어 격음화가 일어나는 발음의 예
('ㄱ, ㄷ, ㅈ'이 이어질 경우)

(ㄱ) 끊다가[끈타가], 끊자[끈차], 끊고[끈코], 끊기다[끈키다]
(ㄴ) 많다[만타], 많지만[만치만], 많고[만코]
(ㄷ) 않다[안타], 않지만[안치만], 않고[안코]

예 52: ㄶ겹받침이 자음과 연결되어 경음화 2가 일어나는 발음의 예
(ㅅ이 이어질 경우)

(ㄱ) 끊습니다[끈씀니다], 끊소[끈쏘]
(ㄴ) 많습니다[만씀니다], 많소[만쏘]
(ㄷ) 않습니다[안씀니다], 않소[안쏘]

예 53: ㄶ겹받침에 ㄴ이 이어질 경우의 발음의 예

(ㄱ) 끊는대[끈는다], 끊니[끈니], 끊는[끈는], 끊느라고[끈느라고]
(ㄴ) 않는대[안는다], 않니[안니], 않는[안는]
(ㄷ) 많니[만니], 많네[만네]

4. ㄺ겹받침

ㄺ겹받침은 품사 및 자음/모음 연결형에 따라 발음 규칙이 다양하게 적용될 뿐 아니라 표준 발음과 현실 발음이 일치하지 않는 예들도 많기 때문에 특히 유의해야 할 부분이 많다. ㄺ겹받침은 명사, 동사, 형용사에 두루 쓰인다.

〈ㄺ겹받침 단어의 예〉
명사: 닭, 흙, 까닭, 암탉, 수탉, 통닭, 칡, 삵
동사: 읽다, 늙다, 긁다, 갉다, 얽다, 옭다, 낡다
형용사: 맑다, 늙다[4], 밝다, 붉다, 굵다, 해맑다, 낡다, 검붉다, 묽다

1) 명사에 쓰인 ㄺ겹받침의 발음

(1) 단독형 어말의 ㄺ의 발음

명사에 쓰인 ㄺ겹받침의 발음 가운데 명사 단독형으로 쓰일 경우, 어말에 위치하는 ㄺ겹받침은 왼쪽에 있는 ㄹ이 생략되어 [ㄱ]으로 발음된다.

예 54: 명사 단독형 어말의 ㄺ겹받침의 발음의 예

닭[닥], 흙[흑], 까닭[까닥], 암탉[암탁], 수탉[수탁], 통닭[통닥], 칡[칙], 삵[삭]

---

4) '늙다'는 쓰임에 따라 '늙는다, 늙다'로 활용을 하기 때문에 동사와 형용사로 따로 분류된다. 뒤에 나오는 '낡다'도 마찬가지이다.

(2) ㄺ겹받침 명사의 모음 조사 연결형의 발음

ㄺ겹받침 명사 뒤에 모음 조사가 이어지면, 표준 발음으로는 연음화가 적용되어 ㄺ겹받침의 'ㄹ'은 앞 음절의 종성 자리에서 'ㄱ'은 뒤 음절의 초성 자리에서 소리가 나게 되어 있다. 예를 들면, '닭이[달기], 흙이[흘기], 까닭이 [까달기]'가 된다. 이때, 경음화 2는 적용되지 않는다. 그런데, 현실적으로는 대부분 '닭, 흙, 까닭'의 단독형인 [닥], [흑], [까닥]을 연음화하여 [다기], [흐기], [까다기]처럼 발음을 하고 있으며 오히려 표준 발음보다 사용 빈도가 더 높다.

예 55: ㄺ겹받침 명사의 모음 조사 연결형 발음의 예 (표준 발음/현실 발음)

(ㄱ) 닭이[달기]/[다기], 닭은[달근]/[다근], 닭을[달글]/[다글],
    닭에[달게]/[다게]

(ㄴ) 흙이[흘기]/[흐기], 흙은[흘근]/[흐근], 흙을[흘글]/[흐글],
    흙에[흘게]/[흐게]

(ㄷ) 까닭이[까달기]/[까다기], 까닭은[까달근]/[까다근],
    까닭을[까달글]/[까다글]

(ㄹ) 암탉이[암탈기]/[암타기], 암탉은[암탈근]/[암타근],
    암탉을[암탈글]/[암타글]

(ㅁ) 칡이[칠기]/[치기], 칡은[칠근]/[치근], 칡을[칠글]/[치글],
    칡에[칠게]/[치게]

표준 발음과 현실 발음 사이의 차이가 크지 않으면 일반적으로 발화 측면에서는 표준 발음만 가르치고 현실 발음은 굳이 가르칠 필요가 없다. 표준 발음을 구사하기만 하면 의사소통에 문제가 없기 때문이다. 다만, 듣고 이해하기 측면에서는 현실 발음을 구사하는 한국어 모어 화자의 말을 듣고 이해해야 하므로 표준 발음과 함께 현실 발음도 교육해야 한다. 그러나, 현실 발음이 표준 발음을 압도적으로 지배한다면 듣고 이해하기 측면에서뿐만 아니라, 발음 생성 측면에서도 현실 발음을 가르칠 필요가 있다. '닭이'의 발음으로 [다기]가 [달기]보다 더 많이 그리고 더 자연스러울 뿐만 아니라 [달기]를 '닭이'로 이해하기 힘든 한국어 모어 화자가 있다면 [다기]라는 발음을 가르치지 않을 수 없다. 이런 측면에서, 표준 발음과 현실 발음 사이의 차이가 큰 겹받침 명사들에 대해서는 표준 발음에 대한 검토 혹은 표기 자체에 대한 고찰이 반드시 필요하다고 할 수 있다.

(3) ㄺ겹받침 명사의 자음 연결형의 발음

ㄺ겹받침 명사 뒤에 자음으로 시작되는 조사 및 실사가 이어질 경우에는 ㄺ겹받침의 'ㄹ'이 없어진 후 'ㄱ'과 그 뒤에 오는 자음과의 사이에서 발음 규칙이 일어난다. 평음이 이어지면 경음화 1이 적용되어 이어지는 평음들이 모두 제 짝이 되는 경음으로 소리가 나며, 비음이 이어지면 겹받침의 남은 'ㄱ'이 [ㅇ]으로 소리가 나는 비음화가 적용된다. 뒤에 'ㅎ'이 이어지면 ㄺ겹받침의 'ㄹ'이 없어진 후 남은 'ㄱ'과 축약되어 [ㅋ]로 발음되는데 이 부분은 ㄺ겹받침 용언과 다르다. ㄺ어간은 뒤에 'ㅎ'이 이어지면 'ㄺ'의 'ㄹ'이 없어지지 않은 상태에서 'ㄱ'과 'ㅎ'이 축약되어 [ㄹ]과 [ㅋ]이 이어지는 발음을 생성한다.

예 56: ㄹ 탈락 후 경음화 1의 예

(ㄱ) 닭보다[닥뽀다], 닭도[닥또], 닭조차[닥쪼차], 닭과[닥꽈],
닭고기[닥꼬기], 닭살[닥쌀]

(ㄴ) 흙보다[흑뽀다], 흙도[흑또], 흙조차[흑쪼차], 흙과[흑꽈],
흙가루[흑까루], 흙손[흑쏜]

예 57: ㄹ 탈락 후 비음화의 예

(ㄱ) 닭만[당만], 닭날개[당날개], 통닭만[통당만], 통닭 나라[통당나라]

(ㄴ) 흙만[흥만], 흙무더기[흥무더기], 흙물[흥물], 흙냄새[흥냄새]

예 58: ㄹ 탈락 후 격음화의 예

(ㄱ) 닭하고[다카고], 닭해[다캐]

(ㄴ) 흙하고[흐카고], 흙화덕[흐콰덕]

2) 용언에 쓰인 ㄺ겹받침의 발음

(1) ㄺ겹받침 용언의 모음 어미 연결형의 발음

ㄺ겹받침이 쓰인 동사 어간 및 형용사 어간에 모음 어미가 이어지면 '읽어요[일거요]'와 같이 'ㄺ'의 'ㄱ'이 뒤 음절의 첫소리로 발음된다. ㄺ겹받침 명사인 '닭'에 모음 조사 '이'가 이어지면 현실 발음인 [다기]가 지배적이라고 하였는데, 용언의 어간에 어미가 이어질 경우에는 예외 없이 표준 발음대로 연음화가 적용되는 것을 볼 수 있다.

(ㄱ) 읽다; 읽어요[일거요], 읽었어요[일거써요], 읽으면[일그면],
　　　읽으니까[일그니까]

(ㄴ) 맑다: 맑아요[말가요], 맑았어요[말가써요], 맑으면[말그면],
　　　맑으니까[말그니까]

(2) ㄺ겹받침 용언의 자음 어미 연결형의 발음

ㄺ겹받침 동사 어간 및 형용사 어간에 자음 어미가 이어질 경우에는 자음 어미의 종류에 따라 두 가지 방법으로 서로 다르게 발음된다. 첫 번째, 뒤에 이어지는 자음 어미가 'ㄱ'으로 시작될 경우에는 ㄺ겹받침의 'ㄱ'이 없어지고 'ㄹ'이 남은 후에 경음화 2가 일어난다. 예를 들어 '읽고'가 [일꼬]로 발음된다. 두 번째, 뒤에 이어지는 자음 어미가 'ㄱ'이 아닐 경우에는 거꾸로 ㄺ겹받침의 'ㄹ'이 없어지고 'ㄱ'이 남게 되며 이후에는 뒤에 있는 자음(ㄴ, ㄷ, ㅅ,

ㅈ)과 함께 발음 규칙이 적용된다. 예를 들면, '읽는[잉는], 읽다가[익따가], 읽습니다[익씀니다], 읽자[익짜]' 등이 있다.

① ㄹㄱ겹받침 어간과 ㄱ어미 연결형의 발음

ㄹㄱ겹받침 어간에 ㄱ어미가 이어지면 ㄹㄱ겹받침 가운데 뒤에 있는 'ㄱ'이 생략된 후 남은 'ㄹ'과 'ㄱ' 사이에는 반드시 경음화 2가 적용된다.

예 59: ㄹㄱ겹받침 어간의 ㄱ어미 연결형의 발음의 예(ㄱ탈락 후 경음화 2)

(ㄱ) 읽다: 읽고[일꼬], 읽기[일끼], 읽게[일께]

(ㄴ) 늙다: 늙고[늘꼬], 늙기[늘끼], 늙게[늘께]

(ㄷ) 맑다: 맑고[말꼬], 맑기[말끼], 맑게[말께]

(ㄹ) 묽다: 묽고[물꼬], 묽기[물끼], 묽게[물께]

(ㅁ) 검붉다: 검붉고[검불꼬], 검붉기[검불끼], 검붉게[검불께]

② ㄹㄱ겹받침 어간의 ㄱ어미 이외의 자음 어미 연결형의 발음

ㄹㄱ겹받침 어간에 ㄱ어미 이외의 자음 어미가 이어지면 이번에는 ㄹㄱ겹받침 가운데 앞에 있는 'ㄹ'이 생략된 후 남은 'ㄱ'은 다른 자음 어미의 자음들과 발음 규칙이 적용된다. ㄷ어미, ㅅ어미, ㅈ어미의 'ㄷ, ㅅ, ㅈ'은 모두 경음화 1이 적용되어 [ㄸ], [ㅆ], [ㅉ]로 발음되며 ㄴ어미가 이어지면 어간의 'ㄱ'은 비음화가 적용되어 [ㅇ]으로 발음된다.

예 60: 경음화 1이 적용된 발음의 예

(ㄱ) 읽다: 읽다가[익따가], 읽습니다[익씀니다], 읽자[익짜], 읽지만[익찌만], 읽지[익지]

(ㄴ) 맑다: 맑다가[막따가], 맑습니다[막씀니다], 맑지만[막지만], 맑지[막찌]

그런데, 'ㄹ'이 탈락된 후에 경음화가 일어나는 것들은 뒤에 어떤 자음이 이어지든 모두 표준 발음에 대한 저항이 있어서 ㄺ겹받침에서 'ㄹ'이 아닌 'ㄱ'이 탈락된 뒤에 경음화 2가 일어나는 발음이 현실에서는 자주 발생한다. 즉, '읽다가'를 [익따가] 대신에 [일따가]로, '읽자, 읽지'를 [익짜], [익찌] 대신에 [일짜], [일찌]로 '읽습니다'를 [익씁니다] 대신에 [일씁니다]로 발음을 하는 것이다. 이러한, 현실 발음은 매우 지배적이어서 듣고 이해하기 측면에서뿐 아니라 발음하기 측면에서도 표준 발음과 함께 반드시 교육해야 한다.

예 61: 비음화가 적용된 발음의 예

(ㄱ) 읽다: 읽는대[잉는다], 읽니[잉니], 읽는[잉는], 읽네[잉네],
　　　　읽느라고[잉느라고]
(ㄴ) 맑다: 맑니[망니], 맑네[망네]

(3) ㄺ겹받침 용언 내부에서의 ㅎ접미사 연결형의 발음

ㄺ겹받침 뒤에는 'ㅎ'으로 시작하는 접미사가 올 수 있다. 예를 들면, '읽다'의 사동사인 '읽히다'이다. 이 경우에는 ㄺ겹받침의 'ㄹ'이 생략되지 않은 상태에서 곧바로 격음화가 일어나서 [일키다]로 발음이 된다. '밝히다[발키다], 붉히다[불키다], 묽히다[물키다]' 등도 모두 마찬가지이다. 같은 ㄺ겹받침이지만 명사인 '닭'은 ㅎ조사가 이어지면 'ㄹ'이 생략된 후 격음화가 진행이 되었으나(닭하고[다카고]) 용언의 어간 내부에서는 어근과 접미사가 결합되면 'ㄹ'이 탈락되지 않고 격음화가 진행되는 것이다. 한국어에서 '-히-'는 동일한 형태로 사동접미사로도 피동접미사로도 사용되는데 그 구분은 발음과는 아무 관련이 없다.

예 62: ㄹㄱ겹받침과 ㅎ접미사 연결형의 발음의 예

사동접미사 '-히-' 연결형: 읽히다[일키다], 밝히다[발키다], 붉히다[불키다],
　　　　　　　　　　　　　맑히다[물키다]

피동접미사 '-히-' 연결형: 긁히다[글키다], 얽히다[얼키다]

ㄹㄱ어근과 ㅎ접미사가 이어지면 그 경계에서는 절음 현상이 일어나지 않는
다. 그러나, ㄹㄱ명사와 ㅎ조사가 이어지면, 일단 겹받침 줄이기가 일어나 다
음에 격음화가 진행된다. '명사+조사' 결합과 '어근+접사' 결합이 발음 규칙
에서는 서로 다른 양상을 보이는 것이다. 이렇듯 ㄹㄱ겹받침 뒤에 'ㅎ'이 이어
질 경우, ㄹㄱ이 포함된 앞말의 형태소에 따라 발음이 달라지는 예를 다시 정리
해 보자.

예 63: 'ㄹㄱ겹받침+ㅎ'의 발음의 예

(ㄱ)　ㄹㄱ명사+ㅎ조사: 겹받침 줄이기 적용 후 격음화
　　　예: 닭하고[다카고], 닭한데[다칸데], 닭 한 마리[다칸마리],
　　　　　흙화덕[흐콰덕]
(ㄴ)　ㄹㄱ어근+ㅎ접미사: 겹받침 줄이기 과정 없이 격음화
　　　예: 밝히다[발키다], 붉히다[불키다], 맑히다[물키다]

이처럼 ㄹㄱ겹받침 뒤에 'ㅎ'이 올 경우, 앞말에 따라서 격음화가 진행되는
과정이 다르다는 것을 한국어 학습자에게는 반드시 교육해야 한다.

5. ㄹㅁ겹받침

ㄹㅁ겹받침도 명사, 동사, 형용사에 두루 쓰인다. ㄹㅁ겹받침 뒤에 모음이 이어질 경우에는 품사에 상관없이 발음이 일정하지만, 자음이 이어질 경우에는 형태론적 환경에 따라 즉, 앞말의 품사에 따라 적용되는 발음 규칙이 달라진다.

ㄹㅁ겹받침이 쓰인 예를 들면 다음과 같다.

명사: 삶, 앎
동사: 굶다, 닮다, 곪다, 옮다, 삶다
형용사: 젊다

1) ㄹㅁ겹받침의 모음 연결형의 발음

ㄹㅁ겹받침 뒤에 모음이 이어지면 품사를 막론하고 연음화가 적용된다.

예 64: ㄹㅁ겹받침의 모음 연결형의 발음의 예

(ㄱ) 명사: 삶이[살미], 삶을[살믈], 삶은[살믄], 삶에[살메]
(ㄴ) 동사: 옮아요[올마요], 옮았어요[올마써요], 옮으면[올므면],
　　　　옮으니까[올므니까]
(ㄷ) 형용사: 젊어요[절머요], 젊었어요[절머써요], 젊으면[절므면],
　　　　젊으니까[절므니까]

그런데, '삶, 앎'이라는 명사 뒤에 '이계모음 실사'가 이어지면 그 발음은 ㄹㅁ겹받침의 'ㄹ'이 생략되고 [ㄴ]이 첨가된 발음이 나타난다. 사전에는 그런 단어가 보이지 않는데, '삶 이야기'라는 구를 만들어 발음을 추측해 보면 [삼

니야기]가 된다. 물론, '이계모음 실사'가 아닌 다른 모음으로 시작하는 실사가 뒤에 이어지면 연음화가 적용되지 않고 당연히 'ᆱ'의 'ㄹ'이 생략된 후에 연음화가 적용될 것이다. '삶 안에서'를 이어서 읽으면 [사만에서]가 된다.

2) ᆱ겹받침의 자음 연결형의 발음

ᆱ겹받침 뒤에 자음이 이어질 경우에는 일단, 예외 없이 ᆱ겹받침의 'ㄹ'이 탈락된다. 결과적으로 'ㅁ'이 남게 되는데 'ㅁ' 뒤에서 일어날 수 있는 발음 규칙은 경음화 2 뿐이므로 '평음조사, 평음어미, 평음접미사' 연결형의 발음만 살피면 된다. ᆱ겹받침 뒤에 평음조사나 평음접미사가 이어지면 ㅁ뒤 경음화는 절대로 일어나지 않고(삶과[삼과], 삶도[삼도]; 옮기다[옴기다], 굶기다[굼기다]), 평음어미일 경우에는 경음화가 적용된다(굶고[굼꼬], 굶습니다[굼씀니다], 굶겠다[굼껟따]). 왜 이러한 차이가 나타나는지는 알 수 없으나 일관되게 그 규칙은 지켜지고 있다.

예 65: ᆱ겹받침의 자음 연결형의 발음의 예

① ᆱ겹받침의 'ㄹ'이 탈락되고 경음화는 일어나지 않는다.
　　(조사, 접미사 연결)
(ㄱ) 명사+조사: 삶보다[삼보다], 삶도[삼도], 삶조차[삼조차], 삶과[삼과]
(ㄴ) 어근+접미사: 옮기다[옴기다], 굶기다[굼기다], 만듦새[만듬새]

② ᆱ겹받침의 'ㄹ'이 탈락되고 경음화가 일어난다. (어미 연결)
(ㄱ) 동사: 옮도록[옴또록], 옮지[옴찌], 옮고[옴꼬], 옮습니다[옴씀니다]
(ㄴ) 형용사: 젊다[점따], 젊지[점찌], 젊고[점꼬], 젊습니다[점씀니다]

3) ㄹ어간 명사형에 쓰인 ㄲ겹받침의 발음

ㄲ겹받침은 이론적으로는 그 숫자가 매우 많다. 왜냐하면, ㄹ어간의 명사형이 모두 ㄲ겹받침을 형성하기 때문이다. 예를 들면, '만들다-만듦, 길다-긺, 돌다-돎, 밀다-밂, 벌다-벎' 등이 있다. 이렇게 형성된 어형은 명사가 아니라 명사형이면서 그 사용 빈도도 실상은 높지 않기 때문에 정확한 발음[5]을 알아내기가 몹시 힘들다. '만들다'라는 동사의 명사형 '만듦'을 대상으로 위의 규칙에 맞춰 발음을 추정해 보면, 단독형 '만듦'은 [만듬], 모음 조사 연결형 '만듦이'는 [만들미], 자음 조사 연결형 '만듦도'는 [만듬도]가 된다. 여기서 단독형과 자음 연결형의 발음에는 거부감 없이 받아들일 수 있으나, 모음 연결형에서 '만듦이'의 발음은 [만들미]와 [만드미] 사이에서 머뭇거릴 수밖에 없다. 모음 조사 연결형인 '만듦을, 만듦은, 만듦에, 만듦으로' 등의 발음도 역시 형편이다. 다음이 예문에서 과연 어떻게 발음이 되는가를 살펴 보자.

> 요리를 <u>만듦에</u> 있어서 가장 중요한 것은 먹는 이를 생각하는 마음 자세이다.
> 대문을 넓게 <u>만듦으로써</u> 전체적인 균형을 잡을 수 있었다.
> 왕이 친히 밭을 <u>갊으로써</u> 백성들에게 농사의 중요함을 일깨웠다는 교훈이 있다.
> 재목(材木)은 먹줄을 써서 곧게 자를 수가 있고 쇠는 숫돌에 <u>갊으로써</u> 날카롭게 된다.

ㄹ어간에서 명사로 파생된 '삶, 앎'의 사전에 명기된 모음 연결형 발음을 보면 삶이[살미], 앎이[알미]로 되어 있다. 이에 따르면 위의 예문에 나오는 모든 ㄲ명사형의 모음 연결형에는 연음화가 적용되는 것이 원칙이다.

---

[5] ㄹ어간에서 명사로 파생된 '삶, 앎'의 발음은 사전에 정확히 기술되어 있으므로 발음을 알아내기가 전혀 어렵지 않다.

6. ㄼ겹받침

ㄼ겹받침은 발음이 매우 불안정하다. 먼저, ㄼ겹받침이 쓰인 단어를 보면 다음과 같다.

> 명사: 여덟
> 동사: 밟다, 짓밟다, 뒤밟다, 되밟다,
> 형용사: 넓다, 짧다, 드넓다, 떫다, 얇다, 엷다

1) ㄼ명사 '여덟'의 발음

ㄼ겹받침이 쓰인 명사는 '여덟' 하나밖에 없다. 먼저 이 단어의 발음부터 보자.

(1) ㄼ명사 '여덟'의 단독형의 발음

'여덟'이 단독형으로 쓰이면 아래 예 66과 같이 ㄼ겹받침의 'ㅂ'이 생략되어 [여덜]로 발음된다.

> **예 66:** ㄼ명사 '여덟'의 단독형의 발음의 예: 여덟[여덜]

(2) '여덟'의 모음 조사 연결형의 발음

표준 발음법에 의하면 ㄼ겹받침에 모음이 이어지면 연음화가 적용되어, 'ㄼ'의 'ㅂ'이 뒤 음절의 첫소리가 되고 그 이후 경음화 2는 일어나지 않는다. 즉 '여덟이[여덜비], 여덟을[여덜블], 여덟은[여덜븐], 여덟에[여덜베]'와 같

이 발음되어야 한다. 그러나, 현실 발음으로는 'ㄼ'의 'ㅂ'이 탈락된 후 남은 'ㄹ'이 뒤 음절의 첫소리로 옮아가서 '여덟이[여더리], 여덟을[여더를], 여덟은[여더른], 여덟에[여더레]'로 발음되는 것이 보통이다. 표준 발음과 현실 발음으로 나누어 정리해 보면 다음과 같다.

예 67: '여덟'의 모음 조사 연결형의 발음의 예(표준 발음/현실 발음)

여덟이[여덜비]/[여더리],　　여덟을[여덜블]/[여더를],
여덟은[여덜븐]/[여더른],　　여덟에[여덜베/여더레]

(3) '여덟'의 모음실사 연결형의 발음

'여덟'에 모음 조사가 아닌 모음실사가 이어질 경우 일단 겹받침 줄이기가 적용되어 ㄼ겹받침의 'ㅂ'이 탈락된다. 이후, 그 모음이 '이계모음'이면 ㄴ첨가가 일어나게 되는데 첨가된 [ㄴ]은 남은 'ㄹ'의 영향으로 [ㄹ]로 소리가 나게 되며, 그 모음이 '이계모음' 이외의 모음이라면 'ㄼ'의 남은 'ㄹ'에 연음화가 적용된다.

예 68: ㄼ겹받침 명사의 모음실사 연결형의 발음의 예

① 이계모음 연결형의 발음(ㄴ첨가 후 유음화)
　여덟 이야기[여덜리야기], 여덟 요리[여덜료리], 여덟 양반[여덜량반],
　여덟 여자[여덜려자]

② 그 외 모음 연결형의 발음(ㄹ연음화)
　여덟 아들[여더라들], 여덟 아래[여더라래], 여덟 위[여더뤼],
　여덟 어른[여더러른]

(4) '여덟'의 자음 연결형의 발음

'여덟' 뒤에 자음이 이어지면 'ㄼ'의 'ㅂ'이 탈락된 후 뒤에 있는 자음과의 발음 규칙이 적용된다. 이때 남아 있는 'ㄹ' 뒤에 평자음이 올 경우, 그것이 조사이면 경음화 2가 일어나지 않고(여덟부터[여덜부터]) 복합어나 구이면 경음화 2가 적용6)된다(여덟달[여덜딸], 여덟 가지[여덜까지], 여덟 번[여덜뻔], 여덟 개[여덜깨]). 또, '여덟' 뒤에 'ㄴ'이 올 경우에는 역시 'ㄼ'의 'ㅂ'이 탈락한 후 뒤에 있는 'ㄴ'은 남아 있는 'ㄹ'의 영향으로 유음화가 적용되어 [ㄹ]로 발음된다(여덟 남매[여덜람매]). 'ㅁ'이 이어질 경우에는 '여덟 명[여덜명]'과 같이 'ㄼ'의 'ㅂ'이 탈락한 후 아무런 변화 없이 'ㄹ'과 'ㅁ'이 이어서 발음된다. 'ㅎ조사'가 이어지면 겹받침 줄이기가 먼저 적용되어 'ㅂ'이 탈락된 후 [ㄹ]과 [ㅎ]가 나란히 발음된다(여덟하고[여덜하고]). 이 경우에는 'ㅎ'이 두 유성음 사이에서 약화되어 발음이 생략되는 경우도 있는데(여덟하고[여더라고]) 그것은 표준 발음은 아니다.

예 69: ㄼ겹받침 명사의 자음 연결형의 발음의 예

① ㅂ 탈락 후 경음화 2가 일어나지 않는 예
여덟보다[여덜보다], 여덟부터[여덜부터], 여덟도[여덜도],
여덟과[여덜과]

② ㅂ 탈락 후 경음화 2가 일어나는 예

여덟 개[여덜깨],	여덟 번[여덜뻔],	여덟 가지[여덜까지],
여덟 사람[여덜싸람],	여덟 조각[여덜쪼각],	여덟 시[여덜씨],
여덟 바늘[여덜빠늘],	여덟 잔[여덜짠],	여덟 달[여덜딸],
여덟 군데[여덜꾼데],	여덟 시간[여덜씨간]	

---

6) 경음화 2는 필수적이지만 제한적이기 때문에 경음화 2가 적용되지 않는 복합어나 구가 있을 수 있다. 그러나, 그런 예를 찾기가 힘들어 일단은 마치 모두 적용되는 것처럼 기술하였다. 이후, 적용되지 않는 예가 발견되면 고쳐져야 한다.

③ ㅂ 탈락 후 유음화가 일어나는 예

여덟 나라[여덜라라], 여덟 놈[여덜롬]

2) 용언에 쓰인 ㄼ겹받침의 발음

ㄼ겹받침은 동사와 형용사에도 쓰인다. 용언에 쓰인 ㄼ겹받침의 발음은 매
우 불안정하므로 학습자들에게는 일단, 표준 발음에 대한 교육을 철저히 해
야 한다. 그리고, '밟다'라는 동사는 다른 ㄼ용언과 발음 규칙이 다르게 적용
되어 별도로 살펴 보아야 한다.

(1) ㄼ겹받침 용언의 모음 어미 연결형의 발음

ㄼ겹받침 어간에 모음 어미가 이어질 경우에는 'ㄹ' 뒤에 있는 'ㅂ'이 뒤 음
절의 첫소리 자리로 옮아가서 발음이 되는데 그렇게 형성되는 'ㄹ'과 'ㅂ' 사
이에는 경음화 2가 절대로 일어나지 않는다. 이러한 발음 규칙은 '밟다'에도
동일하게 적용된다.

예 70: ㄼ겹받침 용언의 모음 어미 연결형의 발음의 예

(ㄱ) 밟다: 밟아요[발바요], 밟았어요[발바써요], 밟으면[발브면],
　　　　　밟으니까[발브니까]

(ㄴ) 넓다: 넓어요[널버요], 넓었어요[널버써요], 넓으면[널브면],
　　　　　넓으니까[널브니까]

(ㄷ) 짧다: 짧아요[짤바요], 짧았어요[짤바써요], 짧으면[짤브면],
　　　　　짧으니까[짤브니까]

(ㄹ) 얇다: 얇아요[얄바요], 얇았어요[얄바써요], 얇으면[얄브면],
　　　　　얇으니까[얄브니까]

(2) ㄼ겹받침 용언의 자음 어미 연결형의 발음

ㄼ겹받침 동사, 형용사 어간 뒤에 자음이 이어지면 원칙적으로는 'ㄼ'의 'ㅂ'이 없어지고 남은 'ㄹ'과 그 뒤에 이어지는 자음 사이에는 경음화 2, 유음화와 같은 발음 규칙이 적용된다. 자음 어미 및 자음 접미사가 연결되는 경우, '밟다'는 다른 'ㄼ어간용언'과 다른 발음 규칙이 적용되므로 뒤에 따로 항목을 두고 기술한다.

예 71: ㄼ겹받침 용언의 자음 어미 연결형의 발음의 예

① 평음이 이어질 경우의 발음 (ㅂ 탈락 후 경음화 2 적용)
  (ㄱ) 넓다: 넓다[널따], 넓지만[널찌만], 넓습니다[널씀니다], 넓고[널꼬]
  (ㄴ) 짧다: 짧다[짤따], 짧지만[짤찌만], 짧습니다[짤씀니다], 짧고[짤꼬]
  (ㄷ) 얇다: 얇다[얄따], 얇지만[얄찌만], 얇습니다[얄씀니다], 얇고[얄꼬]

② ㄴ이 이어질 경우의 발음 (ㅂ 탈락 후 유음화 적용)
  (ㄱ) 넓다: 넓네[널레], 넓니[널리]
  (ㄴ) 짧다: 짧네[짤레], 짧니[짤리]
  (ㄷ) 얇다: 얇네[얄레], 얇니[얄리]

'넓네, 넓니'는'마당이 참 넓네!', '마당이 넓니?'와 같이 쓴다. 이처럼 한국어의 형태변동 규칙 가운데에는 'ㄹ'과 'ㄴ' 사이에 조음소 '으'를 넣어서 자음충돌을 회피하는 현상은 보이지 않는다. 그런데, 현실 발음으로는 '넓네' 대신 '넓으네'로 '넓니?' 대신 '넓으니?'로 대체하여 [널브네], [널브니]로 발음하는 경향이 있고, '짧네, 짧니, 얇네, 얇니' 등에서도 모두 같은 현상을 보이는데 표준 발음이 아니므로 조심해야 한다. 그렇지만, '넓네, 넓니?, 짧네, 짧니? 얇네, 얇니?' 등의 발음을 널리 조사한 후, 압도적으로 쓰이는 현실 발음이 밝혀지면, 거기에 맞춰 발화 및 듣고 이해하기 교육을 해야 한다.

(3) 'ㄼ어근+ㅎ'의 발음

ㄼ어근에 접미사 '-히-'의 'ㅎ'이 이어지면 겹받침의 'ㄹ'이 없어지지 않은 상태에서 'ㅂ'과 'ㅎ'이 축약을 한다(넓히다[널피다]). 같은 ㄼ겹받침이라도 명사인 '여덟'은 뒤에 조사 '하고'가 이어져도 격음화가 일어나지 않는 것(여덟하고[여덜하고])과는 대조적이다.

(4) '넓적하다, 넓죽하다, 넓적하다'의 발음

'넓적하다, 넓죽하다, 넓둥글다'와 같은 파생어 혹은 합성어는 예외적으로 [넙쩌카다], [넙쭈카다], [넙뚱글다]와 같이 'ㅂ'이 아니라 'ㄹ'이 탈락된 후에 경음화가 적용된 발음으로 실현된다. 이와 관련하여 어원적으로 ㄼ겹받침이 사용된 파생어 혹은 합성어 가운데, ㄼ겹받침이 [ㄹ]로 실현될 경우에는 아예 표기를 '널따랗다, 널찍하다, 짤따랗다, 짤막하다, 얄따랗다, 얄찍하다, 얄팍하다'로 바꿔서 한다. 물론, 이런 단어들은 이미 겹받침이 사라진 표기이므로 발음 교육의 대상에서는 제외되지만, 표기에 주의해야 할 단어로서는 반드시 교육을 해야 한다.

(5) '밟다'의 발음

표준 발음법에서 '밟다'라는 동사 하나만 예외적으로 뒤에 자음이 와도 'ㅂ'이 아니라 'ㄹ'이 탈락된다고 되어 있다. 남은 'ㅂ'은 이어지는 어미 및 접미사의 다른 자음들과 함께 경음화, 비음화와 같은 발음 규칙을 일으킨다. 먼저, '밟다'라는 동사의 활용형 가운데 자음 어미 연결형의 발음을 보자.

예 72: '밟다'의 자음 어미 활용형 발음의 예

① 평음이 이어질 경우의 발음 (ㄹ 탈락 후 경음화)
밟다가[밥따가], 밟자[밥짜], 밟지[밥찌] 마세요, 밟습니다[밥씀니다],
밟고[밥꼬]

② ㄴ이 이어질 경우의 발음 (ㄹ 탈락 후 비음화)
밟는다[밤는다], 밟는구나[밤는구나], 밟니[밤니], 밟네[밤네][7],
밟느라고[밤느라고]

다음으로 '밟-'에 피동접미사 '-히-'가 연결되면 다른 ㄼ어간용언과 마찬
가지로 ㄼ의 어느 것도 생략되지 않고 뒤에 있는 'ㅂ'과 그 뒤에 이어지는 'ㅎ'
이 축약되어 [ㅍ]로 발음된다. 아래의 예를 보자.

예 73: '밟-'과 피동접미사 '-히-' 연결형의 발음

밟히다[발피다], 밟히고[발피고], 밟혀서[발펴서], 밟히면[발피면]

'넓다'와 '밟다'는 둘 다 ㄼ어간용언이지만 표준 발음은 서로 다르게 규정되
어 있다. 규정을 만드는 과정에서 같은 용언을 같은 발음으로 규칙적으로 정
하는 것이 가장 간단하고 교육 및 학습에도 쉬운 것은 사실이다. 그러나, 현
실을 무시하고 간단한 규정만을 추구할 수 없기 때문에 '밟다'만을 따로 떼어
낸 것이다. 이처럼 표준 발음은 현실 발음을 반영해야 하는데, 현실적으로
어떤 어형의 발음은 다양하게 펼쳐져 있으며 게다가 시간이 가면서 매우 빠
른 속도로 변해가는 현실 발음을 수시로 표준 발음에 반영할 수 없기 때문에
둘 사이에는 언제나 괴리가 생기는 것이다.

---

7) '밟니[밤니], 밟네[밤네]'가 다른 ㄼ용언어간과 다른 점이다. '넓다, 얇다'는 넓니[널리], 넓네[널레],
얇니[얄리], 얇네[얄레]'가 표준 발음이다.

7. ㄹㅅ 겹받침

ㄹㅅ겹받침의 예로는 명사에 쓰인 '외곬, 곬, 옰, 몰곬, 통곬' 등이 있다. 그러나 이 단어들은 사용 빈도가 현저히 낮기 때문에 굳이 발음을 하나하나 교육할 필요는 없다. 다만 '외곬'만이 '외곬으로'라는 어형으로 쓰이는데 그 발음은 연음화 뒤에 경음화가 적용된 [외골쓰로]이다. '외곬'에서 파생된 단어로 '외골수'('외곬수'가 아니다)가 있는데 경음화 2가 적용되어 [외골쑤]로 발음한다. 한국어 교육의 측면에서는 '외곬'보다 빈도가 높은 '외골수'가 더 중요한 단어이다.

8. ㄹㅌ 겹받침

ㄹㅌ겹받침은 '핥다, 훑다' 등의 동사에서 볼 수 있다. 명사에 ㄹㅌ겹받침이 쓰인 예는 없다.

1) ㄹㅌ 겹받침의 모음 어미 연결형의 발음

모음 어미가 이어지면 ㄹㅌ겹받침의 'ㅌ'이 뒤 음절의 초성으로 옮아가서 발음이 된다.

예 74: ㄹㅌ겹받침의 모음 어미 연결형의 발음의 예

(ㄱ) 핥아요[할타요], 핥아서[할타서], 핥으면[할트면], 핥으니까[할트니까]

(ㄴ) 훑어요[훌터요], 훑어서[훌터서], 훑으면[훌트면], 훑으니까[훌트니까]

2) '핥다, 훑다'의 합성어 및 파생어의 발음

ㄾ겹받침이 쓰인 동사 '핥다, 훑다'보다는 그 동사들이 쓰인 합성어인 '핥아 먹다; 훑어보다, 훑어가다, 훑어오다'가 더 자주 쓰이므로 합성어들의 발음 교육에 더 힘쓸 필요가 있다. 또, 사용 빈도는 높지 않지만, '핥다'의 피동사 이면서 같은 형태로 사동사도 되는 '핥이다'라는 어형이 있는데 구개음화가 적용되어 [할치다]로 발음된다. '훑이다'도 마찬가지로 [훌치다]가 된다.

예 75: '핥다, 훑다'의 합성어 및 파생어의 발음의 예

(ㄱ) 핥아먹다[할타먹따]
(ㄴ) 훑어보다[훌터보다], 훑어가다[훌터가다], 훑어오다[훌터오다]
(ㄷ) 핥이다[할치다], 훑이다[훌치다]

3) ㄾ겹받침의 자음 어미 연결형의 발음

ㄾ겹받침에 자음이 이어지면 'ㅌ'이 없어지고 'ㄹ'이 남으면서 그 'ㄹ'은 경음화 2 및 유음화를 일으킨다.

예 76: ㄾ겹받침의 자음 어미 연결형의 발음의 예

① 평음이 이어질 경우의 발음(ㅂ 탈락 후 경음화 2 적용)
   (ㄱ) 핥다가[할따가], 핥지[할찌] 마세요, 핥고[할꼬], 핥습니다[할씀니다]
   (ㄴ) 훑다가[훌따가], 훑지[훌찌] 마세요, 훑고[훌꼬], 훑습니다[훌씀니다]
② ㄴ이 이어질 경우의 발음(ㅂ 탈락 후 유음화 적용)
   (ㄱ) 핥는대[할른다], 핥니[할리], 핥는[할른], 핥느라고[할르라고]
   (ㄴ) 훑는대[훌른다], 훑니[훌리], 훑는[훌른], 훑느라고[훌르라고]

9. ㄿ 겹받침

ㄿ겹받침이 쓰인 단어는 '읊다'라는 동사 하나뿐이다.

1) ㄿ겹받침의 모음 어미 연결형의 발음

'읊다'에 모음 어미가 이어질 경우에는 ㄿ겹받침의 'ㅍ'이 뒤 음절의 첫소리로 발음된다.

예 77: ㄿ겹받침의 모음 어미 연결형의 발음의 예

읊어요[을퍼요], 읊어서[을퍼서], 읊으면[을프면], 읊으니까[을프니까]

2) ㄿ 겹받침의 자음 어미 연결형의 발음

'읊다'에 자음 어미가 이어질 경우, ㄿ겹받침의 'ㄹ'이 없어지고 'ㅍ'이 남으며 뒤에 이어지는 자음과 함께 경음화 1, 비음화가 적용된다.

예 78: ㄿ겹받침의 자음 어미 연결형의 발음의 예

(ㄱ) ㄹ 탈락 후 경음화 1: 읊다가[읍따가], 읊자[읍짜], 읊습니다[읍씀니다], 읊고[읍꼬]

(ㄴ) ㄹ 탈락 후 비음화: 읊는다[음는다], 읊니[음니], 읊는[음는], 읊느라고[음느라고]

10. ᆶ 겹받침

ᆶ겹받침은 명사에는 쓰이지 않고 동사와 형용사에만 쓰인다.

> 동사: 끓다, 끓어오르다, 끓이다, 잃다, 잃어버리다, 닳다, 곯다, 앓다, 뚫다,
>   싫어하다
> 형용사: 옳다, 싫다

1) ᆶ 겹받침의 모음 연결형의 발음

ᆶ겹받침에 모음이 이어지면 ᆭ겹받침과 마찬가지로 'ㅎ탈락 후 연음화'가
적용되어 ᆶ겹받침의 'ㅎ'이 없어지면서 남은 'ㄹ'이 뒤 음절의 첫소리로 소리
가 난다.

> **예 79: ᆶ겹받침의 모음 어미 및 모음 접미사 연결형의 발음의 예 (ㅎ탈락**
> **후 연음화 적용)**
>
> (ㄱ) 끓다: 끓어요[끄러요], 끓어서[끄러서], 끓으면[끄르면],
>   끓으니까[끄르니까], 끓이다[끄리다]
> (ㄴ) 싫다: 싫어요[시러요], 싫어서[시러서], 싫으면[시르면],
>   싫으니까[시르니까]
> (ㄷ) 잃어버리다[이러버리다], 싫어하다[시러하다]

2) ᆶ 겹받침의 자음 어미 연결형의 발음

ᆶ겹받침의 뒤에 자음이 이어지는 경우, 발음은 뒤에 이어지는 자음이 무
엇이냐에 따라 달라진다. 'ㄱ, ㄷ, ㅈ'이 이어지면 그 자음들은 ᆶ겹받침의

'ㅎ'과 함께 격음화가 적용되어, '끓고[끌코], 끓다가[끌타가], 끓지만[끌치만]'과 같이 된다. ㅀ겹받침 뒤에 'ㅈ 어미'가 오면 격음화를 위해 일단 끝소리 자리 바꾸기가 일어나서 'ㅎ'과 'ㅈ'의 자리가 바뀌어야 하는데(ㅎ+ㅈ→ㅈ+ㅎ) 그렇게 자리가 바뀐 'ㅈ'은 종성 규칙이 적용되지 않고 격음화가 적용되는데(끓자마자[끌차마자]) 이는 ㄶ겹받침과 같다(끓자마자[끈차마자]). 'ㅅ'이 이어지면 ㅀ겹받침의 'ㅎ'은 없어지고 경음화 2가 적용되어 'ㅅ'은 [ㅆ]로 발음된다('끓습니다[끌씀니다]'). 'ㄴ'이 이어지면 겹받침의 'ㅎ'이 없어지고 유음화가 적용되어 'ㄴ'은 [ㄹ]로 발음된다(끓는다[끌른다]). 특이하게 피동접미사 '−리−'가 이어지는 어형이 있는데, 그럴 경우, ㅀ겹받침의 'ㅎ'이 생략되고 두 개의 'ㄹ'이 연이어서 발음된다. '뚫리다[뚤리다]'가 그 예인데, 두 개의 'ㄹ'이 이어지면 발음되는 경구개 설측음 [ʎ][ʎ]의 발음 교육에 유의해야 한다.

예 80: ㅀ겹받침의 자음 어미 혹은 자음 접미사 연결형의 발음의 예

① 'ㄱ, ㄷ, ㅈ'이 이어질 경우 (격음화 1 적용)
   (ㄱ) 끓고[끌코], 끓다가[끌타가], 끓지[끌치] 않아요
   (ㄴ) 싫고[실코], 싫더라도[실터라도], 싫지만[실치만]

② 'ㅅ'이 이어질 경우 (ㅎ탈락 후 경음화 2 적용)
   (ㄱ) 끓습니다[끌씀니다]
   (ㄴ) 싫습니다[실씀니다]
   (ㄷ) 옳습니다[올씀니다], 옳소[올쏘]

③ 'ㄴ'이 이어질 경우 (ㅎ탈락 후 유음화 적용)
   (ㄱ) 끓다: 끓는대[끌른다], 끓니[끌리], 끓는[끌른]
   (ㄴ) 뚫다: 뚫는대[뚤른다], 뚫니[뚤리], 뚫는[뚤른], 뚫느라고[뚤르라고]
   (ㄷ) 싫다: 싫네[실레], 싫니[실리]

④ 'ㄹ'이 이어질 경우 (ㅎ탈락)
   뚫리다[뚤리다]

11. ㅄ 겹받침

ㅄ겹받침이 쓰인 예로 명사로는 '값, 나잇값, 술값, 꼴값, 담뱃값, 땅값, 떡값, 똥값, 쌀값, 얼굴값, 집값, 찻값, 책값, 대푯값, 평균값, 최소값, 최대값' 등 숫자도 많고 사용 빈도도 높은 단어들이 많이 있으나 모두 '값'이라는 단어에 연관된 것들이다. 동사의 예는 없으며 형용사로는 '없다, 어이없다, 실없다, 터무니없다' 등과 같이 모두 '없다' 관련 단어이다. 그렇기 때문에 '값, 없다'의 발음으로 단어들의 ㅄ겹받침의 발음을 알 수 있다. 그런데, ㅄ겹받침의 발음은 그것이 사용된 품사의 영향을 받지 않으므로 단독형, 모음 연결형, 자음연결형으로 나누어서 발음을 살펴 보겠다.

1) ㅄ 명사 '값'의 단독형의 발음

'값'이 단독형으로 쓰이면 ㅄ겹받침의 오른쪽에 있는 'ㅅ'이 생략되어 [갑]으로 발음된다.

> **예 81:** ㅄ명사 '값'의 단독형의 발음의 예: 값[갑]

2) ㅄ 겹받침의 모음 조사 및 모음 어미 연결형의 발음

ㅄ겹받침 뒤에 모음이 이어질 경우에는 'ㅄ'의 'ㅅ'은 뒤 음절의 첫소리 자리로 이동된 후 남아 있는 'ㅂ'의 영향으로 경음화 1이 적용되어 [씨]로 발음된다.

예 82: ㅄ겹받침의 모음 연결형의 발음의 예

(ㄱ) 값: 값이[갑씨], 값을[갑쓸], 값은[갑쓴], 값에[갑쎄]

(ㄴ) 없다: 없어요[업써요], 없어서[업써서], 없으면[업쓰면],

없으니까[업쓰니까]

3) '값'의 모음 연결형 파생어 및 합성어의 발음

'값어치, 값없다, 값있다'와 같은 파생어 혹은 합성어는 모두 '절음 후 연음화'가 적용되어 [가버치], [가법따], [가빋따]로 발음된다. '값어치'의 '-어치'는 접사인데 그럼에도 불구하고 '연음화 후 경음화'가 적용된 [갑써치]라고는 전혀 발음하지 않는다. '값없이'라는 단어의 발음을 보면, '값'과 '없-' 사이에서는 '절음 후 연음화'가 적용되고 '없-'과 '-이' 사이에서는 '연음화 후 경음화'가 적용된다(값없이[가법씨]). '없-'은 실질형태소이고 '-이'는 형식형태소인 접사이기 때문이다. '값있다'도 원칙적으로는 ㄴ첨가 적용 후 ㅄ 가운데 뒤에 있는 'ㅅ'이 탈락되고 다시 비음화가 적용된 [감닏따]가 되어야 하나, 실제로는 그렇지 않다. [가빋따]로 발음되며 그것이 표준 발음이다.

예 83: '값'의 파생어 및 합성어의 발음의 예

(ㄱ) 값어치[가버치]

(ㄴ) 값없다[가법따], 값없이[가법씨]

(ㄷ) 값있다[가빋따]

4) ㅄ겹받침의 자음 연결형의 발음

ㅄ겹받침 뒤에 자음이 이어질 경우에는 예외없이 ㅄ겹받침의 'ㅅ'이 없어진 후 남은 'ㅂ'과 뒤에 이어지는 자음 사이에 발음 규칙이 적용된다. 뒤에 평음

이 이어지면 경음화 1이 적용되고, 'ㅎ'이 이어지면 'ㅂ'과 'ㅎ'이 축약되어 [ㅍ]로 발음되며, 'ㅁ, ㄴ'과 같은 비음이 이어지면 비음화가 적용되어 'ㅂ'은 [ㅁ]으로 발음된다. 이러한 규칙은 ㅄ겹받침이 쓰인 단어의 품사 및 뒤에 이어지는 요소의 실사, 허사 여부에도 영향을 받지 않고 동일하게 적용된다.

예 84: ㅄ겹받침의 자음 연결형의 발음의 예

① 평음이 이어질 경우의 발음의 예(ㅅ 탈락 후 경음화 1 적용)
  (ㄱ) 값보다[갑뽀다], 값도[갑또], 값조차[갑쪼차], 값지다[갑찌다], 값과[갑꽈]
  (ㄴ) 없다[업따], 없지만[업찌만], 없습니다[업씁니다], 없고[업꼬]

② 'ㅎ'이 이어질 경우의 발음의 예(ㅅ 탈락 후 격음화 적용)
  (ㄱ) 값하고[가파고]
  (ㄴ) 값하다[가파다], 꼴값하다[꼴까파다]

③ 비음이 이어질 경우의 발음의 예(ㅅ 탈락 후 비음화 적용)
  (ㄱ) 값나가다[감나가다], 값만[감만], 값마저[감마저]
  (ㄴ) 없니[엄니], 없네[엄네], 없는[엄는]

발음 규칙 전체 모음

1) 종성 규칙 _{보편·절대}

2) 연음화

3) 구개음화

① 구개음화 1: ㄷ, ㅌ+ㅣ 계 모음 예) 굳이, 끝이

② 구개음화 2: ㄷ, ㅈ+히 - 격음화 1에 이은 구개음화 예) 굳히다, 맞히다 _{보편·절대}

4) ㅎ탈락 _{보편·절대}

① ㅎ탈락 1: ㅎ어간+모음(어미, 접미사) 예) 좋아, 놓이다

② ㅎ탈락 2: ㅎ탈락 후 연음화 - ㄶ, ㅀ+모음(어미, 접미사) 예) 않아, 많이

5) ㄴ첨가 _{제한·수의}

① ㄴ첨가 1: 비음 뒤에서의 ㄴ첨가 예) 눈약, 점심 약속, 동경역

② ㄴ첨가 2: ㄴ첨가 후 비음화 - 장애음 뒤에서의 ㄴ첨가 예) 막일, 꽃잎, 부엌일

③ ㄴ첨가 3: ㄴ첨가 후 유음화 - ㄹ받침 뒤에서의 ㄴ첨가 예) 서울역, 알약

6) 절음 후 연음화 _{보편·절대}: 절음 - 종성 규칙 - 연음화 예) 겉옷, 꽃 아래

7) 경음화

① 경음화 1_{보편·절대}: 장애음 뒤에서의 경음화 - 종성 규칙+경음화

　　　　　　　　　　　예) 국수, 꽃집, 부엌도

② 경음화 2_{제한·절대}: 유성음 뒤에서의 경음화 예) 물고기, 총점, 신장, 점자

③ 경음화 3_{보편·절대}: ㅎ+ㅅ - ㅎ탈락+경음화 예) 좋습니다, 넣소, 많소

　　　　　　　　　　　- ㅎ용언 모두 적용

8) 격음화 보편 · 절대

① 격음화 1: 장애음+ㅎ(-히) 예) 입학, 꽃하고, 맏형

② 격음화 2: ㅎ+평음(-ㅅ) 예) 좋구나, 끓지만, 하얗더라 - ㅎ용언 모두 적용

③ 격음화 3: ㄷ, ㅈ+히

ㄷ어간, ㅈ어간에 사동접미사 '-히-', 피동접미사 '-히-'가 붙은 경우에 반드시 일어나는 현상으로서 복잡한 과정처럼 보이지만 결국은 [치]로 발음이 된다. 예) 닫히다[다치다], 굳히다[구치다], 묻히다[무치다], 잊히다[이치다], 맺히다[매치다], 젖히다[저치다]

9) 비음화

① 비음화 1: '평음, 격음, 경음'+ㅁ, ㄴ 예) 잡념, 닫는, 작년

② 비음화 2: 유음 /ㄹ/의 비음화('ㄹ의 ㄴ되기')

 ⅰ) 비음화 2-1: /ㄴ/ 뒤 /ㄹ/의 비음화 예) 생산량, 신촌로

 ⅱ) 비음화 2-2: /ㅁ/, /ㅇ/ 뒤 /ㄹ/의 비음화 예) 심리, 생략

10) 유음화

① 유음화 1(순행적 유음화): /ㄹ/ 뒤 /ㄴ/의 유음화 예) 달나라, 칼날

② 유음화 2(역행적 유음화): /ㄹ/ 앞 /ㄴ/의 유음화 예) 난리, 곤란

11) 겹비음화 보편 · 절대: 장애음+ㄹ - 비음화+비음화 예) 합리, 석류

찾아보기